현장중심 액션러닝 변화혁신 리더십

Action Learning for Innovative Change Leadership

북코리아

기업, 정부, 공공기관의 변화혁신 리더십 개발을 위한
현장중심 문제해결의 액션러닝 지침서

현장중심 액션러닝 변화혁신 리더십

Action Learning for
Innovative Change Leadership

천 대 윤 지음

북코리아

머리말

　지금은 녹색성장, 지속가능발전, 글로벌 경쟁과 협력의 역동적 지구촌 시대이다. 이러한 시대에 있어서, 이 책은 기업, 정부, 공공기관의 성장과 번영을 위해 필요한 변화혁신 리더십을 개발하기 위한 액션러닝 지침서이다. 전통적으로 리더십은 조직의 상층부에 있는 리더들에게 존재했으나 글로벌 변화혁신시대에는 조직의 모든 사람들이 리더의 역할을 수행하며 변화혁신 리더십을 발휘해야 한다. 조직은 그러한 역할을 수행할 수 있도록 구성원들을 육성해야할 의무와 책임을 진다. 이를 위한 수단의 하나가 액션러닝이다.

　그런데 액션러닝이 우리나라에 도입된 이래, 액션러닝에 관련하여 시중에 나와 있는 책들이나 액션러닝을 강의하고 있는 강사들이 저마다 서로 다른 주장을 하고 있어서 액션러닝을 처음 접하는 교육생들이나 기업과 정부, 공공기관의 사람들에게 적지 않은 혼돈을 불러일으키고 있음을 보고 필자는 심히 안타까운 마음을 금할 길이 없었다. 이 책은 그러한 혼돈과 그릇된 지식을 바로잡고자 저작되었다. 변화혁신의 리더십을 개발하기 위한 수단인 액션러닝에 관한 올바른 정보와 방법들을 독자들에게 제공하기 위한 것이다.

　따라서 조직의 성장과 번영을 위한 변화혁신 리더십을 개발하기 위해 노력하고 있는 기업, 정부, 공공기관 및 각급 교육훈련기관은 이 책을 일독할 필요가 있을 것이다. 개인과 조직 그리고 국가사회의 성장과 번영에 많은 도움이 되었으면 한다. 독자 여러분의 건투를 빈다.

　이 책은 필자가 중앙공무원교육원 교수로 재직하고 있으면서 액션러닝 프로그램을 몸소 구상하여 전문교육과정에 운영한 내용들과 타 교육과정들에 자문하고 협조한 내용들로부터 많은 도움을 받았다.

이 책에 사용된 많은 그림, 표 등은 중앙공무원교육원이 실시했고, 본 교육원이 발간한 액션러닝 자료들로부터 인용, 사용되었다. 필자는 이 자료들을 가지고 중앙공무원교육원의 도움으로 '액션러닝(Action Learning) 매뉴얼'을 2007년도에 발간하여 각급 공무원교육기관 및 주요 도서관에 배포한바 있다.

이 책이 나오기까지 도움을 주시고 협조해 주신 중앙공무원교육원 원장님, 부장님, 그리고 필요한 자료들을 제공해준 과장님들과 직원여러분들께 이 지면을 빌어 심심한 감사의 말씀을 드린다. 또한 이 책을 출판하는데 노고를 아끼지 않으신 북코리아 사장님께도 진심으로 감사드린다.

 목차

제3부_액션러닝의 실제

제 1 부

변화혁신 리더십과 액션러닝의 이해

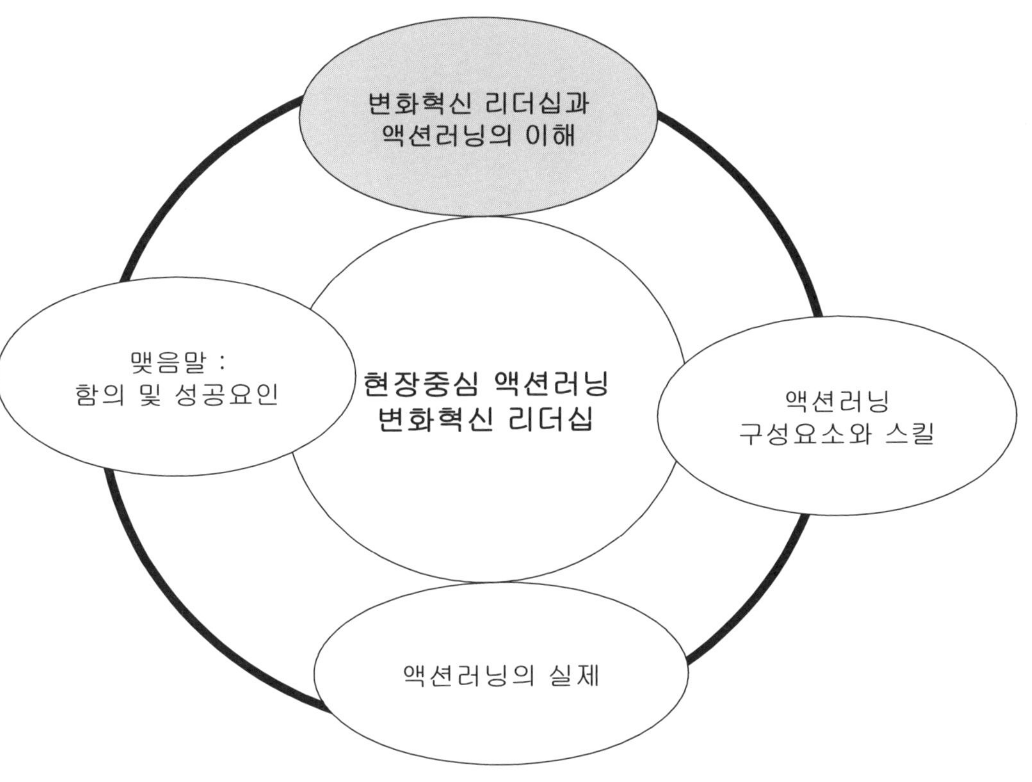

제1장 변화혁신 리더십과 액션러닝

1. 변화혁신 리더십의 의의

변화혁신 리더십이란 무엇인가?

변화를 생성하고 현상을 창조적으로 파괴하여 지속적인 성장과 번영을 선도하는 사회적 과정이 변화혁신 리더십(ICL, innovative change leadership)이다.[1]

변화혁신 리더십에 있어서 변화(change)란 현상을 변경하는 것이고, 혁신(innovation)이란 현상을 창조적으로 파괴하여 변화를 선도하는 것이다.

변화에 있어서 현상을 변경한다는 것은 변화를 창조하여 바람직한 방향으로 현상을 변화시킨다는 것이다. 그리고 혁신에 있어서 현상을 창조적으로 파괴한다는 것은 기존의 잘못된 현상을 파괴하고 더 높은 차원의 도덕성, 가치, 신념으로 이동하게 하는 새로운 창조적 변혁이 일어나게 한다는 것이다.

혁신이라고 해서 모두 같은 성질의 것이 아니다. 혁신에도 수준이 있다. 점증적, 생성적, 변혁적 혁신이 그것이다. 먼저, 점증적 혁신(incremental innovation)은 현상유지적인 혁신이며 점진주의적인 혁신이다. 이는 기존의 틀, 규칙, 가치 등을 끼뜨리지 않는 범위 내에서만 혁신이 일어난다. 이러한 혁신수준에서는 전략이나 목표의 수정 수준에서만 혁신이 일어나며

---

[1] 이 책에서는 "변화혁신 리더십" 용어의 영문표기를 특별한 언급이 없는 한 "Innovative Change Leadership" 또는 줄여서 "ICL"로 표기하고자 한다.

조직의 지배적 가치나 준거 틀 등에 대한 도전은 허용되지 않는다.

다음, 생성적 혁신(generative innovation)은 기존의 지배적 가치, 목표, 규칙, 준거 틀, 문화 등에 대한 의문을 품고 이에 도전하는 혁신이다. 이러한 의문과 도전은 조직 학습을 일어나게 하며, 새로운 패러다임과 가치를 생성하게 하는 생성적 혁신의 원동력이 된다.

끝으로, 변혁적 혁신(transformational innovation)은 이전과는 근본적으로 다른 파괴적인 총체적 혁신이다. 새 패러다임이나 가치 자체에 대한 성찰과 혁신을 통해서 형질 변환, 체질 전환이 발생하는 혁신이다. 이를 위해 '원인의 원인'을 밝히며 '혁신에 관한 혁신'이 일어나서 기존에 해왔던 것과는 전적으로 다른, 근본적으로 다른 총체적 변환과 이동이 발생한다. '총체적'이란 말은 조직의 구조, 커뮤니케이션, 문화, 일하는 방식, 리더십 등 조직의 모든 구성요소들을 포함하는 전 조직적인 것을 의미한다. 따라서 변혁적 혁신은 조식 전체 차원에서 이전에 해 왔던 것과는 전혀 다른 상태에로 이동이며 근본적인 창조적 파괴가 일어나게 되는 혁신이다.

〈그림 1-1-1〉에서는 혁신의 수준을 예시하고 있다.

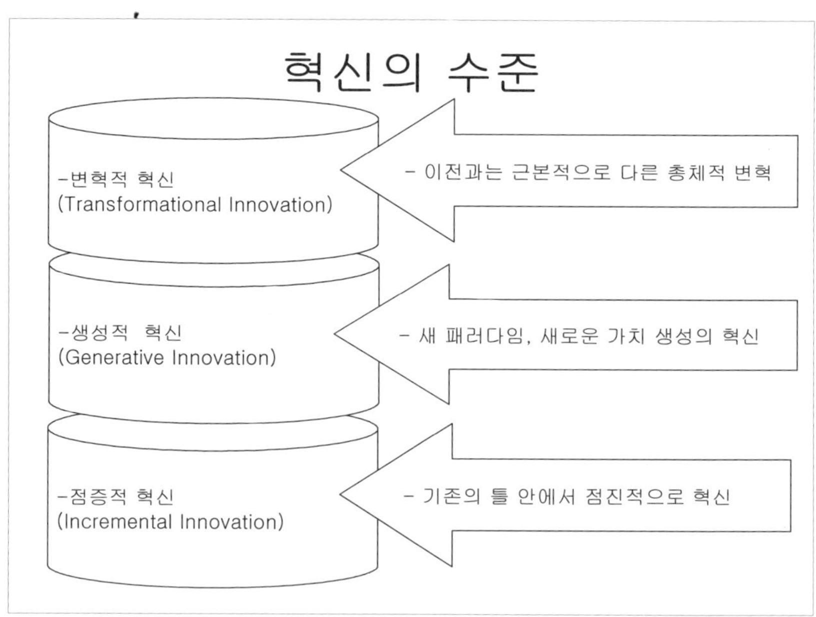

〈그림 1-1-1〉 혁신의 수준

한편, 변화혁신 리더십에 있어서 리더십(leadership)이란 지도력과 영향력과 조화력을 발휘하여 목표를 성취하며 지속적인 성장과 번영을 도모하는 사회적 과정이다.

여기서 지도력이란 선도(leading)하는 능력이고, 영향력이란 영향을 미치는 능력이며 조화력이란 이해관계와 갈등을 조화롭게 조정하고 통합하는 능력이다.

목표를 성취한다는 것은 설정한 목표를 달성한다는 것이고, 지속적인 성장과 번영을 도모한다는 것은 단순한 생존차원에서만 머물지 않고 성장하고 발전하며 번영을 끊임없이 누린다는 것을 의미한다.

그리고 사회적 과정이란 리더십의 발휘는 리더와 추종자와 환경의 요소들이 서로 상호작용하여 만들어가는 동적인 현상이라는 것을 의미한다.

따라서 변화혁신 리더십(ICL)이란 변화를 생성하고 현상을 창조적으로 파괴하여 지속적인 성장과 번영을 선도하는 사회적 과정이다.

어떻게 변화혁신 리더십을 성공적으로 발휘할 것인가?

변화혁신 리더십을 성공적으로 발휘하기 위해선 먼저 리더 자신부터 성찰과 학습으로 자기 자신에 대한 변화를 선도해야 한다. 인도의 성자 간디,[2] GE의 전 회장 잭 웰치,[3] 한국의 세종대왕[4] 등과 같이 또는 그 어떤 사람도 리더십을 발휘하기 위해선 먼저 자기 자신의 도덕성, 가치, 신념을 더 한 층 높은 차원으로 승화시켜야 한다.

이와 함께 비전과 목표를 구성원들과 공유함으로써 조직이 나아갈 방향

---

2) Mohandas Karamchand Gandhi (1869-1948) 인도의 정치적, 정신적 지도자이다. 시민대중의 철저한 비폭력과 불복종 운동으로 인도의 독립운동을 이끌었다.

3) Jack Welch, John Francis Welch, Jr. (1935-), 1981년부터 2001년까지 GE (General Electric)의 회장 및 CEO 이었다. 임원진들의 교육을 강화하고 Work-Out, Six Sigma 등을 확산시켰다.

4) 세종(1397-1450), 조선 제4대 왕으로 1418년부터 1450년까지 재위했다. 집현전 설치 학자 등용, 훈민정음 창제, 과학기구 제작, 6진 개척으로 국토확장, 대마도 (쓰시마섬) 정벌 등과 같이 정치, 경제, 사회, 문화, 과학기술면에서 훌륭한 치적을 쌓았다.

과 달성해야 할 것을 분명히 하여 이에 몰입하도록 해야 한다. 구성원들과 잘 조화하여 이들의 도덕성, 가치, 신념들도 더 높은 차원으로 승화시키도록 자극하고 지원하고 인도해야 한다.

또한 이러한 과정에서 발생하는 갈등을 바람직한 방향으로 조정하고 통합해야 한다. 궁극엔 조직의 모든 구성원들을 리더로 변혁시켜야 하며, 조직을 성장과 번영의 길로 인도해야 한다.

2. 리더십의 주요 개념과 흐름

리더십의 주요 개념과 흐름은 어떻게 파악되고 있는가?

리더십 개념에 대한 정의는 리더십을 연구하는 관점의 수만큼이나 다양하다고 해도 과언이 아니다. 미국의 경우를 보면 리더십과 관련된 저서들이 매년 천권 정도씩 발간되고 있는 것으로 알려져 있다(Seregow, 2005).[5]

그러나 리더십 개념의 진화는 조직 내·외부 환경의 변화에 따른 리더십 이론의 진화와 그 맥을 같이 한다고 볼 수 있다. 즉 조직 환경이 강압적인 것에서 민주적인 것으로 변화하면 리더십 이론도 집단과 수직적 관료조직을 강조하는 것에서 개인과 수평적 민주적 조직을 강조하는 것으로 진화되어 왔다.

대프트(Richard L. Daft)는 "리더십 경험"[6]이라는 책에서 리더십이 위대

---

5) Seregow, D. (2005). *Defining Leadership-What Matters Most? Attaine* Performance Corporation.

6) Daft, Richard L. (2002). *The Leadership Experience* (2nd ed.). Fort Worth, TX: Harcourt College. Daft에 따르면 리더십이란 비전을 설정하고 이를 실현하기 위한 목표를 설정하고 전략을 구상하고 실행에 옮기며 변화를 선도하는 것이다. 추종자에게 동기를 부여하고 권한을 위임하며 의사소통을 원활히 하며 구성원의 가치와 신념을 변화시키며 학습조직을 설계하고 인도해야 한다. Daft, Richard L. (2002). *The Leadership Experience*. National College for School Leadership.

인 리더십,[7] 합리적 관리 리더십, 팀 리더십, 학습 리더십 관점으로 진화되어 왔다는 것을 강조하고 있다(Gary, 2007; Daft, 2002).[8]

위대인 리더십 관점에는 리더십의 특성/자질 이론이 포함되고, 합리적 관리 리더십 관점에는 리더십의 행동 스타일과 상황적 리더십 이론이 포함된다. 팀 리더십에는 혼돈관리, 권한부여, 질(quality) 관리를 강조하는 리더십이 포함된다. 학습 리더십에는 비전공유, 정렬, 인간관계, 변화와 적응을 촉진하는 리더십이 포함된다.

〈그림 1-1-2〉에서는 대프트의 리더십 진화 모형을 보여주고 있다.

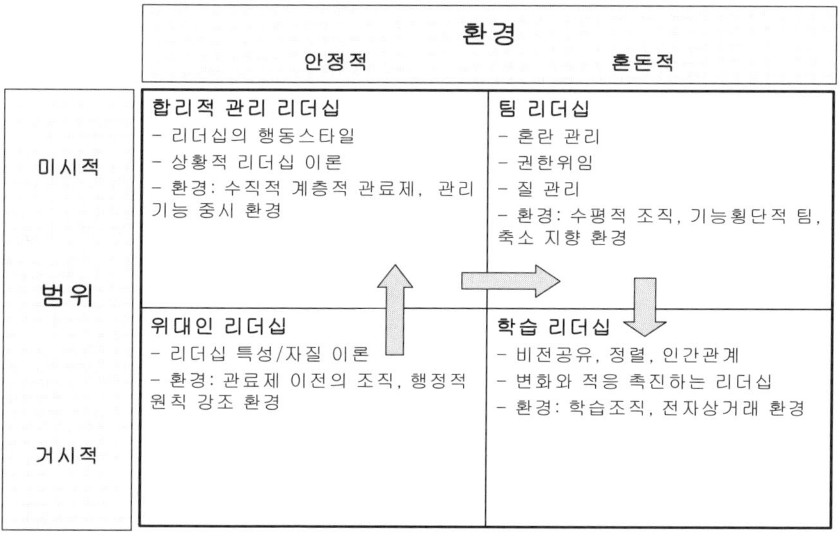

*자료: Gary(2007), Daft(2002)

〈그림 1-1-2〉 Richard L. Daft의 리더십 진화 모형

---

7) 여기서 위대인(great man)이란 나폴레옹, 조지 워싱턴, 알렉산더 대왕 등과 같이 타고난 리더십 자질을 가진 인물을 말한다(Kreitner, 1992).

8) ① Gary, Jay E. (2007, Summer). What Would Jesus Lead: Identity Theft, Leadership Evolution, and Open Systems. *Journal of Biblical Perspectives in Leadership*, 1(2), pp. 89-98.

② Daft, Richard L. (2002). *The Leadership Experience*. National College for School Leadership.

일반적으로 리더십 이론은 리더십특성/자질이론, 리더십의 행동스타일 이론, 상황적 리더십 이론, 변혁적 리더십, 초월적 리더십 이론으로 진화되어 왔다고 볼 수 있다(Kreitner, 1992; Gardiner, 2006).[9] 이러한 리더십 이론은 각자의 특성을 차별적으로 가지고 있다고 할 것이다.

예컨대 리더십 특성, 자질(leadership traits) 이론에서는 리더란 만들어지는 것이 아니라 태어나는 것이라고 본다. 따라서 리더가 발휘하는 리더십의 특성이나 자질도 태생적이라고 본다. 그러나 리더십 특성이나 자질은 학습이나 경험에 의해서도 습득된다는 연구결과가 나타나기 시작하면서 리더의 실제 행동에 대한 연구가 일어난다. 즉 리더십의 행동 스타일 연구가 그것이다.

리더십의 행동스타일(behavioral styles of leadership) 이론에서는 리더의 개인적 자질이나 특성이 아니라 리더가 실질적으로 행동하는 행동 패턴을 강조한다. 즉 실제적으로 행동으로 표출되는 리더십 스타일을 연구한다. 이러한 리더십의 행동 스타일에는 고전적으로 권위주의적 리더십, 민주적 리더십, 방임적 리더십 스타일들이 제시되고 연구되어 왔다. 생산중심 리더십, 사람중심 리더십 스타일[10] 등은 그 변형이 된다. 그런데 잘 나가던 리더가 상황이 바뀜에 따라 리더십을 제대로 발휘하지 못한다는 연구결과가 보고되기 시작하자 리더가 처한 상황에 초점이 맞추어져 연구가 진행되게 된다. 즉 상황적 리더십의 연구가 그것이다.

상황적 리더십(contingency, situational leadership) 이론에서는 공적인 리더십은 리더의 리더십 스타일이 특정 상황과 조화될 때 발생할 수 있다는 가정에 기초하고 있다. 피들러(Fred F. Fiedler)는 주어진 상황을 리더가

---

9) ① Kreitner, R. (1992). *Management.* (5th ed.) Boson, Houghton Mifflin Company.

② Gardiner, J. J. (2006, Spring). Transactionl, Transformational, and Transcendent Leadership: Metaphors Mapping the Evolution of the Theory and Practice of Governance. *Leadership Review,* 6, pp. 62-76.

10) 여기서 생산중심 리더십은 산출, 비용절감, 수익을 중시하는 리더십이고, 사람중심 리더십은 우정, 작업환경, 동료도움 등을 중시하는 리더십니다.

통제와 영향력을 행사할 수 있느냐 불가능 하느냐의 문제와 리더의 기본 동기가 과업(task)성취냐 인간관계(relationship)중심이냐의 문제에 따라 리더의 성과는 달라진다고 보았다. 결국 이상적인 유일한 리더십은 존재하지 않고 상황과 리더의 동기의 조합에 의해서 리더십과 그 성과가 결정된다고 보았다.

그런데 글로벌 환경의 변화가 급작스럽고 그 변화의 속도나 강도가 심화되자 조직의 자원에 대한 변화관리에 초점이 맞추어져 연구되기 시작한다. 소위 변혁적 리더십과 초월적 리더십에 관한 연구가 각광을 받기 시작한다. 이에 관해서는 이어지는 문단에서 설명될 것이다.

〈그림 1-1-3〉에서는 리더십 이론의 진화를 활발히 활동했던 개략적인 년대를 통해서 보여주고 있다.

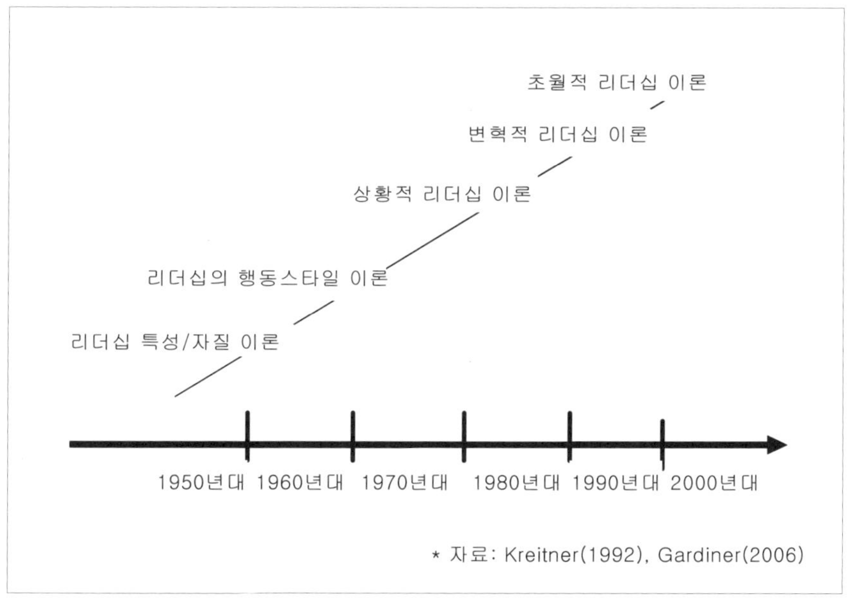

〈그림 1-1-3〉 리더십 이론의 진화

이러한 리더십 진화를 고려해 볼 때 리더십(leadership)이라는 개념은 리더십을 발휘하는 리더의 자질이나 특성을 의미하는 것으로 사용되어지거나, 그러한 리더십의 행동 방식을 의미하는 것으로 사용되어 지거나, 통솔력이나 영향력 행사의 과정을 의미하는 것으로 사용되어지거나, 그러한 통솔하거나 영향력을 미치는 과정에서 어떤 것을 성취하는 것으로 사용되어지거나, 또는 리더가 설정된 임무나 목표를 성공적으로 달성할 수 있도록 사람들에게 권한을 행사하거나 영향을 미치는 사회적 과정을 의미하는 것으로 사용되어져 왔다고 볼 수 있다(Kreitner, 1992; Shafritz, 1985; Wikimedia, 2008).11) 따라서 리더십 요소에는 리더십을 발휘하는 리더의 성향, 추종자 또는 부하, 달성하고자 하는 목표, 권한이나 통솔력 또는 영향력, 상황이나 환경 등의 요소들이 포함되어 있다.

리더십은 공식적 리더십과 비공식적 리더십으로 분류될 수 있다. 공식적 리더십은 공식적으로 주어진 지위나 권한을 이용하여 발휘되는 리더십이고 비공식 리더십은 공식적인 것과는 별개로 비공식적인 지위나 권한을 이용하여 발휘하는 리너십이다.

또한 리더십은 거래적 리더십과 변혁적 리더십으로 분류되기도 한다. 부하들의 성과에 상응하는 보상을 리더가 제공한다는 조건의 거래적인 계약관계를 강조하는 리더십이 거래적(transactional) 리더십이다. 구성원들에게 비전과 자긍심을 심어주고 이들로부터 신뢰와 존경을 얻어내고 이를 기반으로 개별 이기주의를 조직의 공공목적을 위해 변혁시키며 구성원들을 리더로 변혁시키는 카리스마(charisma)를 강조하는 리더십이 변혁적(transformational) 리더십이다(Kreitner, 1992; 신응섭 외, 2000).12) 일반적

---

11) ① 예컨대 Kreitner(1992)는 "리더십이란 조직 목표에 도달하기 위한 노력에 있어서 부하들의 자발적 참여를 구하는 사회적 영향 과정"이라고 정의하고 있다. Kreitner, R. (1992). Management. (5th ed.) Boson, Houghton Mifflin Company.

② 예컨대 Shafritz(1985)는 "리더십이란 사람들의 일을 지시하고 조정하는데 있어서 공식적 또는 비공식적 권한을 행사하는 것"이라고 정의하고 있다. Shafritz, Jay. M. (1985) *Dictionary of Public Administration*. New York: Facts On File Publications. p. 310.

③ Wikipedia Encyclopedia. (2008). Wikimedia Foundation.

으로 거래적 리더십은 전통적인 리더십으로 간주되고 변혁적 리더십은 이보다 더 현대적인 리더십으로 간주되고 있어서 현대시대에 적합한 리더십은 변혁적 리더십이기 때문에 거래적 리더십에서 변혁적 리더십으로 이동해야 한다고 강조하는 관점도 있다(Bass, 1990).[13]

그런데 이들 리더십은 차별적인 특성들을 가지고 있긴 하지만 서로 배태적인 것은 아니기 때문에(Bass, 1990), 그리고 모든 조직이 동일한 특성을 가지고 있지 않을 뿐만 아니라 일반적으로 리더들은 이들 리더십의 특성을 모두 가지고 있기 때문에 각 리더십은 주어진 상황에 맞게 적용되어지는 것이 바람직할 것이다. 즉, 조직의 특성, 사람들의 특성, 수행해야 할 일의 특성, 환경의 특성들을 종합적으로 고려하여 그 상황에 맞는 리더십이 적용되어지는 것이 바람직할 것이다. 이는 다양한 형태의 리더십들이 통합적으로 고려되어 상황이 다르면 리더십도 달라야 한다면서 해당 상황에 적합한 리더십이 발휘되어질 것을 주장하는 상황적 리더십의 필요성이 강조된다고 할 것이다(Hersey, Blanchard, & Johnson, 1996).[14]

---

12) ① Kreitner(1992)는 James McGregor Burns의 1978년 책 "리더십"에 사용된 변혁적 리더십(transformation leadership) 개념을 인용하면서 변혁적 리더십이란 사람들로 하여금 뛰어나게 높은 도덕성, 동기, 성과를 성취할 수 있도록 도전하게 하는 비전을 추구하고 실현하는 리더십이라고 설명하고 있다. 그리고 변혁적 리더십을 발휘하는 리더를 비전을 추구하는 실현하는 사람(visionaries)라고 부르고 있다. Kreitner, R. (1992). *Management.* (5th ed.) Boson, Houghton Mifflin Company.

    ② 신응섭 외(2000)에서는 "transformational"을 "변환적"이라고 번역되어 사용되고 있다. 신응섭, 이재윤, 남기덕, 문양호, 김용주, 고재원. (2000). 「리더십의 이론과 실제」. 서울: 학지사.

13) 예컨대 Bass(1990)는 거래적 리더십에서 변혁적 리더십으로 발전해야 한다고 강조하고 있다. Bass, Bernard M. (1990, Winter). From Transactional to Transformation Leadership: Learning to Share the Vision. *Organizational Dynamics*, 18, pp. 19-31.

14) 상황적 리더십은 상황이 다르면 리더십도 달라야 한다는 가정에 입각하고 있다. 특정 주어진 상황에 따라 사람, 일, 환경 등 그 상황적 요인들의 특성들을 잘 고려하여 그 상황에 적합한 리더십을 구현해야 한다는 것을 강조한다. 즉

거래적 리더십은 목표를 달성하기 위해서 조직 구성원들을 강제하고 동기화시키고 영향을 미치는 과정으로 이해되고 있다. 거래적 리더십에서는 리더가 핵심 인물이고 부하는 리더의 지시와 영향력을 받는 수동적인 대상의 위치에 있게 된다. 변혁적 리더십은 부하들을 경제적 하급 욕구나 이기심 충족과 같은 하급 욕구 충족의 존재로 보지 않고 자신들의 자유와 자아실현을 위한 고차적인 동기를 가진 것으로 보는 관점에 입각해 있다.

변혁적 리더십이 성공적으로 발휘되기 위해서는 사람들은 높은 도덕성, 동기, 성과를 창출할 수 있는 능력을 가지고 있어야 한다. 따라서 리더는 변화를 주도적으로 창조하고 관리하며, 더 나은 미래에 대한 비전을 사람들에게 심어주고, 잘 의사소통하여, 이를 현실화 시키도록 해야 한다(Kreitner, 1992).

더 나아가 거래적 리더십에서 변혁적 리더십으로, 변혁적 리더십에서 초월적 리더십으로 리녀십이 이동되어야 할 것을 강조하는 관점도 있다(Gardiner, 2006).[15]

여기서 초월적 리더십(transcendent leadership)이란 초월적 자아 리더십이다. 초월적 자아 리더십이란 행동, 성찰, 학습의 지속적인 과정을 거치면서 자기 자신이 자비로운 사고와 행동으로 변화된 리더의 리더십을 말한다. 추종자와 리더 사이에 감정, 느낌, 정신을 서로 주기도 하고 받아들이기도 함으로써 서로가 소통하고 있다는 신뢰와 믿음을 발생시킨다. 모두가 연결된 하나의 공동체란 믿음을 리더 자신이 먼저 가지고 이를 조직에 문화로 정착시킨다. 자신과 조직의 생활에 평화를 깃들게 하고, 이야기를 주

거래적 리더십을 적용할 것인가 변혁적 리더십을 적용할 것인가는 미리 정해져 있는 것이 아니라 리더와 추종자의 관계, 과업의 특성, 조직특성 등을 고려하여 결정되어져야 할 사항이라는 것이다. Hersey, P., Blanchard, K. H., & Johnson, D. E. (1996). *Management of Organizational Behavior* (7th ed.). Englewood Cliffs, N. J.: Prentice Hall.

15) Gardiner, J. J. (2006, Spring). Transactionl, Transformational, and Transcendent Leadership: Metaphors Mapping the Evolution of the Theory and Practice of Governance. *Leadership Review*, 6, pp. 62-76.

고받으며 현상을 분석하고 문제해결을 논의하는 담론문화를 정착시킨다. 이를 기반으로 지속적인 변화혁신을 통해서 발전을 도모한다(Gardiner, 2006; Kreitner, 1992).

또한 초월적 리더십의 일종으로 볼 수 있는 섬김의 리더십 또는 서번트 리더십(servant leadership)이 현대에 와서 강조되고 있다. 'servant leadership' 용어를 1969년에 처음 사용한 것으로 알려진 그린리프(Robert K. Green-leaf)는 리더가 되기 위해서는 섬겨야 한다고 강조하고 있다. 섬김의 리더십은 '사람은 관리되어져서는 안 되고 인도되어져야 한다.' 는 리더십의 철학에 기반을 두고 있다. 사람을 인도하기 위해서는 먼저 섬겨야 한다는 것이다. 그리고 섬김의 리더십에서는 경청, 이해, 상상력, 감정이입, 의사소통, 선경지명, 설득, 공동체, 겸손, 참을성, 친절, 정직, 헌신 등을 강조하고 있다(Greenleaf, 2002).[16)]

〈표 1-1-1〉에서는 거래적, 변혁적, 초월적 리더십의 주요 특성을 보여주고 있다.

<표 1-1-1> 거래적, 변혁적, 초월적 리더십의 특성

거래적 리더십 (transactional leadership)	변혁적 리더십 (transformational leadership)	초월적 리더십 (transcendent leadership)
• 성과와 보상이 교환적 거래계약에 의해 이루어 짐 • 계층적 관리체계를 선호하고, 규칙과 표준과 성과 평가기준을 설정, 벗어나는 것을 감시하며 관리	• 장기적으로 개인들을 리더로 변혁시키며, 이기주의를 조직의 공공선을 위해 변혁시킴 • 쌍방향의 의사소통, 개인별 지원과 조언 아끼지 않음	• 리더 자신이 성찰과 학습으로 초월적 자아, 자비로운 사고와 행동 • 감정이입, 연결된 공동체, 평화, 담론 등을 중시하고 지속적인 변화혁신 추진

* 자료: Gardiner(2006), Kreitner(1992)

이러한 특성을 지닌 거래적 리더십, 변혁적 리더십, 초월적 리더십에 현

---

16) Greenleaf, Robert K. (2002). *Servant Leadership*. New York: Paulist Press.

상 변경, 창조적 파괴, 환경의 변화에 대한 적응, 구성원들의 가치와 신념의 변화, 리더 자신의 의식적 변화, 조직의 성장과 번영 등의 요소를 고려한다면 이는 앞에서 정의된 변화혁신 리더십과 그 의미하는 바에 있어서 상통하는 점들을 발견할 수가 있을 것이다.

전통적인 리더십이 리더가 부하에게 일방적으로 지시하고 통솔하고 목표추구 과정을 모니터링 하는 일방적인 리더십이라면, 변화혁신 리더십에서는 리더와 부하가 쌍방향으로 서로 영향을 미치며 상호 작용하는 쌍방향적인 상호작용적(interactive) 리더십이다. 또한 전통적 리더십의 관점에서 보면 리더십은 특정인에게 부여된 자질이며 결과론적 성질을 가지고 있다. 변화혁신 리더십의 관점에서 보면 리더십은 조직의 모든 구성원은 리더의 잠재력을 가지고 있기 때문에 미래의 리더로 육성되어야 하며 리더십은 하나의 사건에 끝나지 않고 지속되는 과정적 성질을 가진 것이다. 그리고 변화에 적응하며 변화를 선도하는 것이다(Astin & Astin, 2000).[17]

또한 변화혁신 리더십의 관점에서 보면 리더십은 변화하는 환경과 교호작용하며, 구성원들이 가치와 임무를 공유할 수 있도록 헌신적 노력을 기울려야 하며, 리더와 부하가 상호작용하여 의사소통하며, 구성원들이 스스로 일을 찾아서 수행하면서 자아실현과 조직의 목표를 달성하도록 해야 하는 과정이다. 특히 Marquardt(2000a)는 변화의 속도가 급속한 21세기에서 요구되는 리더십은 시스템적 사고, 변화담당, 혁신과 모험 감수, 섬김, 복합 시간적 조정, 스승과 코치의 역할, 비전 구축 등의 능력을 가져한다고 보고 있다. 이러한 리더십의 능력은 변화혁신 리더십의 특성이라는 관점에서 설명될 수 있을 것이다.[18]

---

17) Astin, Alexander W., & Astin, Helen S. (2000). What is Leadership? Leadership Reconsidered: *Engaging Higher Education in Social Change*, Battle Creek, MI: W.K. Kellogg Foundation. pp. 8-16.

18) ① Marquardt, M. J. (2000a). Action learning and leadership. *The Learning Organization,* 7(5), pp. 233-240.

　② 천대윤. (1998). 「서바이벌 경영혁신」. 서울: 문원.

3. 변화혁신 리더십의 특성

변화혁신 리더십의 주요 특성은 무엇인가?

변화혁신 리더십의 특성들을 비전관련, 사람관련, 관리관련, 성취관련 특성이라는 대범주를 만들어 그 하위 특성들로 배분시켜서 논의하고자 한다.

1) 비전관련 특성

(1) 비전 추구와 실현

변화혁신 리더십은 비전을 추구하고 실현해야 한다. 비전을 창출하고 관리하고, 미래를 내다보는 통찰력과 비전적인 자질을 가져야 하는 특성을 가져야 한다.

조직의 비전(vision)은 조직의 미래 상태의 심상(心象)이다. 미래 어떤 시점에 당연히 그렇게 되어야할 바람직한 상태를 조직의 마음에 새긴 심상이 조직의 비전이다(천대윤, 1998).[19]

비전은 현재가 아닌 미래의 일정 시점에 도달되어야 상태 또는 존재에 대한 것이다. 이는 아름다운 영상이어야 하며 암울한 것이어서는 안 된다. 조직의 마음 즉 조직 구성원 개개인의 마음에 심어지는 것은 물론이고 조직 전체의 문화로 심어져야 한다. 이러한 성질의 비전은 글이나 말로써 표현될 수 있다.

예컨대 정부가 "우리는 최상의 행정서비스를 국민의 일상생활에 제공한다." 자동차 생산 및 서비스회사가 "우리는 자동차 생산과 서비스에서 세계 선도적 리더가 된다." 등은 비전을 글로 표현한 예에 해당된다 할 것이다.

이는 조직의 마음에 새긴 심상이기 때문에 구체적으로 달성할 수는 없다. 그러나 망망대해의 하늘의 북극성처럼 조직이 나아갈 방향을 구성원들에게 훤히 밝혀주고 심어주는 역할을 수행하며 조직의 존재 이유와 나아갈

---

19) 천대윤. (1998). 『서바이벌 경영혁신』. 서울: 문원; 천대윤. (1998). 『서바이벌 전략전술』. 서울: 밀레니엄북스; 천대윤. (1998). 『지혜정부론』. 서울: 선학사.

방향을 분명하게 해 주는 중요한 것이다.

비전은 조직의 문화, 조직의 일, 구성원들의 가치, 조직의 미션(임무) 등의 요소들을 종합적으로 고려하여 조직의 모든 사람들이 공동으로 참여하여 도출해야 하는 것이 바람직하다. 이러한 요소들에 의해서 비전이 창출되면 이로부터 목표와 전략이 도출된다. 따라서 특정 부처가 법령에 의해서 미션(임무, 목적)이 이미 주어졌다고 하더라도 비전을 창출했을 경우엔 미션의 상위에 위치시키는 것이 바람직하다.

만약 비전을 미션 밑에 위치시키게 되면 이는 목표의 역할을 하기 때문에 이때의 비전은 목표를 의미하게 된다. 따라서 비전 밑에 또다시 목표를 설정하는 일은 없도록 해야 할 것이다.

〈그림 1-1-4〉에서는 비전(vision), 미션(mission), 목표(goals), 전략과 전술(strategies and tactics), 실행계획(action plan) 간에 추상적인 조직의 비전에서부터 구체적인 실행계획까지 도출되어지는 흐름을 보여주고 있다.

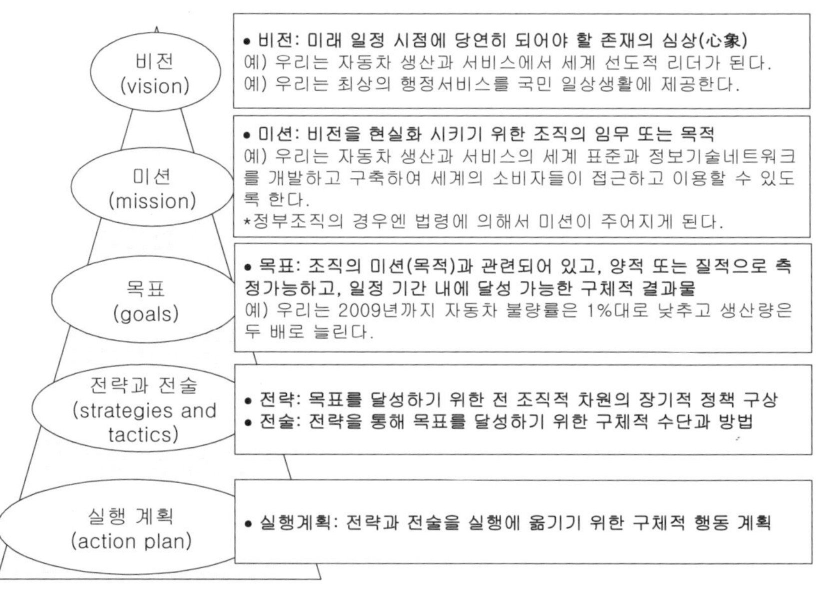

〈그림 1-1-4〉 비전, 미션, 목표, 전략과 전술, 실행계획의 흐름

(2) 체제사고 무장

변화혁신 리더십은 체제사고로 무장하고 행동해야 한다. 글로벌 변화시대에 있어서 부분이 아닌 전체를 보고 생각하고 행동하는 특성을 가져야 한다. 개체분할적인 환원주의가 아닌 전체를 하나로 놓고 보는 체제주의적인 관점에서 생각하고 행동하는 특성을 가져야 한다. 통찰력을 키워 깊은 안목을 가지고 현상의 저변을 흐르는 기본 트렌드(trend)를 파악하고 이에 대처해야 한다. 큰 그림을 그릴 수 있는 능력을 구성원들과 공유하는 특성을 가져야 한다.

2) 사람관련 특성

(1) 초월적 자아

변화혁신 리더십은 초월적 자아가 되어야 한다. 성찰과 학습과정을 통해서 자비로운 사랑이 가득한 사고와 행동으로 변화되어야 한다. 감정이입의 정신으로 추종자와 리더 사이가 서로 느끼고 소통되어야 한다. 우리는 하나의 네트워크 연결된 하나의 공동체란 의식을 가지고 서로를 존중해야 한다. 담론문화를 정착시키고 평화로운 태도를 가지고 변화혁신을 지속해야 한다.

(2) 섬김의 자세

변화혁신 리더십은 섬김의 자세로 임해야 한다. 소위 섬김의 리더십(servant leadership)을 발휘해야 할 것이다. 섬김의 리더십의 기본은 진실과 신뢰와 대화이다. 구성원들을 섬기며, 고객 또는 시민을 섬기며, 지역사회를 섬기며, 공동체 의식을 가지고 원활한 쌍방교류적인 의사소통과 의사결정을 공유하는 특성을 가져야 한다.

변화혁신 리더는 섬김이 곧 리더십이라는 것을 이해하고 실천해야 한다. 자신의 조직의 구성원들을 섬기고, 고객 또는 시민을 섬기고, 지역공동체를 섬기는 것이 리더십이라는 것을 이해하고 실천해야 한다. 이러한 섬김은 의사결정에 있어서도 나타나야 하며 독단으로 의사결정을 내리지 않고 구성원들과 합의하여 결정을 내린다.

(3) 촉진인과 스승 역할

변화혁신 리더십은 촉진인과 스승 역할을 수행해야 한다. 훌륭한 촉진인 (facilitator, coach), 좋은 스승(mentor)의 역할을 잘 수행하며, 지속적으로 학습하며 능력을 키우는 특성을 가져야 한다.

야단만 치고, 통제만 하려고 하는 리더는 변화혁신 리더로서의 리더십을 발휘하지 못하고 있는 것이다. 때로는 조직 구성원 개인 또는 조직 전체의 활동을 지원하며 촉진하는 촉진인의 역할을, 때로는 스승처럼 자상하게 도와주고 인도해 주는 역할을 잘 수행해 나가야 할 것이 요구된다.

3) 관리관련 특성

(1) 변화관리 능력

변화혁신 리더십은 변화관리 능력을 발휘해야 한다. 변화를 창조하고 관리하는 변화의 담당자, 선도자, 혁신자 역할을 수행하는 특성을 가져야 한다.

변화를 창조하고 관리한다는 것은 슘페터(Schumpeter)[20]가 말한 혁신과 창조적 파괴를 필요로 한다. 슘페터에 의하면 혁신(innovation)은 창조적 파괴이며[21] 기존의 것을 파괴하고 새로운 것을 여는 것이다. 이러한 창조적 파괴의 기반위에서 발전이 일어나는 것이다. 그리고 이러한 창조적 파괴는 결과가 아니라 과정이다. 지속적으로 이루어져야 한다.

(2) 위기관리 능력

변화혁신 리더십은, 위기관리 능력을 발휘해야 한다. 당연하다고 여겨지고 아무 의문 없이 지내고 있는 전통적인 관행과 방식에 대해서 의문을 가

---

20) Joseph Alois Schumpeter(1883–1950), 오스트리아 태생의 미국의 경제학자였다.

21) 혁신이 기존의 것(기존조직, 기존 시장 등)을 파괴하고 새로운 것(새로운 조직, 새로운 시장 등)을 연다는 의미에서 창조적 파괴(creative destruction)라고 슘페터는 불렀다.

지고 불합리한 문제가 발생하면 개선하려고 노력하는 특성을 가져야 한다.

현상유지적인 사람들이 두려워하는 모험과 도전에 기꺼이 응하고자 하는 특성을 가져야 한다. 그렇다고 무모하게 무방비로 위험을 받아들이지는 않는다. 오히려 위험을 최소화하고 그 위험의 상황을 발전의 기회로 전환시켜 그 기회를 최대화 하고자 하는 특성을 가져야 한다. 따라서 변화혁신 리더는 당연시 되는 기본 가정에 의문을 제기하는 능력과 위기를 기회로 전환시키는 능력을 가져야 한다.

(3) 자원 및 시간관리 능력

변화혁신 리더십은 자원 및 시간관리 능력을 발휘해야 한다. 소위 청지기 리더십(steward leadership)이 필요할 것이다. 맡겨진 시간과 자원을 신뢰로써 잘 관리해야 한다. 동시다발적인 일들을 효과적으로 관리하며, 자원과 시간을 다방면에서 효율적으로 사용하는 능력을 발전시켜야 하는 특성을 가져야 한다.

환경의 변화가 복잡하고 빠를수록 리더가 취급해야 할 일들도 많아지고 복잡해진다. 변화혁신 리더는 그러한 일들을 효율적으로 관리하기 위해서 시간을 잘 관리해야 한다. 그렇지 않으면 일들이 리더를 압도하게 되어 변화혁신 리더십 발휘에 실패하게 될 것이다.

4) 성취관련 특성

(1) 조정통합

변화혁신 리더십은 조정통합을 잘 해야 한다. 기술적인 나무와 전략적인 숲을 모두 볼 수 있는 안목을 기르며, 분쟁을 해결하기 위한 유능한 조정능력을 발휘하는 특성을 가져야 한다.

부처 간의 갈등, 이해당사자와의 갈등, 지역사회와의 갈등 등 다양한 형태의 갈등을 잘 조정하고 통합하여 목적한 방향으로 조직을 이끌고 나갈 수 있어야 한다.

(2) 과정과 결과 중시

과정(process)과 결과(results)의 리더십이다. 변화혁신 리더십은 조직의 활동의 과정과 결과가 조직의 목적에 맞게 움직이도록 책임지고 관리해 할 져야 하는 특성을 가져야 한다(천대윤, 1998).

특히 정보통신기술, 바이오기술 등 각종 과학기술을 창조적으로 창안, 도입, 활용하여 과정과 결과를 효과적이고 능률적이고 연결시키는 기술리더십(technology leadership)이 필요할 것이다.

조직의 성장과 번영에 기여하도록 조직의 모든 에너지를 결집하여 성과를 창출하는 능력과 이 성과가 산출되기까지의 제품 생산과 서비스 생산 과정을 효과적이고 능률적으로 흐르게 할 능력을 가져야 한다.

〈표 1-1-2〉에서는 변화혁신 리더가 갖추어야 할 변화혁신 리더십의 특성을 예시하고 있다.

<표 1-1-2> 변화혁신 리더십의 특성과 내용

요구되는 특성		내 용
비전	비전 추구와 실현	• 미래에 대한 통찰력과 비전 창출 • 구성원들을 자극, 인도
	체제사고 무장	• 부분이 아닌 전체적 관점, 문제해결 • 저변을 흐르는 기본 트렌드와 큰 그림을 볼 수 있는 능력의 지도력 발휘
사람	초월적 자아	• 자신의 감정, 분노를 초월한 자비와 사랑 • 하나의 공동체 네트워크, 지속적 변화혁신
	섬김의 자세	• 구성원들에게 봉사함 • 공동체 의식, 원활한 쌍방교류적인 의사소통과 의사결정을 공유함
	촉진인과 스승 역할	• 훌륭한 촉진인, 좋은 스승 역할 • 지속적인 자발적 학습
관리	변화관리 능력	• 변화를 담당, 선도, 혁신 • 변화를 창조하며 관리함
	위기관리 능력	• 전통적 방식 도전, 모험 기꺼이 응함 • 위험을 최소화하며, 위기를 기회로 변화시키며, 새로운 창조적 기회 포착

요구되는 특성		내 용
	자원 및 시간관리 능력	• 동시다발적 일을 효율적으로 관리 • 청지기 리더십 • 다방면 일 처리 자원 및 시간의 효율적 사용
성취	조정통합	• 분쟁을 조정, 통합하는 능력 발휘 • 기술적 나무와 전략적 숲을 모두 볼 수 있는 안목을 가짐
	과정과 결과 중시	• 조직의 성장과 번영에 기여 • 구성원들의 에너지를 결집하여 성과창출의 시너지를 창출하는 능력

* 자료: Marquardt(2000a), 천대윤(1998)에서 각색

이러한 변화혁신 리더십은 환경의 변화에 잘 적응하거나 또는 변화를 선도하고, 구성원들과 상호작용하며, 이들의 가치, 신념을 올바른 방향으로 변화시키며, 변화의 과정에서 발생하는 갈등을 원만히 조정하며, 구성원들에게 동기를 부여하며, 구성원들의 자아실현과 조직의 목표를 지속적으로 달성하는데 기여하는 리더십이라고 할 수 있다.

4. 변화혁신 리더십의 필요성

변화혁신 리더십의 필요성은 어디에 있는가?

변화혁신하지 않으면 쇠퇴하거나 멸망하고, 변화혁신을 지속하면 성장하고 번영한다. 이는 개인이든, 기업이든, 정부든 모두 동일하게 적용되는 일반법칙이다. 성공에 도취되어 있을 땐 더욱 위험하다. 성공에 도취되어 변화혁신을 주저하게 되면 쇠퇴하거나 멸망하나, 지속적인 변화혁신을 추진하게 되면 성장하고 번영한다. GM(General Motors)은 전자의 예가 되고 GE(General Electric)는 후자의 예가 된다.

GM은 1920년대 당시 포드 자동차 회사의 선두자리를 제치고 승승장구하여 1970년대엔 미국 자동차 시장의 50%를 점유하기까지 하였다. 그러나 성공에 도취되어 변화혁신을 게을리 한 결과 그 이후 지금까지 경영상태가 쇠퇴일로를 걸어왔다. 반대로 GE가 백년이 넘게 선두를 지켜온 것은 변화혁신 자체가 GE이었기 때문이다. GE의 그러한 원동력에 교육이 일조하고 있다.

변화혁신하지 않으면 쇠퇴하거나 멸망하고, 변화혁신을 지속하면 성장하고 번영한다는 이 일반법칙은 누구도 거스를 수 없는 역사의 법칙이자 하늘의 법칙이다. 1880년대 후반부터 범선이 몰락한 것은 1840년대부터 일기 시작한 증기선으로의 변화를 추구하지 않았기 때문이다. 경기가 안 좋아서 장사가 잘 안 된다고 불평하는 회사들이 많다. 경기가 안 좋아서 장사가 안 되는 것이 아니라 변화하는 환경에 적응하지 못하기 때문에 장사가 안 되는 것이다. 즉, 시간이 흐르고 세상이 바뀌어 고객의 행태도 바뀌어 가는데도 그런 회사의 생각은 과거의 것을 그대로 갖고 과거의 장사 형태나 수법을 그대로 가지고 있기 때문이다. 새로운 욕구의 고객층을 파악하고 그에 적합한 제품 및 서비스를 개발하여 판매하지 않는 한 경기가 좋아지더라도 그 회사의 장사는 잘 될 리가 없다. 장사가 안 된다고 불평하는 회사들이여 경기를 탓하기 전에 내 회사가 경기, 즉 잠재되어 있는 새로운 고객층을 위하여 무엇을 할 수 있는가를 먼저 반성하자.

5. 액션러닝의 변화혁신 리더십 개발에 기여

1) 왜 액션러닝인가

그렇게 중요한 변화혁신 리더십 개발에 왜 하필이면 액션러닝이 주된 수단으로 각광을 받고 있는가? 결론적으로 말하면 액션러닝이 변화혁신 리더십 개발을 위한 교육의 목적에 부합하는 합목적성과 실용성이 높다는 것이다.

전통적으로 리더십 개발을 위한 교육으로 교실에서의 강의하는 강의방식을 많이 채택해 왔다. 많은 인원을 단기간에 교육시켜 배출시킬 수 있다는 것이다. 문제는 그 교육의 효과가 현장에서 얼마나 잘 실현되고 있느냐

에 있는데 그 현장에서의 그 효과가 매우 낮다는 것이다.

일반적으로 교육효과, 즉 교육받은 것을 현장에서 적용가능한 지식의 정도가 30% 미만이면 해당 교육은 유용성이 없다고 할 것이다(Braun, 2000).[22]

그런데 〈표 1-1-3〉에서 보듯이 교육훈련의 현장에서 적용 가능한 지식의 정도가 30%가 넘는 것은 직접 실행하는 것과 자기 스스로 학습하는 것뿐인데 이 두 가지 형태의 학습은 액션러닝을 통해서 실현가능하다는 것이다.

이러한 사실을 고려할 때 변화혁신 리더십 개발에 있어서 액션러닝은 합목적성과 실용성을 갖춘 유용한 수단이 될 수 있음을 강조하고자 한다.

<표 1-1-3> 교육훈련의 효과성

학습 형태	현장 적용 가능한 지식의 정도(%)
강의 듣는 것	5
독서하는 것	10
눈으로 보는 것	20
실행하는 것	40
자기 스스로 학습하는 것	80

* 자료: Braun(2000)

2) 만들어가는 변화혁신 리더십

변화혁신 리더십은 경험과 학습을 통해 만들어 지는가? 지금까지 언급한 현대적 리더십은 리더 자신에 의해서 나타나는 것이 일반적이다. 그러나 이러한 리더십은 단지 리더가 경쟁력을 갖추고 있다는 것만으로는 발휘되지 않는다. 현대적 리더십은 조직의 모든 구성원들이 그러한 리더십을 발휘할 수 있는 리더의 잠재력을 가지고 있다고 보고 있다. 따라서 현대적

---

22) Braun, Wolfgang. (2000). DaimlerChrysler: Global Leadership Development Using Action-Oriented and Distance Learning Approaches. In Boshyk., Yury (Ed.). *Business Driven Action Learning: Global Best Practices* (pp. 3-13). New York: St. Martin's Press.

리더십은 이들의 잠재력을 개발해 주어야 한다. 왜냐하면 리더는 태어나는 것이 아니라 만들어 지는 것이기 때문이다(Bennis, 1989).[23] 만들어 진다는 것은 상황변화에 적응하도록 교육훈련 되어야 한다는 것을 의미한다. 특히 협동적 리더십은 더욱 그러하다(Raelin & Raelin 2006).[24] 이러한 리더십능력을 개발하고 발전시키는데 도움을 줄 수 있는 수단의 하나가 액션러닝이다. 이와 같은 이유로 GE에서는 액션러닝을 변화혁신리더 개발을 위한 주요 도구의 하나로 중요히 여겼다.

변화에 적응하는 조직은 생존, 성장, 번영하게 될 것이다. 그 조직을 이끄는 것은 재물이나 구조도 중요하지만 더 중요한 것은 사람이다. 조직이 변화에 적응하기 위해서는 사람이 변화에 적응해야 한다. 조직은 자신의 사람들이 변화에 적응할 수 있도록 교육 훈련시켜야 한다. 변화혁신에 적응할 수 있는 리더들을 길러내야 한다. 그 교육 훈련의 수단에는 여러 형태가 있을 것이다. 그 가운데 하나가 액션러닝(action learning)이다.

예컨대, GE(General Electric), 뒤퐁(Du Pont), 모토롤라(Motorola), 노키아(Nokia) 등 일류 글로벌 기업들의 지속적 번영은 사람에게 있었으며 그 사람을 변화에 적응하도록 잘 훈련시킨 기법이 액션러닝이었다.

앞에서 언급한 Marquardt(2000a)의 현대적 리더십 특성과 변화혁신 리더십의 특성들을 액션러닝과 연계시켜 볼 때 액션러닝은 변화혁신 리더십 개발에 다음과 같은 공헌을 하고 있다고 보아야 할 것이다.[25]

---

23) Bennis, W. (1989). *Why Leaders Can't Lead: The Unconscious Conspiracy Continues.* San Francisco: Jossey-Bass Publishers.

24) Raelin, Joseph A. & Raelin, Jonathan D. (2006, April). Developmental action learning: toward collaborative change. *Action Learning: Research and Practice, 3*(1), pp. 45-67.

25) ① Marquardt, M. J. (2000a). Action learning and leadership. *The Learning Organization, 7*(5), pp. 233-240.
   ② 천대윤. (1998). 「서바이벌·경영혁신」. 서울: 문원.

3) 액션러닝의 기여

액션러닝이 기여하는 바는 무엇인가?

액션러닝의 변화혁신 리더십 개발에 기여하는 내용을 비전관련 기여, 사람관련 기여, 관리관련 기여, 성취관련 기여로 구분하여 전개하고자 한다.

(1) 비전관련 기여

① 비전적인 리더십 개발

먼저 비전관련 특성으로 첫째, 비전적인 리더십 개발에 있어서, 액션러닝은 참여자들로 하여금 액션러닝을 통해서 미래에 대한 통찰력과 비전 창출하는 능력을 키우도록 하며, 조직의 구성원들을 자극하고 참여시켜 바람직한 방향으로 인도하는 능력을 키워나가도록 한다. 특히 액션러닝은 복잡한 문제들이나 쟁점들을 분석하고 개념화하는 활동들을 팀 구성원들과 논의하고 협동하여 진행하도록 함으로써 비전을 창출하고 공유하는 능력을 키우도록 한다.

② 체제사고 무장

둘째, 체제사고 무장에 있어서, 액션러닝은 액션러닝의 참여자들로 하여금 체제적 관점에서 서로에게 질문하고 성찰하는 과정을 갖게 한다. 또한 체제적 사고방식으로 현상을 관찰하고, 문제를 정의하고, 대안을 개발하여 최선의 대안을 선택하는 일련의 능력을 키워 나가는데 액션러닝은 공헌한다.

(2) 사람관련 기여

① 초월적 자아

다음, 사람관련 특성에서 첫째, 초월적 자아 개발에 있어서 액션러닝은 팀 성찰과 팀 구성원 성찰 등을 통해서 행동하고, 성찰하고, 학습하는 과정을 순환적으로 반목함으로써 구성원 상호간에 자비와 사랑을 키워나가고 네트워크로 하나 된 공동체 의식을 발전시킨다.

② 섬김의 자세

둘째, 섬김의 리더십 개발에 있어서, 액션러닝은 참여자들로 하여금 액션러닝을 통해서 훌륭한 리더는 통제가 아니라 섬긴다는 것을 스스로 인식하고 학습하게 한다.

직원, 고객, 지역사회 등 다른 사람에게 봉사하는 능력을 키우게 한다. 일방적인 의사소통방식이 아니라 쌍방교류적이고 상호 존중적인 의사소통을 원활하게 하는 문화를 정착시키는데 기여한다. 공동체 의식을 가지게 하고 독단적인 의사결정이 아니라 의사결정을 공유하는 능력을 키워나가도록 학습하도록 한다.

③ 촉진인과 스승 역할

셋째, 촉진인과 스승 역할 개발에 있어서, 액션러닝은 참여자들로 하여금 액션러닝을 통해서 서로에게 훌륭한 촉진인(facilitator, coach), 스승(mentor)의 역할을 하는 능력을 키워나가도록 한다.

(3) 관리관련 기여

① 변화관리 능력

한편, 관리관련 특성에 있어서 첫째, 변화관리의 리더십 개발에 있어서, 액션러닝은 참여자들로 하여금 액션러닝을 통해서 변화를 창조하고 관리하는 능력을 키워 나가도록 학습하고 행동한다. 또한 액션러닝 과정에서 조직의 변화를 위한 실행과 구성원 개인의 변화를 위한 학습이 함께 이루어지도록 조직과 개인 모두의 변화관리 능력을 배양하도록 한다.

② 위기관리 능력

둘째, 위기관리의 리더십 개발에 있어서, 액션러닝은 참여자들이 액션러닝을 통해서 위기를 창조의 기회로 전환시키는 능력을 키워나가도록 학습 능력을 증진시킨다. 또한 기존에 당연시 여기던 관행, 방식 등에 의문을 가지게 하여 문제가 발견되면 개선점을 개발하는 능력을 키우도록 한다. 액션러닝 과정에서 성찰과 학습을 통해서 레드오션보다는 블루오션(Kim &

Mauborgne, 2005)[26] 또는 기회의 백색 공간을 찾는 능력을 키우도록 학습한다(Marquardt, 2000).[27]

③ 자원 및 시간관리 능력

셋째, 자원 및 시간관리 리더십 개발에서, 액션러닝은 참여자들로 하여금 액션러닝을 통해서 질문하고, 정보를 수집하여 분석하고, 대안을 개발하는 활동들과 관련된 동시다발적인 일들을 효율적으로 관리해 나가는 능력을 키워나가도록 실행하고 학습하도록 한다.

(4) 성취관련 기여

① 조정통합

끝으로, 성취관련 특성에서 첫째, 조정통합 능력 개발에 있어서, 액션러닝은 참여자들로 하여금 현장탐방을 통해서 상황을 파악하고 문제를 분석하며 대안을 만들어 가는 과정에서 조정통합의 능력을 키우게 학습하도록 한다. 액션러닝을 통하여 복잡한 분쟁이나 문제들에 관련된 다양한 이해관계자들의 목소리를 통합적으로 균형 있게 조정하고 관리하는 조정통합 능력을 키워 나가도록 실행하고 학습하게 한다.

② 과정과 결과 중시

둘째, 과정(process)과 결과(results) 중시의 리더십 개발에 있어서, 액션러닝은 참여자들로 하여금 액션러닝을 통하여 개인과 조직의 성장과 번영에 기여하는 능력을 키우도록 학습시킨다. 또한 한편으로는 액션러닝의 팀 활동을 통해서 조직 업무의 흐름과 과정을 중요하게 여기는 인식을 심어주

---

26) Kim & Mauborgne(2005)이 주장한 레드오션(red ocean)은 이미 경쟁자들이 서로 힘들여 경쟁하는 공간이고, 블루오션(blue ocean)은 아직 경쟁자들이 없는 새로운 개척지를 말한다. Kim, W. Chan, & Mauborgne, R. (2005). *Blue Ocean Strategy: How to Create Uncontested Market Space and Make Competition Irrelevant*. Harvard Business School Publishing.

27) Kim & Mauborgne(2005)가 말하는 블루오션은 Marquardt(2000)가 말하는 "기회의 백색 공간(white-space opportunities)" 에 해당된다고 할 수 있다.

〈표 1-1-4〉 액션러닝의 변화혁신 리더십 개발에 기여

변화혁신 리더십 특성		액션러닝의 기여 내용
비전	비전 추구와 실현	액션러닝의 문제해결 과정에서 미래에 대한 통찰력과 비전 창출하는 능력을 키우며 구성원들을 자극하고 참여시켜 바람직한 방향으로 인도하는 능력을 키워나감
	체제사고 무장	액션러닝의 참여자들은 체제적 관점에서 서로에게 질문하고 성찰하며, 체제적 사고방식으로 현상파악, 문제정의, 대안개발 능력을 키워나감
사람	초월적 자아	액션러닝 팀 성찰 및 팀 구성원 개인 성찰을 통하여 실행, 성찰, 학습의 순환적 과정을 밟으면서 서로에 대한 자비와 사랑, 공동체 의식, 대화 등을 키워나감
	섬김의 자세	액션러닝을 통해서 훌륭한 리더는 통제가 아니라 섬긴다는 것을 학습하고, 다른 사람(직원, 고객, 지역사회)에게 봉사함. 쌍방교류적 의사소통을 원활히 하여 문화적 정착시킴. 공동체 의식을 가지고, 의사결정을 공유하는 능력을 키워나감
	촉진인과 스승 역할	액션러닝을 통해서 참여자들은 서로에게 훌륭한 촉진인(facilitator, coach), 스승(mentor)의 역할을 하는 능력을 키워나감
관리	변화관리 능력	액션러닝을 통해서 변화를 창조하고 관리하는 능력을 키워나가며, 체제의 변화를 위한 실행, 구성원 개인의 변화를 위한 학습이 이루어짐
	위기관리 능력	액션러닝을 통해서 위기를 창조의 기회로 전환시키는 능력을 키워나가고, 기존의 관행, 방식 등에 의문을 가지며 레드오션보다는 블루오션을 찾는 능력을 키움
	자원 및 시간관리 능력	액션러닝을 통해서 질문하고, 정보를 수집하여 분석하고, 대안을 개발하는 활동들과 관련된 동시다발적인 일들을 효율적으로 관리해 나가는 능력을 키워나감
성취	조정통합	액션러닝을 통해서 복잡한 분쟁이나 문제들에 관련된 다양한 이해관계자들의 목소리를 통합적으로 균형 있게 조정하고 관리하는 조정통합 능력을 키워나감
	과정과 결과 중시	액션러닝을 통하여 개인과 조직의 성장과 번영에 기여하는 능력을 키우며, 업무 흐름과 과정을 중히 여기며 또한 구성원들의 에너지를 결집하여 성과창출의 시너지를 창출하는 능력을 기워나가고 학습하도록 함

* 자료: Marquardt(2000a), 천대윤(1998)에서 각색

며, 다른 한편으로는 구성원들의 에너지를 결집하여 성과창출의 시너지를 창출하는 능력을 키우며 학습하도록 한다.

〈표 1-1-4〉에서는 변화혁신 리더십 개발에 액션러닝이 기여하는 요소들을 예시하고 있다.

결국, 액션러닝은 녹색성장, 지속가능발전, 글로벌 경쟁과 협력의 역동적 지구촌 시대에 창조적이며 혁신적인 변화혁신 리더십 개발에 기여하는 바가 크다.

리더십은 학습을 필요로 한다. 왜냐하면 변화하는 환경에 적응하기 위해서 학습이 절대적으로 필요하기 때문이다. 학습하지 않는 자는 리더십을 가지고 있지 않고 리더가 될 자격이 없다. 따라서 변화하는 환경에 조직이 성장하고 번영하기 위해서는 조직의 모든 구성원이 학습해야 하며 리더십을 가져야 한다. 특히 조직의 관리자들은 더욱 그러하다. 조직은 그러한 관리자들 또는 리더들을 육성하고 개발해야 한다. 이를 위해서 필요한 수단의 하나가 액션러닝이다. 따라서 변화혁신 리더십과 액션러닝은 조직의 성장과 번영에 있어서 중요한 관계에 있다고 할 수 있다. 〈그림 1-1-5〉에서는 변화혁신 리더십 및 리더 개발에 있어서 액션러닝과의 관계를 그림으로 보여주고 있다.

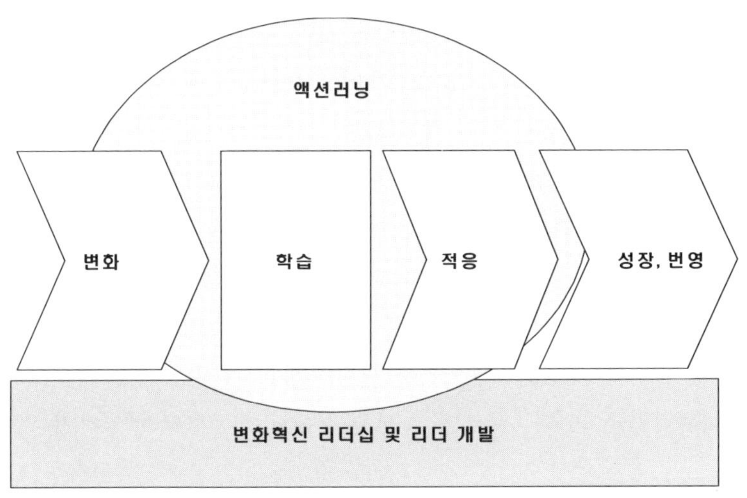

〈그림 1-1-5〉 액션러닝과 변화혁신 리더십 관계

제2장 액션러닝의 의의

1. 액션러닝의 역사

오늘날 전 세계의 기업 및 정부기관에서 액션러닝은 다양한 형태로 운영되고 있다. 그러나 그러한 다양한 변종에도 불구하고 액션러닝의 기본 가정은 동일하다고 할 수 있다. 즉 변화에 적응하기 위해서는 학습(learning)이 절대적으로 필요하며, 학습을 위한 기본은 성찰(reflection)과 실행(action)이라는 것이다.

액션러닝(action learning)이 누구에 의해서 언제 시작되었는지에 관한 분명한 정보는 알 수 없으나, 일반적으로 레반스(Reg Revans)가[28) 액션러닝의 아버지로 알려지고 있다. 레반스는 1930년대부터 액션러닝의 개념을 주장하고 "action learning"이라는 용어를 1945년도에 공식적으로 처음 사용한 사람으로 알려지고 있다. 레반스는 영국의 광산회사와 병원에서 근무하는 근로자들을 대상으로 하는 교육에서 기존 교육방식으로는 생산성이 증가하지 않는다는 문제점을 들고, 기존 교육방식의 문제점을 해결하기 위해서 그 개선책으로 도입 한 것이 액션러닝의 방식이었다.

액션러닝의 처음 주된 출발지역은 영국 등 유럽지역이었으나, 이를 기업 차원에서 관리자 개발을 목적으로 활발하게 부흥시킨 것은 미국의 GE, IBM 같은 기업들이었다. 글로벌 경쟁 환경에서 생존하고 번영하기 위한 변

---

28) Reg Revans 본명은 Reginald William Revans이며, 1907년 5월 14일에 태어나서 2003년 1월 8일, 95세를 일기로 타계했다.

화혁신 리더십 개발에 있어서 GE[29], DuPont[30], Dow[31], IBM[32] 등의 외국 기업들은 액션러닝 프로그램을 성공적으로 운영하여 그 효과를 많이 보았다고 알려져 있다(Mercer, 2000).[33]

우리나라에서는 1990년대 대기업을 중심으로 액션러닝을 본격적으로 도입하였다고 알려져 있다. 지금은 각 급 정부 및 공무원교육기관에서도 액션러닝이 운영되고 있다(천대윤 2006).[34] SK, 효성, LG, 현대, 기아, CJ 등의 기업에서 리더양성과 같은 인적자원개발 분야 등에서 액션러닝의 효과가 입증되고 있다고 알려져 있다(김종인, 2003; 김영원·봉현철, 2002; 오명진, 2001).[35] 필자는 각급 공무원교육기관이 액션러닝 방식을 도입하여

---

29) GE(General Electric Company)는 에디슨(Thomas Alva Edison)이 New Jersey 주의 Menlo Park에서 연구소를 개설한 1876년을 GE의 기원으로 보고 있으며, the Edison General Electric Company를 설립한 1890년을 에디슨 GE의 시작으로, 그리고 the General Electric Company로 출범한 1892년을 새로운 GE의 시발점으로 보고 있는 것 같다. 따라서 GE 역사는 125년이 넘는다고 볼 수 있다. 전 세계 100개 이상의 국가에 걸쳐 30만 명이 넘는 직원이 일하고 있다.

30) 듀퐁(DuPont)은 1802년에 설립된 회사이며 회사의 역사가 GE보다 더 오래 된 것으로 알려져 있다. 세계 70개국 이상에서 9만 명이 넘는 직원이 일하고 있다.

31) 다우(Dow: Dow Chemical Company)는 1897년 설립된 회사로 전 세계 175개 이상의 국가에서 4만 명이 넘는 직원이 일하고 있다.

32) IBM(International Business Machines)은 Dr. Alexander Dey가 1888년 다이얼 레코더를 발명한 시점을 회사의 기원으로 잡고 있는 것으로 보이며, Com-puting-Tabulating-Recording Company 형태로 1911년부터 운영되기 시작했다. 전 세계에 35만 명이 넘는 직원이 일하고 있다.

33) Mercer, S. (2000). "General Electric's Executive Action Learning Programmes," In Yury Boshyk(ed.), *Business Driven Action Learning*: Global Best Practices, 42-54. New York: St. Martin's Press.

34) 천대윤. (2006). "정책 효율성 제고를 위한 Action Learning 모형 탐색: 효율적인 공무원 사회갈등사례교육을 제고하기 위한 PSCL모형의 설계, 적용, 분석을 중심으로," 「한국정책학회보」, 15(1), pp. 63-89.

35) ① 김종인. (2003. 5). "리더양성과 Action Learning 실천사례," 「산업교육연구」, 9, pp. 3-17.

② 김영원·봉현철. (2002. 12). "Action Learning 프로그램의 효과평가에 관한 연구," 「인적자원개발연구」, 4(2), pp. 29-60.

교육훈련을 효과적으로 실시할 수 있도록 하는데 도움을 주기 위해서 "액션러닝 매뉴얼" 책자를 제작, 발간하여 각급 공무원교육기관에 배포한 바 있다(천대윤, 2007).[36]

레반스의 학습에 관한 생각은 한 마디로 '학습이란 사회적 교환관계에 있는데 학습을 위해서 투입하는 비용과 최소한 같거나 그 비용보다 더 많은 성과가 있어야 한다' 는 것이다. 그런데 전통적인 학습방식은 그렇지 못하다는 것이고 이에 대한 대안으로 제시한 것이 액션러닝이다. 액션러닝은 학습자가 스스로 문제를 찾고, 스스로 질문하며, 스스로 해결책을 찾으며, 성과를 증진하는데 기여하는 수단이 되는 것이다.

2. 액션러닝의 필요성

1) 성장과 번영의 수단

지속적인 성장과 번영을 위해서는 항상 과거, 현재, 미래 현상에 대해 의문을 가지고 접근하여 문제가 발견되면 지속적으로 개선해 나가야 한다. 현재의 성공에 도취되어 자만에 빠지거나 나태해져서는 안 되며, 항상 현상에 대해서 의문을 품고 접근하여 잘 된 점은 더욱 발전시키고 발전에 장애가 되는 문제는 개선하고 해결해 나가야 한다. 또한 비록 현재에는 수익이 많이 나는 사업이라고 하더라도 미래 환경의 흐름에 적응하기 위해서 사업의 축소, 대체, 변경 등의 형질변환이 반드시 필요하다고 판단되면 즉시 실천에 옮겨야 한다. 이를 위해서 액션러닝(action learning)이 필요하다.

성공을 성취한 개인이나 기업 또는 정부는 자신이 항상 선두에 있을 것이라는 착각과 자신은 이제 실패할리 없다는 착각에 빠지곤 한다. 우리는

---

③ 오명진. (2001, 가을호). "LG전자의 핵심인재육성을 통한 인적자원개발," 「임금연구」, pp. 129-139.

36) 천대윤. (2007). 「액션러닝(Action Learning) 매뉴얼」. 중앙공무원교육원.

지난 시기에 이러한 착각에 빠져 쇠퇴하거나 사라진 많은 개인이나 기업들을 보아왔으며, 아시아의 용들이라고 불리었던 국가들도 쇠퇴하거나 곤경에 처해 있는 것을 현재 보고 있다.

이러한 잘못된 착각에 빠지게 하는 원인들에는 다양할 수 있다. 자만과 고정관념으로 인한 방만하고 무책임한 조직 운영, 사업이나 정책의 부실한 수립과 집행, 미래에 대한 그릇된 예측, 도덕적 해이, 시대 변화의 흐름에 거스르는 정책설계와 집행 등 다양한 원인을 제시할 수 있다. 허볼드(Robert J. Herbold)는 성공을 이어가지 못하게 하고 쇠퇴의 길로 가게 하는 원인들로 태만, 자만, 권태, 복잡성, 비대증, 평범함, 무기력증, 소심함, 혼란 등 9가지를 언급하고 있다(Herbold, Robert J., 2007).[37]

태만(neglect)은 현실을 직시하지 못하고 어제의 사업모델에 집착하고 자신의 잘못된 점을 고치지 못하는 태만이다. 자만(pride)은 주력 상품을 지속적으로 창조하지 못하고 독창적인 제품이 없고 기존의 성공제품들이 구식이 되도록 방치하는 자만이다. 권태(boredom)는 브랜드의 차별성을 지속적으로 창출시키지 못하고 한 때 성공적이었던 브랜드가 식상하고 지루해진 이후에도 계속 집착하는 권태이다. 복잡성(complexity)은 검증된 프로세스를 사용하지 않고 있고 프로세스들이 방만하고 무질서하여 성가시고 복잡해져 있어도 이를 모르거나 무시하게 되는 복잡성이다. 비대증(bloat)은 무분별한 팽창과 방만한 운영으로 조직이 마비상태에 빠져있으면서도 이를 합리화하고 있으며 스피드와 민첩성이 상실된 비대증이다.

평범함(mediocrity)은 경험이 많고 혁신적인 인재 선발과 개발을 그르치어 저하된 성과를 묵인하고 열심히 성과를 내려는 직원들을 맥 빠지게 하

---

37) 성공을 지속시키기 못하게 하는 9가지의 함정들(the 9 traps of winning)인 ① neglect, ② pride, ③ boredom, ④ complexity, ⑤ bloat, ⑥ mediocrity, ⑦ lethargy, ⑧ timidity, ⑨ confusion 등에 대한 번역에 있어서 진대제 역서의 ① 태만, ② 자만, ③ 권태, ④ 복잡성, ⑤ 비대증, ⑥ 평범함, ⑦ 무기력증, ⑧ 소심함, ⑨ 혼란 등의 용어들과 맥을 같이 했다. Herbold, Robert J. (2007). 진대제 역. 「성공을 경영하라」. 서울: (주)한국맥그로힐. Seduced by Success. USA: The McGraw-Hill Companies.

는 평범함이다. 무기력증(lethargy)은 안락, 무관심, 자기 확신에 빠져서 사업에 대해서 분별력을 상실하고 추가하는 사업은 있으나 죽이는 사업은 없고 자신도 모르게 변화를 두려워하는 무기력증이다. 소심함(timidity)은 영역다툼의 내분과 파벌 그리고 모호한 책임소재 등을 타파하지 못하고 추진동력 팀을 창조하여 추진하지 못하는 소심함이다. 혼란(confusion)은 조직이 나아갈 방향성을 상실하고 목표가 불분명하고 자신도 모르게 정신분열적인 커뮤니케이션을 하게 되는 혼란이다(Herbold, Robert J., 2007).[38]

그릇된 착각에서 헤쳐 나오지 못하면 개인이든 기업이든 정부든 쇠퇴하게 된다. 성공을 성취한 자는 그 추락하는 속도가 성공을 성취하지 않은 사람보다 더욱 빠르다. 높이 올라간 새가 추락할 때는 낮게 나는 새가 추락하는 것보다 더 빠르게 추락하는 것과 같은 이치다.

이러한 성공을 성취한 개인이나 기업 또는 정부는 자신이 항상 선두에 있을 것이라는 착각과 자신은 이제 실패할리 없다는 착각에서 벗어나기 위해서는 끊임없는 변화혁신을 추진해야 한다. 그러한 변화혁신을 위해서는 사람을 교육훈련 해야 하며, 사람을 교육훈련하기 위한 수단으로 액션러닝이 사용될 수 있다. GE는 20세기에서 21세기로 변화하는 역동적인 시기에 액션러닝을 임원급들 및 관리자들의 교육훈련의 주된 수단으로 사용하여 변화하는 환경에 잘 대응하며 선두 그룹자리를 지켰다.

2) 문제해결의 수단

문제를 해결하기 위해서는 문제의 원인을 정확하게 파악하여 분석해야

---

38) 성공을 이어가지 못하고 쇠퇴의 길로 들어가게 하는 이러한 9가지 원인들에 대한 대응책은 ① 사업모델(business model), ② 제품(product), ③ 브랜딩(branding), ④ 프로세스(processes), ⑤ 민첩성(agility), ⑥ 사람(people), ⑦ 문화(culture), ⑧ 부처파벌싸움(turf wars and fiefdoms), ⑨ 커뮤니케이션(communications) 등의 요소들과 관련된 문제이며 이들을 상황변화에 맞게 잘 관리해야 조직이 성장, 번영할 수 있을 것이다. Herbold, Robert J. (2007). Seduced by Success. USA: The McGraw-Hill Companies.

하고 이를 바탕으로 해결에 들어가야 한다. 문제의 원인을 정확하게 파악하여 분석하기 위해서는 현장에 가서 문제 상황을 소상하게 조사해야 할 것이다. 현장 중심의 문제해결에 적합한 수단이 액션러닝(action learning)이다.

문제를 해결하기 위한 유일무이한 접근방식은 없다. 즉, 하나의 문제를 해결하기 위해서 다양한 접근방식들이 사용될 수 있다. 그 문제를 보는 연구관점에 따라서, 그 문제를 다루는 사람의 신념에 따라서, 그 문제 자체의 특성에 따라서, 개인 및 조직의 변화수준에 따라서, 또는 그 문제가 놓인 상황적 요인 등에 따라서 다양한 접근방식들이 사용될 수 있다. 액션러닝은 그러한 다양한 접근방식들 가운데 하나이다. 액션러닝은 문제를 성공적으로 해결하기 위한 바람직한 해결책을 찾기 위한 하나의 접근방식이다.

액션러닝에 접근하는 방식도 연구관점, 연구자의 신념, 문제 자체의 특성, 개인 및 조직의 변화수준, 또는 상황적 요인 등에 따라서 다양할 수 있다. 따라서 해결하고자 하는 문제에 성공적으로 접근하여 효과적이고 능률적으로 문제를 해결하기 위해서 올바른 액션러닝 접근방식을 선택해서 사용해야 한다. 즉 해결하고자 하는 문제에 적합한 액션러닝을 선택하여 실천해야 한다.

3) 변혁적 학습의 수단

우리말에 백문불여일견(百聞不如一見)이라는 말이 있다. 백번 듣는 것보다 한 번 직접 보는 것만 못하다는 것이며, 보는 것이 믿는 것이라는 의미이다. 학습의 효과를 증진시키기 위해서 강의실 의자에 앉아서 백번 듣는 것보다 현장에 한 번 가서 경험하는 것이 바람직하는 것이다. 기업이나 정부 정책을 수립하고 집행할 때 또는 문제의 대안을 찾고자 할 때 사무실에 앉아서 백번 듣고서 기안하기보다 현장에 한 번 가서 직접 눈으로 보는 것이 더 낫다는 것이다. 이를 위해 기여하는 것이 액션러닝이다.

일반적으로 액션러닝의 창시자는 레반스(Reg Revans)로 알려져 있다.

레반스는 학습에 참여하는 사람들이 경험을 통해서 학습할 때 지속적인 자신의 변화를 유발할 수 있는 변혁적 학습(transformational learning)이 가능하다고 강조한다. 여기서 변혁적 학습이란 문화변화, 사고변화, 행동변화 등을 유발하는 학습이다. 이러한 성질의 학습을 가능하게 하기 위해서 액션러닝이 필요하다. 학교에서, 기업이나 공공기관에서 또는 정부조직에서 액션러닝은 개인과 조직의 학습을 가능하게 하고, 개인과 조직의 학습은 조직을 변화시키고, 이러한 변화는 조직의 생산성과 경쟁력을 향상시킨다. 따라서 액션러닝은 개인 및 조직의 변화와 생산성과 경쟁력의 증진을 위해서 필요하다.

4) 경쟁력 증진의 수단

글로벌 경생 환경에서 경쟁하기 위해서 모든 자원들을 관리하는 과정을 혁신하여야 한다. 이는 글로벌 경쟁 환경에 적응하기 위한 변화를 조직에 요구한다. 부처의 경계들을 허물고 중앙 집중적으로 운영해야 한다. 그러나 기존 부처나 구성원들은 변화에 저항하기 마련이다.

이러한 저항을 극복하고 경쟁력을 증진하기 위해서 액션러닝이 필요하다. 액션러닝은 개인, 팀, 조직의 학습을 증진시키는 것은 물론 더 나아가 생산성과 경쟁력을 향상시키는데 기여하기 때문이다. 글로벌 경쟁 환경에서 생존하기 위해서 부처경계들을 허물고 각 부처의 기능들을 횡적으로 연결하여 구성한 액션러닝 팀은 이러한 학습 증진은 물론 생산성과 경쟁력 향상에 기여한다.

예컨대, 부처의 경계들을 허물고 각 부처의 기능들을 횡적으로 연결하여 구성한 어떤 다국적 식품제조 회사의 액션러닝 팀이 건의한 내용들이 그 회사의 한 개 과에만 해도 7억원 이상의 예산절감을 가져오게 하는 효과를 보았다(Yorks, O' Neil, & Marsick, 1999).[39]

---

39) Yorks, L., O' Neil, J., & Marsick, V. J. (Eds). (1999). *Action Learning: Successful Strategies for Individual, Team, and Organizational Development.*

이처럼 액션러닝은 글로벌 경쟁 환경에서 조직이 생존하기 위해서 자원을 중앙 집중적으로 관리하기 위한 자원관리과정을 혁신하고, 개인과 팀 및 조직이 학습하게 하고, 생산성과 경쟁력을 증진하기 위해서 필요하다.

3. 액션러닝의 정의

그렇다면 그러한 필요성과 중요성을 가진, 액션러닝(action learning)이란 무엇인가? 한 마디로 말하면 '액션러닝'이란 실행을 통해서 성찰과 학습이 이루어지는 일련의 과정이라고 할 수 있다(McGill & Beaty, 2002).[40] 즉, 액션러닝은 '실행(action)'을 통해서 '학습(learning)'이 일어나며, 이는 하나의 '과정(process)'이며, 성찰(reflection)을 통해서 지속적으로 학습이 되어야 하는 지속성을 가진 일련의 과정이다.

이러한 의미를 가진 액션러닝은 사회현상의 하나라고 이해할 수 있다. 특정 사회현상은 연구자의 접근 관점에 따라서 다양하게 지각되고 정의될 수 있는데 액션러닝 또한 다양하게 정의될 수 있다.

1) 사회적 학습과정으로서의 액션러닝

액션러닝은 개인과 조직의 발전을 위해 사람들이 소집단을 구성하여 실제문제를 해결해 나가면서 학습해 나가는 사회적 학습과정으로 볼 수 있다. 즉, 액션러닝이란 소집단의 구성원들로 하여금 실제 문제들을 해결하게 하면서 동시에 무엇을 학습하고 있고 어떻게 그 학습이 각 개인과 조직 전체에 이익을 줄 수 있는지에 초점을 맞추게 하는 과정이며 프로그램이다(Marquardt, 2000).[41]

Baton Rounge, LA: AHRD.

40) McGill, I., and Beaty, L. (2002). *Action Learning: A Guide for Professional, Management & Educational Development.* London: Kogan Page Limited.

2) 변화와 실천을 위한 철학으로서의 액션러닝

액션러닝은 최고경영자나 임원진 등의 지원으로 실제 문제들을 해결해 나가는 과정에서 사람들의 행동을 변화시키고 조직의 전략을 변화시키는데 도움을 주는 과정이며 철학으로도 볼 수 있다. 즉 액션러닝이란 사람들의 행동을 변화시키고 조직의 전략을 변화시키는데 도움을 주는 과정이며 철학이다(Boshyk, 2000).[42]

액션러닝은 학습자에게 필요한 지적, 정서적, 육체적 개발을 위해서 추진되며, 액션러닝은 학습자의 행태를 의도적으로 변화시키기 위한 참여 학습으로 볼 수 있다. 즉, 액션러닝이란 학습자의 행동을 명시적으로 개선하기 위한 의도된 변화를 성취하기 위해서 현실의 실제적이고 복잡하고 긴장이 많은 문제를 해결하기 위한 활동에 책임 있는 참여를 통해서 지적, 정서적, 육체적 발선을 위한 수단이다(Revans, 1982).[43]

또한 액션러닝은 과업 수행을 통해서 학습하고 실천하기 위한 수단으로 볼 수 있다. 액션러닝이란 조직에 있는 사람들의 발전을 위한 접근방법으로 과업을 통해서 학습한다. 액션러닝은 행동 없이 학습 없고 학습 없이 진지하면서도 사려 깊은 행동은 없다는 전제에 입각하고 있다(Pedler, 1991).[44]

---

41) Marquardt, M. J. (2000). *Action Learning in Action: Transforming Problems and People for World-Class Organizational Learning*. Palo Alto, California: Davies-Black Publishing.

42) Boshyk., Y. (2000). *Business Driven Action Learning: Global Best Practices*. New York: St. Martin's Press.

43) Revans, R. W. (1982). *The Origin and Growth of Action Learning*. London: Chartwell Bratt.

44) Pedler, M. (1991). Questioning Ourselves. In M. Pedler(Ed.), *Action Learning in Practice*(2nd ed., pp.63-70). Brookfield, VT: Gower.

3) 자기발전과 문제해결수단으로서의 액션러닝

액션러닝은 가치 있는 문제를 해결하기 위한 수단으로 볼 수 있다. 액션러닝이란 실천하기 위해서 행동을 취함으로써 학습하는 것으로, 관리자들의 발전을 위해서 특별한 가치가 있는 복잡한 사회적, 산업적 문제들을 해결하기 위한 수단이다(McNulty, 1979).[45]

액션러닝은 과제를 해결하기 위한 소집단을 이룬 사람들의 협동적 자기개발의 과정으로 볼 수 있다. 즉, 액션러닝이란 학습의 수단으로서 실제 과제 또는 문제를 가지고 사람들이 소집단을 구성하여 함께 작업하며 이 작업으로부터 학습하고 자신들을 개발하는 개발학습(開發學習)의 접근방법이다(York, O' Neil, & Marsick, 1999).[46] 여기서 개발학습이란 자신들이 본래 지니고 있는 능력을 자력으로 개발하도록 하는 학습을 의미한다. 개발학습방식은 일방적인 주입식교육방식에 반대되는 개념이다.

4) 학습과 성찰과정으로서의 액션러닝

액션러닝을 통해서 개인들은 실제 문제를 갖고 동료들과 상호작용하면서 학습하고 자신들의 경험에 대해서 성찰하게 된다. 따라서 액션러닝이란 일을 성취하기 위해서 동료들로 구성된 그룹의 지원으로 실제문제들을 해결해 나가는 학습과 성찰의 지속적인 과정이다(McGill & Beaty, 2002 & 1992).[47] 이러한 활동적 과정은 사람들로 하여금 개인생활이나 조직생활에

---

45) McNulty, N. G. (1979). Management Development by Action Learning. *Training and Development Learning*, 32(3), 12–18.

46) Yorks, L., O' Neil, J., & Marsick, V. J. (Eds). (1999). *Action Learning: Successful Strategies for Individual, Team, and Organizational Development*. Baton Rounge, LA: AHRD.

47) ① McGill, I., & Beaty, L. (2002). *Action Learning: A Guide for Professional, Management & Educational Development* (2nd ed.). London: Kogan Page Limited.

서 발행하는 문제들에 대해서 두려움을 극복하고 적극적이고 능동적으로 대처하게 하는 것을 배우도록 하는데 도움이 된다.

이러한 액션러닝에 관한 다양한 관점들을 종합해 볼 때, 액션러닝(action learning)이란 학습자들이 소집단의 팀을 구성하여 현실의 문제를 해결하기 위해 과제를 수행하는 활동과정에서 성찰하고 학습하며 학습자들의 가치와 신념, 행동을 변화시켜 자신들과 팀 및 조직의 발전에 기여하는 사회적 학습과정이다. 좀 더 구체적으로 풀이하면 액션러닝이란 학습자들이 소집단의 팀을 구성하여, 현실적으로 직면하고 있는 실제 문제를 해결하기 위해서, 실천적인 행동을 취하며, 문제해결을 위한 대안을 개발하고, 후원인(최고의사결정권자)의 후원에 의해서 선택된 대안을 집행하고, 성찰하고 학습하는 일련의 활동들을 통해서, 자신들의 현실 적용과 문제해결능력의 학습능력을 증진하는 것은 물론, 너 나아가 학습지들의 가치와 신념, 행동을 변화시키며 자신들과 팀 및 조직의 발전에 기여하는, 사회적 학습과정이다.

〈표 1-2-1〉에서는 액션러닝에 대한 다양한 관점들에 입각한 정의를 보여주고 있다.

〈표 1-2-1〉 액션러닝의 정의

강조점	정의자	정의
학습수단, 과제, 소집단, 자기개발	York, O' Neil, & Marsick	액션러닝이란 학습의 수단으로써 실제 과제 또는 문제를 가지고 사람들이 소집단을 구성하여 함께 작업하며 이 작업으로부터 학습하고 자신들을 개발하는 접근방법이다.
개인과 조직의 변화	Boshyk	액션러닝은 사람들의 행동을 변화시키고 조직의 전략을 변화시키는데 도움을 주는 과정이며 철학이다.

② McGill, I., & Beaty, L. (1992). *Action Learning: A Practitioner's* Guide. London: Kogan Page limited.

강조점	정의자	정의
소집단, 문제해결, 학습과 이익	Marquardt	액션러닝이란 소집단의 구성원들로 하여금 실제 문제들을 해결하게 하면서 동시에 무엇을 학습하고 있고 어떻게 그 학습이 각 개인과 조직 전체에 이익을 줄 수 있는지에 초점을 맞추게 하는 과정이며 프로그램이다.
의도된 명시적 지적, 정서적, 육체적 발전과 행동 변화	Revans	액션러닝이란 학습자의 행동을 명시적으로 개선하기 위한 의도된 변화를 성취하기 위해서 현실의 실제적이고 복잡하고 긴장이 많은 문제를 해결하기 위한 활동에 책임 있는 참여를 통해서 지적, 정서적, 육체적 발전을 위한 수단이다.
문제해결 수단, 자기발전의 실천	McNulty	액션러닝이란 실천하기 위해서 행동을 취함으로써 학습하는 것으로, 관리자들의 발전을 위해서 특별한 가치가 있는 복잡한 사회적, 산업적 문제들을 해결하기 위한 수단이다.
학습과 행동, 자기발전, 과업	Pedler	액션러닝이란 조직에 있는 사람들의 발전을 위한 접근방법으로 과업을 통해서 학습한다. 액션러닝은 행동 없이 학습 없고 학습 없이 진지하고 사려 깊은 행동은 없다는 전제에 입각하고 있다.
소집단, 문제해결과정	McGill & Beaty	액션러닝이란 일을 성취하기 위해서 동료들로 구성된 그룹의 지원으로 실제문제들을 해결해 나가는 학습과 성찰의 지속적인 과정이다.

4. 액션러닝의 특성

이러한 액션러닝의 정의에 담긴 액션러닝의 특성들은 소집단주의, 문제주의, 행동주의, 사회적 과정주의, 촉진인주의, 일과 학습 양면주의, 개인과 조직발전주의, 의사결정과정과 순환주의, 최고의사결정권자주의 등을 중심으로 논의될 수 있다.

1) 소집단주의

액션러닝은 팀(team), 그룹(group), 또는 동아리(set) 등으로 불리는 소집단(a small group)을 중심으로 이루어진다. 소집단을 중심으로 실행, 학습, 성찰, 문제해결 등의 작업이 이루어진다.

액션러닝은 개인 단독이나 조직 전체로 이루어지는 학습이 아니라 4~8명 정도로 구성된 학습자들로 이루어진 소집단을 중심으로 이루어진다.

이 소집단은 그 구성원들인 개인들의 학습을 돕고 개인들은 소집단의 학습을 돕는다. 그리하여 개인과 소집단의 학습이 이루어지고 나아가 조직 전체로 전파되고 확산되어 조직학습이 이루어진다.

2) 문제주의

액션러닝은 실제 문제(real problems)를 해결하기 위해 프로젝트, 과제, 문제 등의 형식으로 실행하며 학습한다. 즉 가상적인 문제가 아니라 교육생 자신 또는 자신의 부처, 사업단위 또는 기업이나 정부가 현실적으로 직면하고 있는 문제로써 그 해결을 필요로 하는 실제 문제를 가지고 학습한다.

다만, 이 문제는 너무 어려워서 아예 그 해결이 불가능하거나 그 반대로 너무 쉬워서 금방 해법이 찾아지는 그러한 것이 아닌 학습자들의 학습과 문제해결 능력 배양에 적합한 것이어야 한다.

3) 실행주의

액션러닝은 실행주의 입장을 고수한다. 즉 실행하고 행동하는 과정에서 학습하고, 학습하는 과정에서 행동한다. 액션러닝은 문제를 해결하는 행동과정을 통해서 학습하고, 학습과정을 통해서 행동을 심화하는 실천적 과정이다.

실천이 없는 액션러닝은 죽은 액션러닝이며 진정한 의미의 액션러닝이

아니다. 학습자들은 팀을 이루어 스스로 행동계획을 짜고 실천하고 학습하는 과정에서 문제를 해결한다. 액션러닝은 행동하면서 배우고 배우면서 행동한다.

4) 사회적 과정주의

액션러닝은 참여한 교육생들 상호간에 호혜적으로 상호작용하며 학습하는 사회적 과정이다. 액션러닝은 참여자들이 서로 사회적으로 상호작용하는 과정에서 이루어진다.

액션러닝은 교육생 혼자서 하는 단독의 학습활동이 아니라 교육생들이 분임 또는 팀을 형성하고 각 집단의 구성원들은 상호간에 아이디어를 도출하고 새로운 시각에서 자신과 상대방이 제시한 아이디어들을 검토하게 된다.

이러한 상호작용의 사회적 과정에서 자신은 당연시 하여 스스로 보지 못하고 간과한 문제점을 상대방이 새로운 시각에서 그것을 점검하고 평가하는 계기가 마련되는 것이다.

5) 촉진인 주의

이러한 액션러닝의 사회적 과정에서 코치(coach), 조언인(advisor), 또는 퍼실리테이터(facilitator)라고 불리는 촉진인을 필요로 한다. 일반적으로 촉진인은 퍼실리테이터, 코치, 조언자 등의 역할을 모두 수행한다. 촉진인은 예리한 통찰력(洞察力)을 가져야 하며 통찰력이 있는 질문들 즉 학습자들의 통찰력을 불러일으킬 수 있는 질문들을 통하여 학습자들이 학습하는데 설정한 가정들에 대한 학습자들이 스스로 평가할 수 있도록 지원하며, 액션러닝과정에서 의미 있는 행동을 할 수 있도록 촉진하며, 학습자들이 새로운 관점에서 문제해결이라는 도전에 임할 수 있도록 학습자들을 지원하고 촉진하고 도와주는 역할을 수행한다.

6) 일과 학습 양면주의

교육생들은 문제해결 역량과 학습능력 증진을 함께 추구하는 양면주의 입장을 고수한다. 즉 액션러닝은 일(task) 또는 과제(project) 수행과 학습(learning) 증진을 동시에 모두 추구한다.

교육생 상호간의 커뮤니케이션을 통해서 학습도 증진하고 일 또는 과제에 따른 문제의 해결도 간구하는 것이다. 액션러닝은 당면한 문제를 해결하는 것은 물론 학습능력을 증진시켜 앞으로서의 문제해결역량을 증진한다.

액션러닝에 있어서 성과가 없는 학습이란 의미가 없다. 또한 일만 있고 학습은 없는 것도 의미가 없다. 액션러닝은 일을 통해서 학습하고 학습을 통해서 일을 하며 조직의 성과를 창출하기 위한 수단인 것이다.

7) 개인, 팀, 조직발전주의

액션러닝은 개인 자신과 조직의 발전을 도모한다. 액션러닝은 외부 환경의 변화를 조직 내부 환경의 변화로 전환시키며, 이에 적응력을 키워나감으로써 자신의 발전은 물론 조직의 발전을 가져온다. 개인 자신의 발전은 팀을 통해서 이루어진다. 즉 팀을 구성하여 팀원 간에 상호작용하면서 모두가 발전해가며 결국엔 팀 전체가 발전한다.

따라서 액션러닝은 개인, 팀, 조직의 발전을 도모하며 그 어느 하나라도 가볍게 볼 수 없다. 특히 개인의 발전과 팀의 발전 없이는 조직 발전이란 있을 수 없다. 결국, 액션러닝은 개인 발전, 팀 발전, 조직 발전을 성공적으로 이룩하기 위한 중요한 수단이다.

8) 의사결정과정과 순환주의

거시적 관점에서 보면, "행동과 성찰 그리고 행동"의 순환과정이다.[48] 액션러닝은 문제해결을 위해서 어떤 행동을 취하고, 취한 행동의 결과에 대

해서 성찰과정을 통해서 그 행동을 평가하고, 그 평가를 기반으로 결론을 도출하고, 이 결론을 토대로 차후의 행동을 결정하여 취하는 "행동-성찰-행동"의 순환과정을 가진다.

미시적 관점에서 보면, 액션러닝은 대안을 도출하고 집행하는 의사결정 과정의 순환과정이다. 액션러닝은 현존하고 있는 문제를 해결하기 위한 대안들을 도출하고 최선의 대안을 선택하여 집행하는 과정을 가진다.

즉 문제를 인지하여 내부 및 외부 상황을 정확히 분석하여 정확한 문제 정의를 내리고, 문제를 해결하기 위해서 목표를 설정하고, 그 목표를 달성하기 위한 대안들을 개발한다. 개발된 대안들을 정치, 경제, 사회, 법제도적 실현가능성 등의 관점에서 옳고 그름을 따져서 그 가운데서 최선의 대안을 선택한다. 선택한 대안을 집행하고, 그 결과를 피드백(feedback)하여 문제나 전략에 대한 새로운 의사결정과정을 내리는 순환과정을 거친다.

9) 최고의사결정권자주의

액션러닝이 성공하기 위해서 CEO와 같은 최고의사결정권자의 참여와 후원이 필수적이다. 물론 CEO의 지원이 없어도 성공하는 사례도 있다고 주장되기도 하나 CEO의 관심과 지원이 필수적이다. 일반적으로 액션러닝을 직접적으로 액션러닝 팀이 과제를 수행하는 과정에서 필요한 자원이나 행정적인 것을 지원해 주는 CEO 등을 액션러닝의 후원인(sponsor)이라고 한다.

액션러닝은 당면하고 있는 실제 문제를 해결하기 위해서 대안을 도출하여 집행하기 위해서 연구하고 학습하는 과정이기 때문에 CEO와 같은 최고 의사결정권자의 참여와 지속적인 후원이 필수적이다.

교육생들은 문제해결을 위한 연구한 대안을 CEO 면전에서 발표하고

---

48) 여기서 행동이란 과제를 해결하기 위해서 학습자들이 직접 실천적으로 현장을 방문하여 관찰하고, 문제의 원인을 파악 분석하고, 대안을 개발하며 의사 결정하는 등의 일련의 실행(acting, doing) 과정이다.

CEO는 그 대안의 채택 여부에 대해서 의사결정을 내려야 하며 결정된 것은 정책으로서 집행에 옮겨져야 한다.

이러한 과정을 성공적으로 수행한 기업들 가운데 GE(General Electric Company)가 존재하며, GE의 잭 웰치 회장의 액션러닝에 대한 헌신적인 참여와 후원은 액션러닝을 개인과 조직의 성과와 발전으로 승화시키는데 중요한 원천이 되었다.

5. 타 방법들과의 차이

1) 사례연구와 차이

액션러닝은 사례연구(case study)와 차별된다. 왜냐하면 액션러닝은 현재에 발생하는 실제 작업상의 문제를 다루나 사례연구는 현재의 작업상의 문제를 취급하지 않고 일반적으로 과거 사례를 취급하기 때문이다. 그러나 사례연구도 현재 발생하는 실제 작업상의 문제를 사례로 취급할 수도 있을 것이다.

2) 경험학습과 차이

액션러닝은 경험학습(experiential learning)과도 차별화 될 수 있다. 예컨대 비행기 조종사들에게 비행 시뮬레이션 프로그램으로 비행기술을 훈련시키는 것은 경험학습에 해당한다. 이는 액션러닝과 유사하나 이러한 학습은 구체적인 수단적인 기술을 발전시키는 것에 불과하며, 현재에 발생하는 실제 작업상의 문제를 취급하지 않는 다는 점에서 액션러닝과 구별된다. 물론 이러한 구별은 액션러닝과 명확하게 구별되지는 않고 분류상의 구별에 불과하다.

3) 액션리서치와 차이

학습을 강조하는 액션러닝은 조사연구를 강조하는 하나의 조사 방법인 액션리서치(action research)와 차별된다. 액션리서치는 교육이나 학습에 있어서 실행의 질을 높이기 위한 사회상황을 연구하는 것이며, 실행기반의 조사연구이다(Taylor, 2002).[49] 액션리서치는 참여자들이 조사연구 기법들을 활용하여 문제를 체계적으로 해결하고자 하는 조사연구 방법으로써 이 과정에 질문과 토론을 허용하는 성찰적 조사연구 방법이다(Ferrance, 2000).[50]

액션리서치(action research)라는 용어는 1940년대 레윈(Kert Lewin)이 처음으로 사용한 것으로 되어 있으며, 레윈에 의하면 액션리서치는 자연과학과 같은 실험실 조사와 통제를 배제하고 자연적인 환경에서 문제해결을 위해서 기획하고(planning), 집행하고(acting), 집행결과에 대해서 현장에서 경험적 조사를 통해서 자료를 수집하고(observing), 평가하여(evaluating), 성찰하고(reflecting), 필요한 조치를 취하는 과정을 거치는 조사방법이다(Ferrance, 2000; McGill & Beaty, 2002).

이러한 액션리서치의 과정은 ① 문제영역을 파악하기, ② 자료를 수집하고 조직하기, ③ 수집된 자료를 해석하기, ④ 수집된 자료의 증거에 근거하여 계획을 세우고 행동에 옮기기, ⑤ 결과를 평가하고 성찰하기, ⑥ 다음 단계를 밟기 등의 순환의 흐름을 고려할 수도 있을 것이다(Ferrance, 2000). 여기서 말하는 다음 단계를 밟는다는 것은 액션리서치 프로젝트의 결과로 경험적으로 수집된 자료에 의한 추가적인 질문, 개선, 수정 등의 조치가 뒤따르는 것을 의미한다.

한편 Gary Kuhne과 Allan Quigley는 액션리서치의 순환단계를 ① 기획

---

49) Taylor, M. (2002). *Action Research in Workplace Education*. National Adult Literacy Database, CA.
50) Ferrance, E. (2000). *Action Research*. Northeast and Islands Regional Educational Laboratory At Brown University.

(planning) 단계, ② 실행(action) 단계, ③ 성찰(reflection) 단계로 구분하고 있다. 기획단계에서는 문제를 이해하고, 프로젝트를 정의하고, 측정도구 결정한다. 실행단계에서는 계획된 실행을 집행에 옮기며 그 결과를 관할하는 단계이다. 성찰단계에서는 결과를 평가하고 그 프로젝트에 대해서 성찰하는 단계이다(Kuhne & Quigley, 1997).[51]

액션러닝과 액션리서치는 모두 동일한 학습 사이클을 가질 수 있고 실행과 성찰을 강조할 수 있다. 그러나 액션러닝이 실행상의 학습과정이라면 액션리서치는 하나의 조사 연구방법이다. 액션러닝은 조사연구를 학습과정에서 도입할 수는 있으나 조사연구를 선행요건으로 하여 진행되는 것은 아니다. 액션리서치 또한 조사연구과정에 액션러닝을 도입할 수 있으나 필수 선행요건은 아니다. 또한 액션러닝은 팀 형식으로 진행되나 액션리서치는 팀을 구성해서 협동적인 액션리서치를 진행할 수도 있고(Ferrance, 2000), 개인 단위로도 신행될 수 있으나 액션리서치의 기본적인 연구조사방법은 개인 단위의 연구조사이다(McGill & Beaty, 2002).

그리고 액션리서치는 주로 참가자들의 학교에서의 학업 또는 직장에서의 업무의 질과 성취도를 높이기 위해서 교사 또는 강사가 진행하는 조사연구방법이며 그 교사 또는 강사가 실질적으로 조사연구원(researcher)이다. 하지만 액션러닝에서는 촉진인은 액션러닝 과정에서 참가자들의 활동을 촉진 또는 지원하는 역할만 수행하는 것이 일반적이다.

---

51) Kuhne, Gary W., & Quigley, B. Allan. (1997). Understanding and using action research in practice settings. In B. Allan Quigley & Gary. W. Kuhne (Eds.) *Creating Practical Knowledge Through Action Research: Posing Problems, Solving Problems, and Improving Daily Practice*. San Francisco, CA: Jossey-Bass Publishers.

액션러닝 수준과 학파

1. 액션러닝 수준

1) 액션러닝의 학습수준

일반적으로 액션러닝을 실행하게 되면 학습자들의 긍정, 부정, 또는 무반응 등의 반응이 나타나게 된다. 이때 액션러닝에 임하는 학습자들의 반응들은 각각 다르게 나타나게 되는데, 액션러닝의 실습형태에 따라서 다양한 형태의 반응을 야기한다. 액션러닝은 학습자의 저항을 거의 야기하지 않는 단순한 결과들을 산출하는 형태의 것도 있을 수 있고, 학습자의 큰 저항을 초래하는 보다 복잡한 결과들을 산출하는 것도 있을 수 있다. 복잡하고 심도 있는 결과들을 초래하는 액션러닝은 학습자의 기본 가정이나 기존에 가지고 있던 정신적 모형이나 행동들에게 변동을 가져오게 하여 학습자들의 저항을 야기할 수 있다.

액션러닝을 통해서 다양한 결과들을 얻을 수 있으며 그 결과들을 얻기 위해서 다양한 형태의 학습으로 실습할 수 있다. 요크 등(Yorks, O' Neil, and Marsick, 1999)은 액션러닝의 저항을 초래하는 저항수준의 정도와 학습의 심화정도에 따라서 4가지 수준 즉 학습수준 I, II, III, IV와 이들에 적합한 액션러닝 방식과 각 수준이 가지고 있는 학습목표들을 제시하고 있다.[52]

---

52) Yorks, L., O' Neil, J., and Marsick, V. J. (Eds). (1999). *Action Learning:*

2) 학습목표와 수준들

각 수준을 피라미드 모형에 분류해 넣을 때 피라미드의 가장 밑바닥에 위치하고 있는 학습수준이 "학습수준 I"이며, 그 상위가 "학습수준 II"이고, 학습수준 II의 상위에 위치하는 것이 "학습수준 III"이고, 가장 상단에 위치하고 있는 것은 "학습수준 IV"이다. 각 학습수준은 학습목표들을 가지며, 상위 학습수준의 목표들은 하위 학습수준의 학습목표들을 포괄한다(Yorks, O'Neil, and Marsick, 1999).

(1) 학습수준 I

학습수준 I 단계는 학습수준들 가운데서 가장 낮은 수준의 액션러닝 심화과정이다. 다른 하습수준들과 비교할 때 이 단계에서 액션러닝으로 얻어지는 결과들은 복잡한 정도, 상황맥락적인 정도, 비판적인 정도에 있어서 가장 낮은 수준이다.

학습수준 I 단계에서 추구하고자 하는 액션러닝 학습목표는 쟁점에 관한 사고(thinking)를 개시하는 수준이며 문제해결과 해결책을 집행하는 것 등이다.

일반적으로 각급 교육기관에서 학습능력 배양을 위주로 하는 액션러닝방식은 이 단계에 머무르는 것이 많다. 이 단계에서는 액션러닝 학습이 이루어지는 체제에 있어서 조직 잡음(organizational noise)의[53] 수준이 가장 낮기 때문에 액션러닝 학습이 개인과 조직의 변화에 미치는 영향은 다른 학습

Successful Strategies for Individual, Team, and Organizational Development. Baton Rounge, LA: AHRD.

53) 여기서 조직 잡음(organizational noise)이란 액션러닝 프로그램에 대항하는 저항들을 말한다. 즉, 조직 잡음이란 학습에 참여하는 사람들 자신들이 기득권으로 오랫동안 가지고 있던 너무나 당연시 했던 가정, 정신적 모형, 쟁점들에 대한 변화를 위한 성찰을 요구받았을 때 토론을 거부하고 자신들의 기존의 것들을 방어하는 저항들을 말한다. 이러한 조직 잡음으로서의 저항들은 학습수준의 정도가 높아질수록 더욱 거세지게 된다(Yorks, O'Neil, and Marsick, 1999).

수준 II, III, IV들보다 가장 낮으며 액션러닝 과정에서 저항도 가장 낮다.

(2) 학습수준 II

학습수준 II에서는 학습수준 I의 학습목표들을 포함한다. 이에 더하여서 작업경험으로부터 학습을 위한 과정(process)을 학습하는 것과 문제를 재구성하고 문제를 설정하는 것들을 학습목표들로 가진다.

따라서 이 학습수준 II 단계의 학습목표에는 쟁점에 관한 사고 개시, 문제해결과 해결책 집행, 문제 재구성과 문제 설정, 작업경험으로부터 학습을 위한 과정 학습 등이 포함된다.

학습수준 II에서는 학습수준 I 보다는 높으나 학습수준 III 보다는 낮은 수준의 액션러닝 심화과정, 복잡성 등을 가진다. 따라서 학습 수준 I 보다는 높은 저항을 수반하는 것이 일반적이다.

(3) 학습수준 III

학습수준 III에서는 학습수준 II 보다는 높으나 학습수준 IV 보다는 낮은 수준의 액션러닝 심화과정이다. 이 학습수준 III 단계에서는 학습수준 I과 학습수준 II의 학습목표들을 모두 포함한다. 또한 학습 방식들에 관한 학습과 개인 발전 목표들을 학습목표들로 가진다.

따라서 이 학습수준 III 단계의 학습목표에는 쟁점에 관한 사고 개시, 문제해결과 해결책 집행, 문제 재구성과 문제 설정, 작업경험으로부터 학습을 위한 과정 학습, 학습방식에 관한 학습, 개인 발전 목표들 등이 포함된다.

복잡성의 정도는 학습수준 I과 II보다는 높으나 IV 보다는 낮다. 개인과 조직의 변화에 학습수준 I과 II 보다는 높은 영향을 미친다.

(4) 학습수준 IV

학습수준 IV에서는 가장 높은 수준의 액션러닝 심화과정이 이루어진다. 학습 수준 IV에서는 액션러닝으로 얻어지는 결과들의 복잡한 정도, 상황맥락적인 정도, 비판적인 정도 등에 있어서 학습수준 I, II, III들 보다 더 높다.

따라서 학습수준 IV에서 성취되는 액션러닝 학습의 결과들은 학습수준들 가운데서 가장 복잡하고, 가장 비판적이고, 가장 상황적이며 환경적이다.

학습수준 IV에서는 학습수준 I, II, III의 학습목표들을 모두 포함하고 개인 및 조직 변형의 학습목표들을 가진다. 따라서 학습수준 IV 단계의 학습목표에는 쟁점에 관한 사고 개시, 문제해결과 해결책 집행, 문제 재구성과 문제 설정, 작업경험으로부터 학습을 위한 과정 학습, 학습방식에 관한 학습, 개인 발전 목표들, 개인 및 조직 변형의 학습목표들 등이 포함된다.

이러한 높은 수준의 심화학습, 학습목표, 복잡성, 비판성, 그리고 상황적 맥락 때문에 학습수준 IV에서는 액션러닝 학습이 이루어지는 체제에서 발생하는 조직 잡음의 수준도 학습수준 I, II, III들에서 발생하는 잡음들보다 더 높으며 학습수준들 가운데서 가장 높다. 또한 학습수준 IV에서의 액션러닝 학습은 개인과 조직의 변화에 미치는 영향이 다른 학습수준들보다 더 높기 때문에 액션러닝 과정에서 발생하는 지항도 가장 높다.

이들 액션러닝 학습 수준과 목표를 〈표 1-3-1〉에서 같이 요약하여 제시할 수 있다.

〈표 1-3-1〉 액션러닝의 학습목표와 수준들

학습목표	수준들		
	학습 수준	변형 및 저항수준	복잡성, 비판성, 상황 수준
• 개인과 조직의 변형; • 개인 발전 목표들, • 학습방식에 관한 학습; • 문제 재구성과 문제 설정, • 작업 경험으로부터 학습을 위한 과정 학습; • 문제해결과 해결책 집행, • 쟁점에 관한 사고 개시	IV	• 가장 높은 개인 및 조직의 변형을 수반하는 변화 • 가장 높은 저항이 발생함	• 가장 높은 복잡성, 상황 맥락성, 비판성을 가짐 • 가장 높은 학습 심화

학습목표	수준들		
	학습 수준	변형 및 저항수준	복잡성, 비판성, 상황 수준
• 개인 발전 목표들, • 학습방식에 관한 학습; • 문제 재구성과 문제 설정, • 작업 경험으로부터 학습을 위한 과정 학습; • 문제해결과 해결책 집행, • 쟁점에 관한 사고 개시	III	• 학습수준 II 보다 더 높은 개인 및 조직 변형 • 학습수준 II 보다 높은 수준의 저항 수반	• 학습수준 II 보다 더 높은 복잡성, 상황성, 비판성 • 학습수준 II 보다 더 높은 학습심화
• 문제 재구성과 문제 설정, • 작업 경험으로부터 학습을 위한 과정 학습; • 문제해결과 해결책 집행, • 쟁점에 관한 사고 개시	II	• 학습수준 I 보다 더 높은 개인 및 조직 변형 • 학습수준 I 보다 높은 저항 수반	• 학습수준 I 보다 더 높은 복잡성, 비판성, 상황성 • 학습수준 I 보다 더 높은 학습심화
• 문제해결과 해결책 집행, • 쟁점에 관한 사고 개시	I	• 가장 낮은 개인 및 조직 변형을 수반하는 변화 • 가장 낮은 저항이 발생함	• 가장 낮은 복잡성, 비판성, 상황 맥락성 • 낮은 학습 심화

* 자료: Yorks, O' Neil, and Marsick (1999)에서 각색

이러한 학습목표들과 수준들은 현장에서 액션러닝 프로그램들을 운영할 때 고려해야할 요인들이 된다. 즉 조직이 액션러닝 프로그램들을 실시하고자 할 때, 다양한 액션러닝 프로그램들 가운데서 액션러닝을 통해서 성취하고자 하는 학습수준, 학습목표, 변형수준, 저항수준, 복잡성 수준 등의 요인들을 고려하여 프로그램을 선택하고 집행해야 할 것이다.

2. 액션러닝 학파

문제해결을 위한 접근방식은 연구자의 연구관점에 따라 다양할 수밖에

없다. 예컨대, 부산에 살고 있는 사람들이 서울에 도착하기 위한 '서울 도착'이라는 '문제해결'을 위해서 어떤 사람은 비행기를 접근방식으로 이용할 수 있고, 또 어떤 사람은 자동차를 접근방식으로 이용할 수 있고, 또 다른 사람은 기차를 접근방식으로 이용할 수 있을 것이다.

문제해결과정을 체험하면서 학습역량을 증진하고자 하는 액션러닝의 경우에 있어서도 액션러닝에 접근하는 접근방법도 다양할 수밖에 없고 이에 따라 액션러닝을 운영하거나 연구하는 학파도 다양할 수밖에 없다.[54] 따라서 액션러닝의 다양한 학파가 존재한다는 것은 액션러닝의 다양한 접근방식이 존재한다는 것을 의미한다.

어느 접근방식을 사용하여 액션러닝을 추진할 것인가는 자신의 액션러닝의 목적, 조직의 특성과 참여자들의 지위나 특성, 해결해야 할 과제의 특성, 주어진 상황 등을 종합적으로 고려하여 결정될 사항이다. 따라서 액션러닝 운영자는 이러한 요인들을 종합적으로 고려한 다음, 가장 적합한 접근방식을 선택하여 추진하는 것이 바람직할 것이다.

액션러닝의 학습은 학습자들이 처한 문화와 상황 그리고 추구하고자 하는 목적에 따라 서로 다른 방식으로 발생하고 있다. 각 학습은 활동방식들을 서로 다르게 설계하기 때문에 서로 다른 효과들을 초래한다. 왜냐하면 연구자들이 기반하고 있는 액션러닝의 철학이 서로 다르고, 다양한 철학은 다양한 액션러닝 프로그램들을 설계하게 되고, 액션러닝의 과정과 효과에 영향을 미치게 되기 때문이다.

액션러닝을 실행하고 있는 다양한 방식들을 설명하기 위해서 오네일(Judy O' Neil) 등은 액션러닝 실습을 주도하고 있는 다양한 방식들을 4개의 학파들로 분류하여 설명하고 있다. 즉, 과학적 학파, 경험적 학파, 비판적

---

54) 여기서 액션러닝 학파(schools of action learning)란 엄밀한 의미에서는 액션러닝의 접근방식에 있어서 동일한 신념, 사상, 절차, 방법 등을 사용하는 사람들의 집합을 의미하나 여기서는 액션러닝을 운영하거나 액션러닝에 접근하는 수단, 방식 또는 방법으로써 액션러닝 접근방식(approaches to action learning)으로 이해하고자 한다.

성찰 학파, 암묵적 학파로 구성된 틀을 사용하여 이 틀에 맞추어 다양한 형태로 실행되고 있는 액션러닝을 분류하여 설명하고 있다(O' Neil, 2001; Marsick, 2002; Yorks, Marsick & O' Neil, 1999; York, O' Neil, and Marsick, 1999).[55]

이들 과학적, 경험적, 비판적 성찰, 학파들과 앞에서 언급한 네 가지의 액션러닝 학습수준을 연계하여 〈표 1-3-2〉에서와 같이 제시할 수 있다.

<표 1-3-2> 액션러닝 수준에 적합한 액션러닝 방식과 학파

학습 수준	액션러닝		주된 액션러닝 학파
	가능한 액션러닝 방식	가장 적합한 액션러닝 방식	
IV	• 비판적 성찰	비판적 성찰	• 비판적 성찰학파
III	• 비판적 성찰 • 경험적 방식	경험적 방식	• 경험적 학파
II	• 비판적 성찰 • 경험적 방식 • 과학적 방식	과학적 방식	• 과학적 학파
I	• 비판적 성찰 • 경험적 방식 • 과학적 방식 • 암묵적 방식	암묵적 방식	• 암묵적 학파

＊자료: Yorks, O' Neil, and Marsick (1999)에서 각색

---

55) ① Marsick, V. J. (2002). Exploring the many meanings of action learning and ARL. In *Earning while Learning in Global Leadership*(pp. 297-314). Mil Publishers.

② Yorks, L., O' Neil, J., and Marsick, V. J. (1999). Action learning: Theoretical bases and varieties of practice. In L. Yorks, J. O' Neil & V. J. Marsick (Eds.), *Action Learning: Successful Strategies for Individual, Team, and Organizational Development* (pp. 1-18). Baton Rounge, LA: AHRD.

③ O' Neil, J. (2001). The role of the learning coach in action learning In *Academy of Human Resource Development 2001 Conference Proceedings*. Chapter 8-1.

앞에서도 언급했듯이 이들 학파들이 실제로 존재한다고 보기보다는 설명의 편의상 액션러닝 연구자들의 액션러닝에 대한 연구 성향 또는 접근(approaches)방식에 따라 분류해 놓은 유형적 분류(typology)라고 보고자 한다.

1) 과학적 학파

액션러닝의 과학적 학파(scientific school)란 합리적이며 자연과학적 연구조사 절차들을 강조하며 자연과학적 모형을 액션러닝에 반영하여 실행하는 접근방식을 채택하고 있는 연구 집단이다. 따라서 여기서 '과학적'이라는 의미는 '자연 과학적인 절차와 방법을 준용하는'이라는 의미이다. 과학적 학파의 연구전통은 물리학자였던 레반즈(Reg Revans)에 두고 있다(McGill & Beaty, 2002).[56]

레반즈는 물리학자로서 자신의 경험에 근거하여 액션러닝을 합리적으로 수행하였다. 레반즈는 과학적인 모형을 사회문제들과 작업장의 문제들 및 관리자 개발에 응용하였다. 레반즈의 관리자 개발에 대한 접근을 알파(Alpha), 베타(Beta), 감마(Gamma)라는 3개의 상호작용적인 시스템들로 기술하고 있다. 즉 이들 알파, 베타, 감마 시스템들이 효율적으로 상호작용할 때 행정이나 경영 관리자들이 발전한다는 것이다. 이는 알파, 베타, 감마로 구성된 3단계 문제해결모형이라고 할 수 있다(Marsick, 2002; O'Neil, 2001). 여기서는 Marsick(2002), O'Neil(2001), Revans(1982) 등의 견해에 따라서 이들을 설명하고자 한다.

(1) 시스템 알파

'시스템 알파(System Alpha)'는 일반적으로 액션러닝의 시작단계와 관련되어 있으며, 문제원인을 파악하기 위하여 상황을 분석하고 문제를 해결하

---

56) McGill, I., and Beaty, L. (2002). Action Learning: *A Guide for Professional, Management & Educational Development*. London: Kogan Page Limited.

기 위한 전략을 설계하는 시스템이다. 즉 알파 시스템은 문제해결을 위한 전략을 설계하고 목표를 설정하는 단계에 해당한다. 알파 시스템은 학습자의 주관적 가치와 대상물인 객관사이에 위치하게 되며, 학습자는 자신의 주관적 가치에서 객관적 환경과 자원으로 관심을 옮기게 된다.

알파 시스템은 관리상의 의사결정에 영향을 미치는 관리자의 가치, 조직 내부 시스템, 외부 시스템들의 구조화되고 조직된 상호작용이다. 따라서 알파시스템에서는 잘 조직된 틀 속에서 일상적인 관리업무상의 의사결정이 이루어진다. 이 의사결정은 경영, 행정상의 관리를 위한 세 개의 하부 시스템들이 상호작용하여 이루어진다. 세 개의 하부 시스템들이란 관리자의 가치시스템과 외부 및 내부 시스템들이다. 즉 ① 업무와 의사결정을 수행하는 관리자 자신이 가지고 있는 가치 시스템, ② 관리자의 의사결정이나 활동에 영향을 미치는 조직 외부 시스템, ③ 관리자의 일상적인 업무가 이루어지는 조직 내부 시스템이다. 이들 시스템들은 관리자의 의사결정과 경영, 행정관리의 질(quality)에 영향을 미치게 된다.

일반적으로 알파시스템에서는 당위성(should be)에 대한 질문, 그 당위성과 현실 사이에 존재하는 차이에 따른 문제(problem)에 대한 질문, 그 문제를 해결하기 위한 해결책(solution)에 대한 질문 등이 필요하게 된다. 예컨대, 무엇이 일어나야만 하는가? 무엇이 그것을 일어나지 못하게 방해하고 있는가? 우리는 그 방해물을 제거하기 위해서 무엇을 해야 하는가? 등의 당위성, 문제, 해결책의 질문들이 필요하게 된다(Revans, 1982; Yorks, O' Neil, and Marsick, 1999).

(2) 시스템 베타

'시스템 베타(System Beta)'는 설정된 목표들을 성취하기 위한 시스템이다. 베타시스템은 알파시스템에서 설계된 전략이나 설정된 목표에 대한 협상과 집행에 관련된 시스템이다. 베타시스템은 객관적이고 경험적인 관찰에 의하지 않는 주관적이고 선험적인 진리를 배제한다. 즉 베타시스템은 철저한 경험적인 연구조사에 의해서 해결책을 찾고자 한다. 이를 위해서 객관적이고 경험적인 방법으로 자료를 수집하고 수집된 자료는 논리적 분석과정을 거치면서 분석된다.

베타시스템의 첫 단계에서의 연구조사활동들은 알파시스템의 그것들과 중첩된다. 베타시스템은 5개의 하부구성요소들로 이루어진 단계들의 과정으로 이루어진다. 즉, ① 조사(Survey)단계, ② 가설(Hypothesis)단계, ③ 실험(Experiment)단계, ④ 검사(Audit)단계, ⑤ 검토(Review)단계이다. 레반즈는 베타시스템 각 단계의 두문자를 합성하여 'SHEAR' 시스템이라고 부르고 있다. 이는 'SHEAR 모형'이라고 할 수 있다.

목표를 달성하기 위해서 팀원들은 이 SHEAR 모형을 구성하고 있는 다섯 단계의 과정을 끊임없이 반복해야 한다. 레반즈는 이들 단계들을 학습과정(learning process)의 단계들인 ① 인지(recognition), ② 수용(acceptance), ③ 시연(rehearsal), ④ 입증(verification), ⑤ 확신(conviction) 단계에 각각 대응시키고 있다(Revans, 1982; Yorks, O'Neil, and Marsick, 1999).[57] 이들 관계를 〈표 1-3-3〉에서와 같이 제시하고자 한다.

〈표 1-3-3〉 SHEAR와 학습과정단계

SHEAR	내용	학습과정단계
S	Survey(조사)	인지
H	Hypothesis(가설)	수용
E	Experiment(실험)	시연
A	Audit(검사)	입증
R	Review(검토)	확신

---

57) ① Revans, R. W. (1982). *The Origins and Growth of Action Learning.* London: Chartwell Bratt.

② Yorks, L., O'Neil, J., and Marsick, V. J. (1999). Action learning: Theoretical bases and varieties of practice. In L. Yorks, J. O'Neil & V. J. Marsick (Eds.), *Action Learning: Successful Strategies for Individual, Team, and Organizational Development* (pp. 1-18). Baton Rounge, LA: AHRD.

① 조사(Survey)단계

'SHEAR' 모형에서 조사단계는 관찰(observation)단계이다. 이는 예비적이고 탐색적인 조사연구단계이며, 학습과정의 인지(認知 recognition)단계에 해당된다고 볼 수 있다. 조사단계에서는 예비적인 조사가 실시되며 알파시스템을 위한 자료가 파악되고 인지되고 수집되고 분석된다. 즉 조사단계는 다음단계인 가설설정을 위한 자료들이 수집되고 분석되는 단계이다.

② 가설(Hypothesis)단계

'SHEAR' 모형에서 가설단계는 검증을 필요로 하는 이론(theory)단계이다. 이는 시험적(trial) 의사결정단계이며 학습과정의 수용단계이다. 즉 일단 자명하다고 보고 이를 수용하는 수용(受容 acceptance)단계에 해당된다고 볼 수 있다. 가설단계에서는 가설이 설정된다. 여기서 가설(假說)이란 검증되지 않은 이론이다. 따라서 실험을 거쳐서 검증되어야만 수용된 것이 확정되는 것이다. 가설단계에서는 알파시스템에서 개발된 대안들 가운데서 하나가 다음 단계인 실험단계에서 진행할 실험을 위해서 선정된다.

③ 실험(Experiment)단계

'SHEAR' 모형에서 실험단계는 검증(test)단계이다. 이는 행동(行動)단계이며 학습과정의 시연(試演 rehearsal)단계에 해당된다고 볼 수 있다. 실험단계에서는 실험적 의사결정이 집행된다. 즉 앞에서 설정된 가설을 검증하기 위한 실험이 진행된다.

④ 검사(Audit)단계

'SHEAR' 모형에서 검사단계는 평가(evaluation)단계이다. 이는 가설의 기각 또는 채택여부를 파악하는 단계이며 학습과정의 입증(立證 verification)단계에 해당된다고 볼 수 있다. 실험이 완료되면 그 과정에서 나온 결과를 가지고 의도된 방향으로 결과가 나타났는지를 확인해야 한다. 검사단계에서는 관찰된 결과가 처음에 기대한 결과가 비교가 이루어진다.

⑤ 검토(Review)단계

'SHEAR' 모형에서 검토단계는 승인(ratification)단계이며 환류(feedback)

단계이다. 이는 통제(統制)단계이자 환류(還流)단계이며 학습과정의 확신(確信 conviction)단계에 해당한다고 볼 수 있다. 검토단계에서는 검사단계에서의 목표 또는 기대치와 실제 성과 또는 경험을 비교하여 도달한 결론들에 따라서 적절한 행동이 취해진다.

(3) 시스템 감마

'시스템 감마(System Gamma)'는 경험과 변화에 적응하며 전략수행과정에서 학습이 일어나는 시스템이다. 액션러닝에서 팀 구성원들과 팀 구성원들이 영향을 미치고자 하는 상황 사이 또는 팀 구성원들 상호간에 상호작용이 이루어지는 시스템이다. 경영이나 행정에서 관리자와 상황 사이에 상호작용이 이루어진다. 감마 시스템은 문제 상황에 대한 관리자의 정신적 선호경향이다. 액션러닝에서는 팀 구성원들의 정신적 선호경향이다.

이 시스템에서는 조식의 관리자가 당연히 되어야 할 것으로 기대한 것들과 현실적으로 발생하고 있는 것들과의 차이를 발견하고 이를 해결하기 위해서 실질적으로 무엇을 해야 하는 가를 결정해야 한다. 관리자가 설정한 목표와 현재의 결과간의 차이를 인식하고 이러한 경험을 바탕으로 자신의 인식이나 견해들을 변경할 수 있는 능력을 학습이라고 할 때 그러한 학습이 감마시스템에서 이루어진다. 액션러닝에서는 팀 구성원들이 이러한 능력의 학습이 이루어져야 한다. 그 결과 팀 구성원들이나 조직 모두가 더 바람직한 새로운 형태로 변화하게 된다.

이러한 감마시스템상의 학습은 관리자가 자신의 고정관념을 변화시키는 것이 매우 중요하다. 즉 이러한 학습이 성공적이기 위해서 관리자는 특정 상황에 직면해서 자신의 기존에 가지고 있던 가치관이나 사물에 대한 판단 방식을 변화시켜서 새로운 방식으로 문제에 접근하여, 새로운 방식의 대안들을 개발하고, 그 특정 문제를 해결하며, 학습과 문제해결역량이 발휘되어야 한다. 이러한 상황적인 문제해결 학습은 Cell(1984)이 말하는 상황학습(situation learning)에 해당한다고 할 수 있다.[58] 이는 개인적 개발이 이루어진다는 것을 의미한다(Revans, 1982; Yorks, O'Neil, and Marsick, 1999).

(4) L = P + Q

학습에서 중요한 것은 교육생을 각성시킬 수 있는 성찰적 질문이다. 레반스(Revans, 1982)는 "L = P + Q" 등식을 사용하면서 성찰적 질문을 강조한다.[59] 여기서 "L"은 learning(학습)이다. 이는 행동으로 옮기면서, 행동에 의해서, 행동을 통해서 얻어진 학습이다. "P"는 프로그램화된 교육(pro-grammed instruction)이다. 이는 수용된 권위들로부터 얻어진 학습이다. 즉 전문가 지식, 인쇄된 책들 속의 지식 등 이미 프로그램화되어 있는, 구조화되어 있는 학습이다. 따라서 교수가 학생들에게 일방적으로 지식을 전달하고 학생들은 그것을 수용하기만 하면 되는 것이다.

한편, "Q"는 통찰력 있는 질문(insightful questions)이로 식별력을 길러주는 차별적인 질문이다. 이는 사람들이 자신들의 직접적인 경험들에 대해서 의문을 제기함으로써 습득되는 학습이다. 즉 당연시하고 있는 지식 또는 가치에 의문을 갖고 질문하고 성찰함으로써 학습이 진행되는 것이다. 예컨대 어떤 문제를 해결하고자 할 때 먼저 "우리는 무엇을 하고자 하고 있는가?" "우리의 목적은 무엇인가?" "그 목적을 실현하고자 하는데 방해를 하고 있는 것은 무엇인가?" "무엇이 우리가 그것을 실현하고자 하는 것을 못하게 하고 있는가?" "우리는 그것에 관해서 무엇을 할 수 있는가?" "그 문제를 해결하기 위해서는 우리는 무엇을 할 수 있는가?" 등과 같은 질문을 우리 자신에게 던짐으로써 성찰할 수 있는 것이다.

레반즈는 지금까지의 교육은 너무 "P"에만 치중하고 "Q"를 등한시 했다는 것이다. 즉, "L"(학습)은 "P"와 "Q"에 의해서 증진되는데 지금까지 사람

---

58) 상황학습(situation learning)이란 구체적인 경험적 상황들을 통해서 자신의 상황 해석에 대한 방법의 변화가 일어나는 것을 말한다. 즉 학습자가 특정 상황에서 사물들이 어떻게 변화하는가에 대한 자신의 가치관이나 신념의 변화를 통해서 상황을 해석하는 방법이나 성향의 변화를 말한다. Cell, E. (1984). *Learning to Learn from Experience*. Albany, NY: State University of New York Press.

59) Revans, R. W. (1982). *The Origins and Growth of Action Learning*. London: Chartwell Bratt.

들은 이 가운데서 "P"에 의한 학습만을 너무 강조하고 중요시한 나머지 "Q"를 너무 등한시하여 왔다는 것이다. 액션러닝은 그러한 불균등한 학습을 바로 잡으려는 의도를 가지고 있으며, 액션러닝과정에서 "Q"를 회복하여 활성화 시키고자 한다.[60]

레반즈는 액션러닝에서 동료학습을 강조한다. 즉, 액션러닝에서는 개인적 탐구도 중요하지만 팀원들의 협동적 노력이 매우 중요하며 팀원들로부터 학습하는 과정이 매우 중요하다. 레반즈도 동료들로부터 이루어지는 학습(learning from peers)의 중요성을 강조한다. 이때 동료들이란 어려울 때 서로 돕는 진정한 친구란 의미이다. 즉 어렵고 해결이 불가능할 것 같은 문제를 풀기 위해서 역경 가운데서도 다함께 노력하는 동료들이란 의미이다. 개인들이 학습할 때 동료그룹(peer groups)이 형성되고 동료들 사이에 정보와 시간을 공유하며 협동한다. 동료 사이에 서로 질문하고 성찰하며 해결책을 모색하게 된다는 것이다(Marsick, 2002; Yorks, O'Neil, and Marsick, 1999).[61]

2) 경험적 학파

액션러닝의 경험적 학파(experiential school)란 경험에 의해서 사람들의

---

60) Smith, P. A. G., and O'Neil, J. (2003). A review of action learning literature 1994-2000: Part 1 - Bibliography and comments. *Journal of Workplace Learning.* 15(2), pp. 63-69.

61) ① Marsick, V. J. (2002). *Exploring the many meanings of action learning and ARL.* In Earning while Learning in Global Leadership (pp. 297-314). Mil Publishers.

② Yorks, L., O'Neil, J., and Marsick, V. J. (1999). Action learning: Theoretical bases and varieties of practice. In L. Yorks, J. O'Neil & V. J. Marsick (Eds.), *Action Learning: Successful Strategies for Individual, Team, and Organizational Development* (pp. 1-18). Baton Rounge, LA: AHRD.

학습효과가 증진된다는 것을 기본가정으로 하여 경험적, 체험적 학습을 강조하는 학파이다. 콜브에 의하면 ‘경험적’이라고 부르는 이유는 학습과정에 경험(experience)이 중요한 역할을 수행한다는 것을 강조한다는 것과 사회심리학자 레윈(Kurt Lewin)의 연구나 감수성훈련이나 실험실교육연구 등에 지적기반을 두고 있기 때문이다(Kolb, 1974).[62]

사람들은 각각 자신들의 독특한 성찰과 행동에 기반을 둔 경험을 통하여 학습한다는 것이다. 과학적 학파와 크게 다른 점은 의도적인 성찰을 학습과정에서 매우 중요시 한다는 것이다. 그 결과 학습과정에서 학습코치는 학습자가 적극적으로 성찰과 행동을 수행할 수 있도록 학습과정을 설계하고 집행하게 된다(Marsick, 2002; Yorks, O’Neil, and Marsick, 1999).

경험적 학파는 콜브(David Kolb)의 경험적 학습모형의 학습순환론에 기반을 두고 있다고 볼 수 있다. 콜브는 사람들은 어떻게 학습하는가? 그 학습방법은 무엇인가? 등의 의문들에 대해 설명해줄 경험적 학습모형을 구성하여 설명하고 있다. 이 경험적 학습모형은 경험(experience), 성찰(reflection), 개념적 일반화(conceptual generalization), 검증(testing) 단계들로 구성되어 있는 학습순환모형이다. 이처럼 사람들은 경험, 성찰, 개념적 일반화, 검증 단계들을 순환하면서 학습하게 된다고 보는 4단계학습순환모형을 콜브는 ‘경험적 학습모형(experiential learning model)’이라고 부르고 있다(Kolb, 2001).

〈그림 1-3-1〉은 콜브의 경험적 학습모형상의 주요 경험, 성찰, 개념적 일반화, 검증의 4단계와 각 단계별로 요구되는 학습자의 능력을 보여주고 있다. 〈그림 1-3-1〉에서 보는 바와 같이 사람들은 어떤 것에 대해서 직접적인 경험, 체험을 하게 된다. 그 경험, 체험에 대해서 성찰해야 학습 효과가 일어난다. 경험과 성찰된 내용을 기반으로 경험된 사례들이 개념적으로 일반화되고 가설을 형성한다.[63] 개념적으로 일반화된 것 또는 가설은 검증

---

62) Kolb, D. A. (1974). On management and the learning process. In D. A. Kolb, I. M. Rubin, and J. M. McIntyre (Eds.). *Organizational Psychology* (2nd ed., pp. 27-42). Englewood Cliffs, New Jersey: Prentice-Hall, Inc.

절차를 거쳐서 새로운 경험의 단계로 나아가게 된다(Mainemelis, Boyatzis, & Kolb, 2002).[64]

* 자료 : Kolb(1974, 2001, 2002) 각색

〈그림 1-3-1〉 Kolb의 경험적 학습모형

액션러닝은 각 단계 마다 학습이 충실하게 이루어지도록 도움을 준다. 경험적 학습모형의 주요 구성요소들인 경험, 성찰, 개념적 일반화, 검증에서 '경험(experience)'이란 구체적 경험(concrete experience)을 의미하며

---

63) 여기서 개념적 일반화(槪念的 一般化)란 아직 검증절차를 거치지 않은 일반화를 의미한다. 그리고 가설(假說)이란 아직 검증되지 않은 이론을 의미한다. 따라서 개념적으로 일반화된 것이나 가설은 실험 등을 거쳐서 검증되어질 때에 한해서 일반화된 이론으로 수용될 수 있다.

64) Mainemelis, C., Boyatzis, R., and Kolb, D. A. (2002). Learning styles and adaptive flexibility: Testing experiential learning theory. *Management Learning*, 33(1), pp. 5-33.

현장에서의 직접적인 체험을 의미한다. 따라서 학습자는 열린 마음을 가지고 편견을 배제하여 새로운 다양한 경험을 해야 하며, 이러한 경험능력을 보유해야 한다.

그리고 경험적 학습모형에서 '성찰(reflection)'이란 관찰과 성찰을 수행하는 성찰적 관찰(reflective observation)을 의미한다.[65] 따라서 학습자는 경험한 것들을 다양한 관점에서 관찰하고, 분석하고, 개선하는데 노력해야 한다. 이러한 과정을 거치면서 학습해야 한다. 또한 이러한 성찰적 관찰능력을 키워나가야 한다.

다음, 경험적 학습모형에서 '개념적 일반화(conceptual generalization)'란 관찰과 성찰을 기반으로 경험들로부터 추상적 개념들을 형성하고 이들을 통합하여 일반화를 도출하는 추상적 개념화(abstract conceptualization)와 일반화(generalization)를 의미한다. 따라서 학습자는 관찰한 것들을 논리적으로 타당한 이론들로 통합하기 위한 개념들을 창조해야 하며, 이처럼 경험을 개념화하고 일반화하는 능력을 보유해야 한다.

끝으로, 경험적 학습모형에서 '검증(testing)'이란 새로운 아이디어들을 실험해 보는 것이다. 즉 새로운 상황에서 새로운 개념적 함의 또는 가설들을 실험하고 검증하는 적극적 실험과 검증(active experimentation and testing)을 의미한다. 검증되지 않은 가설은 효용성이 없다. 검증을 거친 가설은 새로운 이론으로 정착될 수 있는 발판을 마련하게 된다. 따라서 학습자는 확립한 이론들을 의사결정과 문제해결에 이용할 수 있어야 하며, 이러한 실험과 검증능력을 보유해야 한다.

3) 비판적 성찰 학파

액션러닝의 비판적 성찰학파(critical reflection school)란 학습과정에서

---

65) 여기서 성찰적 관찰이란 관찰과 관련하여 행동이나 마음을 반성하고 살피며 개선할 점은 개선하여 더 발전시켜 나가는 것을 말한다. 이를 위해 "관찰 - 분석 - 개선" 등의 활동이 성찰적이고 순차적으로 이어져야 한다.

비판적인 성찰을 강조하는 학파이다. 비판적 성찰학파는 경험적 학파가 주장하는 '단순한' 성찰이 아니라 '비판적' 성찰을 강조하는 학파이다. 참여자들이 가지고 있는 당연하다고 여기는 근본적인 생각과 전제에 대해 도전하고 변화시키고자 한다. 또한 당연하다고 여기는 조직의 규범과 문화에 대해서도 도전하고 변화시키고자 한다. 당연시 해온 관습적이고 틀에 박힌 기존의 학습과정과 방법에 변화를 주고 이를 수단으로 자신의 사고의 틀이나 준거 틀을 변화시키고 문제해결방식을 변화시키고자 한다.

이러한 변화는 종종 기존에 가지고 있는 사고방식이나 문제해결방식의 틀(frame)을 새롭게 다시 구성함(reframe)으로써 가능하다. 따라서 이러한 재구성(reframing)은 비판적 성찰과정에서 중요한 학습 구성 요인이 된다(Yorks, O' Neil, and Marsick, 2002).[66]

비판적 성찰은 급진적 변환을 가정하고 있다. 즉, 단순한 성찰이 일상적으로 경험한 것들에 대한 일상적인 반성활동이라면, 비판적 성찰은 비판적 사고로 무장하여 획기적이고 급진적인 변혁을 추구하고자 하는 성찰활동이다(O' Neil, 2001).[67]

비판적 성찰학파는 우리의 가치, 신념, 태도, 감정들이 비판적으로 성찰되지 않는다면 문제의 원인을 찾거나 해결책을 찾는 활동들이 우리의 편견이나 잘못된 지각에 의해서 왜곡되어 잘못된 결과를 초래하게 된다는 것을 강조한다. 따라서 비판적 성찰은 우리가 당연시 하고 있는 가치, 신념, 태도, 감정, 가정, 전제들에 대해서 비판적인 사고로 접근하여 의문을 제기한다.

또한 비판적 성찰은 문제의 기저에 깔려 있는 근본 원인을 찾고자 노력하며, 개인 및 조직의 기존의 가치나 문화를 점검하고 잘못된 것을 고치고

---

66) Yorks, L., O' Neil, J, and Marsick, V. (2002). Action reflection learning and critical reflection approaches. In Y. Boshyk (Ed.), *Action Learning Worldwide : Experiences of Leadership and Organizational Development*(pp(19-29). Palgrave Macmillan.

67) O' Neil, J. (2001). The role of the learning coach in action learning In *Academy of Human Resource Development 2001 Conference Proceedings*. Chapter 8-1.

자 한다. 그리고 개인과 조직이 변화된 모습으로 미래의 새로운 지평을 열고자 우리의 사고와 행동을 깊이 돌아보고 반성하며 미래의 계획을 세우고 실천하고자 한다(Marsick, 2002; Yorks, O' Neil, and Marsick, 1999).

4) 암묵적 학파

암묵적 학파(tacit school)란 프로젝트를 통한 행동과 그러한 프로젝트 수행과정에서 부차적으로 일어나는 우연적 학습에 초점을 맞추고 있는 학파이다. 학습자의 의식적인 노력에 의한 학습이 아니라 무의식적인 우연에 의한 학습을 강조한다. 즉 새로운 프로젝트(projects)를 수행하는 행동과정에서 자연적으로 무의식적으로 학습하는 것을 강조하는 학파이다. 주로 GE 등 기업체에서 프로젝트를 수행하는 과정에서 자연적으로 학습하게 되는 그러한 학습방식을 강조한다. 프로젝트 수행과 연계된 전통적인 임원개발 프로그램과 유사하다(Marsick, 2002; Yorks, O' Neil, and Marsick, 1999; O' Neil, 2001).[68]

암묵적 학습을 위해 학습자들은 학습목적에 맞게 선발되어야 하며, 선발된 학습자들은 모두 함께 집합되어 팀을 형성한다. 팀원들은 전문가들로부터 필요한 정보를 받는다. 원칙적으로 학습코치를 필요로 하지 않는다. 새로운 상황에 새로운 프로젝트가 팀에 주어지고 팀원들은 이 프로젝트를 수행하는 과정에서 학습하게 되고 역량이 개발된다(Marsick, 2002; Yorks, O' Neil, and Marsick, 1999).

---

68) ① Marsick, V. J. (2002). *Exploring the many meanings of action learning and ARL*. In Earning while Learning in Global Leadership (pp. 297-314). Mil Publishers.

② Yorks, L., O' Neil, J., and Marsick, V. J. (1999). Action learning: Theoretical bases and varieties of practice. In L. Yorks, J. O' Neil & V. J. Marsick (Eds.), *Action Learning: Successful Strategies for Individual, Team, and Organizational Development* (pp. 1-18). Baton Rounge, LA: AHRD.

5) 통합적 학파

　이러한 과학적, 경험적, 비판적, 암묵적 학파들의 액션러닝 연구경향은 각자의 특정 관점을 강조하고 있다. 이러한 학파들의 노력을 통합하고자 Marquardt(2000)는 액션러닝 학습공식을 제시하여 설명하고 있다. 액션러닝 학습공식은 "L = K + Q + R + I" 등식으로 제시된다. 이 공식은 성찰과 질문을 강조한다.[69] 여기서는 이 학습공식을 Marquardt의 액션러닝 등식모형이라 부르고자 한다.

　〈그림 1-3-2〉에서는 액션러닝 "L = K + Q + R + I" 등식모형을 보여주고 있다.

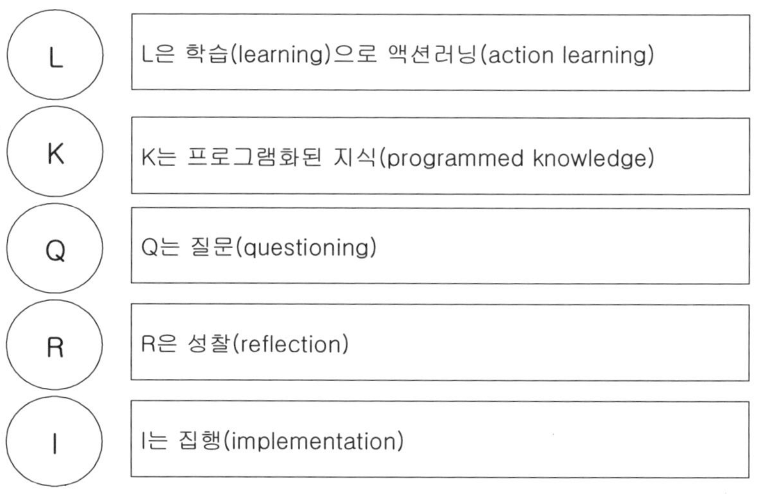

〈그림 1-3-2〉 액션러닝 "L=K+Q+R+I" 등식모형

---

69) Marquardt, M. J. (2000). *Action Learning in Action: Transforming Problems and People for World-Class Organizational Learning*. Palo Alto, California: Davies-Black Publishing.

이 액션러닝 "L= K + Q + R + I" 등식모형에서, "L"은 학습(Learning)이며 액션러닝을 의미한다. 따라서 액션러닝의 학습은 K, Q, R, I 들이 합성되어 나타나며 이들의 합이 증가할 때 액션러닝 학습의 결과도 증가한다. 예컨대 "K"만을 강조하고 나머지 요소들을 무시할 때 학습효과는 증가되지 않는다.

"K"는 프로그램화된 지식(programmed knowledge)으로 전통적인 교수방법에 의해서 전달되는 정형화된 지식이다. 프로그램화된 지식은 복잡한 문제를 취급하고자 하는 교육생들의 관점을 제한하게 하는 취약점을 가지고 있다. 전통적인 학습은 이 "K"만을 지나치게 강조한 나머지 교수가 학생들에게 일방적으로 지식을 전달하는 교육훈련방식을 유지해 온 것이다.

이 등식에서 "Q"는 기존의 가정을 검증하고 심도 있는 분석과 가능성을 탐색하기 위한 질문(questioning)이다. 분석과 탐색을 위한 효과적이며 성찰적인 질문은 학습효과를 높인다. 액션러닝의 학습과정은 효과적인 질문에 의해서 진행되어야 하여 적절한 질문은 학습효과를 높인다. 예컨대 "지금 우리가 무엇을 하고자 하는가?" "왜 하고자 하는가?" "다른 방도는 없는가?" "그 하고자 하는 것을 방해하는 장애물은 무엇인가?" "장애물 제거를 위해서 무엇을 해야 하는가?" "왜 그것이어야 하는가?" "어떻게 하면 좋은가?" "이 상황에서 우리는 무엇을 할 수 있는가?" 등과 같은 자신에 대한 성찰적 질문들은 학습효과를 높이는데 기여할 것이다.

"R"은 한 발 뒤로 물러서서 일상의 문제를 되돌아보며 굳어진 생각을 해방하고 앞으로의 활동을 고려하기 위한 성찰(reflection)이다. 액션러닝에 있어서 성찰은 학습활동에 대한 반성과 앞으로의 활동에 대한 미래계획을 세우는데 중요한 역할을 수행하며 액션러닝의 학습효과를 높이는 매우 중요한 부분이다.

그리고 "I"는 문제를 해결하기 위한 개발된 대안에 대한 어떤 조치(예컨대 채택, 수정, 기각)가 취해지고 이를 실행에 옮기는 집행(implementation)을 의미한다. 액션러닝의 결과물에 대한 어떤 조치(예컨대 채택, 수정, 기각)가 취해지지 못하고 실행에 옮겨지지 못하면 액션러닝의 효과는 낮아진다.

종합하면, 액션러닝에서 학습의 효과를 높이기 위해서는 일반적인 지식 (knowledge)뿐만 아니라 문제에 대해서 의문을 가지고 분석적이며 탐색적인 질문(question), 학습활동에 대한 성찰(reflection), 그리고 문제에 대한 올바른 대안을 올바르게 집행(implementation)하는 활동들이 모두 융합되어서 뒷받침되고 시너지 효과를 나타낼 수 있도록 학습활동이 진행되어야 한다.

이들 학파들이 근거하고 있는 이론적 기반과 이들 학파들이 강조하는 주요 학습 요소들을 요약하여 〈표 1-3-4〉에서와 같이 제시할 수 있다.

〈표 1-3-4〉 액션러닝의 이론적 학파

학파	과학적 학파	경험적 학파	비판적 성찰 학파	암묵적 학파	통합적 학파
이론 기반	알파, 베타, 감마; $L = P + Q$	경험에 의한 학습	비판적 성찰에 의한 학습	우연적, 무의식적 학습	$L = K + Q + R + I$
주요 액션러닝 연구자	R. W. Revans	D. Kolb, I. McGill, L. Beaty, A. Numford	V. J. Marsick, M. Pedler	J. L. Noel, R. Charan	M. J. Marquardt
강조 요소	과학적 지식, 질문	경험적 학습 사이클, 성찰 기반의 경험	비판적 사고, 비판적 성찰	새로운 프로젝트 수행을 통한 학습	과학적 지식, 질문, 성찰, 집행

* 자료: O' Neil(2001)에서 각색

 제4장 액션러닝의 주요 구성요소

GE와 같은 액션러닝을 운영한 조직들이 성공한 이유는 액션러닝을 구성하는 요소들이 하나의 시스템을 형성하고 그 속에서 결합되고 융합되어 시너지효과를 발휘했기 때문이다. 그 성공을 위한 액션러닝의 주요 구성요소는 연구관점에 따라서 각각 달라질 수 있다.

그렇다면 액션러닝의 구성요소는 무엇인가? 그 성공을 위한 액션러닝의 주요 구성요소는 연구관점에 따라서 각각 달라질 수 있다.

예컨대 마쿼드트(Marquardt, 2004)는 액션러닝의 주요 구성요소로 문제, 그룹(group), 질문, 실천, 학습, 학습코치(learning coach)를 제시했다.[70] 다른 한편 마쿼드트(Marquardt, 2004. 2)는 액션러닝 프로그램의 주요 구성요소로써 액션러닝 팀이 해결해야할 문제, 그 문제를 해결해야할 책임을 지는 액션러닝 팀, 액션러닝 활동이 잘 진행되기 위한 통찰력 잇는 질문과 성찰적 경청을 강조하는 프로세스(process), 문제를 해결하고자 하는 문제에 대한 실천, 팀 및 팀원들의 학습에 대한 헌신, 액션러닝 팀 및 팀원들을 지원할 액션러닝 코치 등을 강조했다(Marquardt, 2004. 2). 스펜스(Spence, 1998)는 문제, 동아리, 의뢰인, 동아리 지도교수(set advisor), 과정을 제시했다.[71] 한편 사업문제해결 중심의 액션러닝을 강조하고 있는 보쉭

---

70) Marquardt, M. J. (2004). *Optimizing the Power of Action Learning: Solving Problems and Building Leaders in Real Time*. Palo Alto, California: Davies-Black Publishing.

71) Spence, J. (1998). Action learning for individual and organizational development. *Practice Application Brief*. Clearinghouse on Adult, Career,

(Boshyk, 2000)은 고위임원진의 참여와 지원, 실제 사업 이슈와 전략적 기회, 코칭과 팀워크를 통한 리더십 개발, 사업과제를 해결하기 위한 액션리서치와 학습, 해결책 또는 건의안의 집행과 후속적 결과와 조직 및 개인학습 등을 주요 구성요소로 제시했으며, 여기서 조직학습과 개인학습의 합이 변화의 비율보다 더 커야 한다고 강조했다.[72]

이러한 주장들을 〈표 1-4-1〉처럼 정리할 수 있다. 여기서 그룹이나 동아리는 소집단을 중심으로 이루어지는 팀(team)에 해당한다. 그리고 코치나 지도교수는 촉진인에 해당한다.

〈표 1-4-1〉 액션러닝의 주요 구성요소

주창자	주요 구성요소
Marquardt (2004)	• 문제 • 그룹(group) • 질문 • 실천 • 학습 • 학습 코치(learning coach)
Spence (1998)	• 문제 • 동아리(set) • 의뢰인 • 과정 • 동아리 지도교수(set advisor)
Boshyk (2000)	• 고위임원진의 참여와 지원 • 실제 사업 이슈와 전략적 기회 • 코칭과 팀워크를 통한 리더십 개발 • 사업과제를 해결하기 위한 액션리서치와 학습 • 해결책 또는 건의안의 집행과 후속적 결과, 조직학습과 개인학습

---

and Vocational Education.

72) Boshyk., Yury (Ed.) (2000). *Business Driven Action Learning: Global Best Practices*. New York: St. Martin' s Press.

주창자	주요 구성요소
Marquardt (2004. 2)	• 문제 • 액션러닝 팀 • 통찰력 있는 질문과 성찰적 경청을 강조하는 프로세스 • 실행(action) • 학습에 대한 헌신 • 액션러닝 코치

그런데 액션러닝에서 빼놓을 수 없는 것은 액션러닝을 어떻게 운영하며 자원을 어떻게 동원하여 배분할 것인가 등의 문제를 분석하고 계획하는 기획이다. 또한 액션러닝을 각 개별적으로 움직이는 것이 아니라 체제로서 움직여야 하기 때문에 이를 위한 체제가 필요하다. 그리고 액션러닝의 활동과 필요한 자원을 전폭적으로 지원할 수 있는 후원인 참여가 있어야 할 것이다.

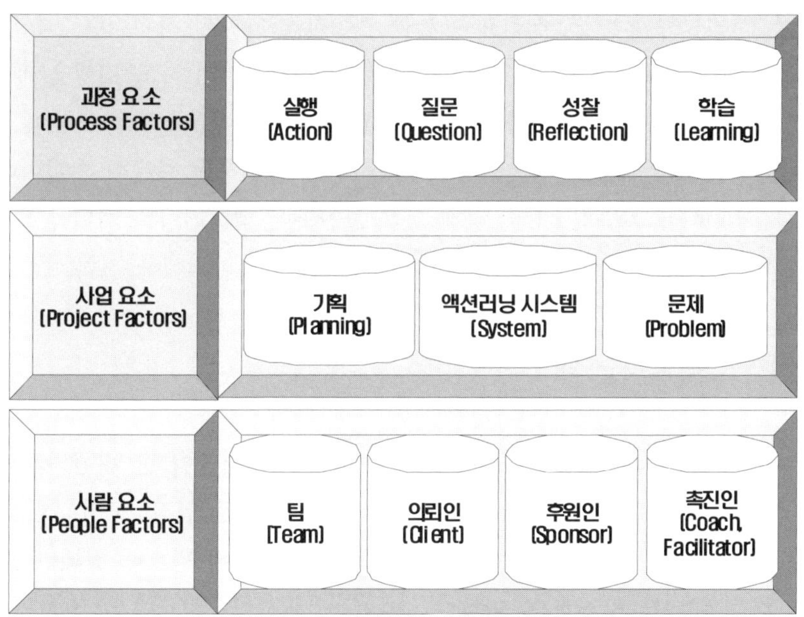

〈그림 1-4-1〉 액션러닝 주요 구성 요소

따라서 여기서는 〈그림 1-4-1〉과 같이 액션러닝 기획, 시스템, 문제, 팀, 의뢰인, 후원인, 촉진인, 질문, 학습, 성찰, 실행 등을 액션러닝의 주요 구성요소로 설정하고, 이들을 과정요소, 사람요소, 사업요소로 대분류하여 이들 대분류 요소에 분해하여 구성요소들을 할당하고자 한다. 이들 구성요소들이 제자리를 찾아서 각자의 역할을 수행할 때 액션러닝은 성공하게 된다.

각 구성요소에 대한 구체적인 논의는 해당 장과 절에서 상세히 전개될 것이기 때문에 여기서는 개념적인 내용만 간략히 고찰하고자 한다.

1. 사업요소

1) 기획

기획(planning)은 액션러닝을 주관하는 부처, 부서에서 액션러닝의 활동과정, 자원동원과 배분, 시간계획 등을 계획하는 일체의 과정이다. 액션러닝을 성공적으로 수행하기 위해서는 사전준비를 철저히 하고 집행을 계획대로 실시해야 하며, 집행한 후에 평가를 하여 피드백(feedback) 해야 한다. 이러한 모든 활동을 위한 계획과 청사진을 마련하는 활동이 기획이다. 상황분석, 이용 가능한 자원, 한계 등을 고려하여 액션러닝을 계획하고 집행하며, 집행한 이후에 평가활동을 위한 계획도 포함되어야 한다.

2) 액션러닝 시스템

액션러닝 시스템(action learning system)은 액션러닝이 잘 진행되게 하는 체제이다. 넓게는 액션러닝의 진행에 관련된 모든 인적, 물적, 정보적 요소들로 구성된 체제이다. 좁게는 액션러닝의 운영에 필요한 웹페이지를 이용한 온라인 시스템을 말한다. 따라서 액션러닝시스템은 오프라인(off-line) 시스템은 물론이고 사이버시스템을 이용하여 오프라인에서 이루

어지지 못하는 것을 온라인(on-line)상에서 이루어지도록 하기 위한 온라인 시스템을 포함한다. 이 시스템을 구축할 때는 학습자들이 사용할 학습자용 시스템과 촉진인과 행정지원부서가 사용할 운영자용 시스템을 포함하여 구축하도록 하는 것이 바람직할 것이다.

3) 문제

여기서 문제(problem)란 그 해결을 필요로 하는 프로젝트이다. 이슈, 과업, 또는 주제 등으로 불리기도 한다. 액션러닝에서 취급하는 문제는 너무 쉬운 것도 안 되고, 너무 어려워 해결책을 찾는 것이 불가능한 것도 안 되고, 이미 해결책이 나와 있는 것도 안 된다. 액션러닝의 문제는 도전적이며, 복잡한 것이며, 기회가 포함되어 있는 것이어야 하며, 긴급하고 중요한 것이어야 하며, 다양한 해결책들이 제시될 수 있는 것이어야 한다.

문제의 형태는 단일문제형태와 복수문제형태가 있다. 조직 단일 프로젝트는 조직 전체의 관점을 대변하는 단일문제이며 후원인은 일반적으로 CEO 한 사람이다. 개별 복수 프로젝트는 구성원 각자의 개별 문제들로 구성된 복수문제이며, 각 문제마다 후원인은 각각 다를 수 있다. 시간과 재정 등의 자원이 허용되면 단일문제와 복수문제를 모두 취급할 수 있다.

2. 사람요소

1) 팀

액션러닝은 4~8명으로 구성된 팀(team)을 중심으로 이루어진다. 소집단은 동아리, 그룹, 또는 팀이라고도 불린다. 액션러닝은 팀(소집단, 그룹, 동아리)을 중심으로 구성원들이 서로 힘을 합쳐 협동적인 노력으로 문제를 해결하고 학습하게 된다.

일반적인 팀의 활동과는 달리 팀 자체의 역량증진을 강조하기 보다는 구

성원 각 개인의 성찰과 학습의 역량개발을 중요시 한다. 구성원 개인이 자신의 성찰과 학습 역량을 증진하는 가운데 서로 협동하여 팀의 성찰과 학습 역량이 증진되도록 해야 한다.

2) 의뢰인

여기서 의뢰인(client)은 문제를 갖고 와서 제시한 사람이다. 일반적으로 조직 전체의 이슈를 해결하기 위한 단일문제일 경우엔 CEO 등이 의뢰인이 된다. 각 개별 구성원이 제시하는 개별 문제들로 이루어진 복수문제인 경우엔 각 개별 구성원이 의뢰인이 되기도 하고 그 개인에 대한 후원인 역할을 맡은 사람이 의뢰인이 되기도 한다.

3) 후원인

여기서 후원인(sponsor)이란 액션러닝의 과정을 지원하고 대안을 집행하거나 그 집행을 위임하는 사람이다. 또한 액션러닝 팀이 프로젝트 수행 과정에서 팀이 필요로 하는 자원을 공급하고 활동을 후원하는 사람이다. CEO가 후원인 역할을 맡는 것이 액션러닝 팀이 과제를 수행하는데 효과적이다. 그러나 이사회가 후원인 역할을 맡을 수도 있고, 다른 사람이 후원인 역할을 맡을 수도 있다.

4) 촉진인

여기서 촉진인은 소집단원들의 문제해결, 성찰, 학습을 지원하고 촉진(促進)하는 사람이다. 촉진인은 다양한 이름으로 불린다. 즉, 코치(coach), 퍼실리테이터(facilitator), 조언자(adviser)[73], 또는 촉매자(catalyst)라고도

---

73) 현실의 액션러닝 과정에서 자문관으로 불리기도 한다. 주로 해당 프로젝트의 전문가(예컨대 담당 사업부처의 국장, 이사)가 그 역할을 수행한다.

불린다.

촉진인은 문제에 초점을 맞추어서 문제해결책을 제시해서는 안 되고 학습과 성찰에 초점을 맞추어야 한다. 즉, 소집단이 학습하고 성찰하는 것을 지원하기 위한 참신한 질문을 개발하여 구성원들에게 질문하여 이들의 학습과 성찰능력을 향상시켜 집단의 학습과 성찰능력을 증진하도록 해야 한다.

3. 과정요소

1) 실행

액션러닝은 실행을 중시한다. 여기서 실행(action)이란 문제해결을 위한 활동을 직접 행동으로 옮기는 과정이며, 더 나아가 문제해결을 위해서 선택된 대안을 직접 집행하여 그 성과를 파악하는 과정이다. 따라서 실행은 액션러닝을 직접 문제가 있는 현장에 나가서 행동으로 관찰하고 문제 해결을 위한 대안을 찾아가는 일체의 과정이다. 또한 실행은 액션러닝에 참여한 사람들에게 자신이 제안한 전략을 직접 집행할 수 있는 권한을 부여하거나 CEO가 직접 직원들이 제시한 전략을 집행해야 한다. 자신들이 개발한 대안의 집행이 보장되지 않을 경우 액션러닝에 참여한 사람들은 학습과 성찰을 게을리 하게 되고 액션러닝의 효과가 발생하지 않게 된다. 따라서 액션러닝의 문제는 실현가능한 것이어야 하며 그 문제를 해결하기 위한 대안도 실행 가능한 것이어야 한다. CEO는 소집단이 제시한 대안을 수정하여 집행할 수 있다. 액션러닝은 실행을 통해서 성찰이 일어나고 학습이 일어나며 문제해결 능력을 배양시키게 되며 나아가서 조직 전체의 문제해결 능력을 증진시키는 효과를 발생하게 된다.

2) 질문

액션러닝에서 질문(question)은 학습이 일어나도록 통찰력을 불러일으키는데 도움이 되는 질문을 의미한다. 학습자가 문제와 관련하여 더 많은 학습이 가능하도록 해 주는 중요한 수단이다. 액션러닝은 응답이나 진술중심으로 전개되는 것이 아니라 기존의 가정이나 가치들을 변화시켜 새로운 해결책을 창조적으로 찾아가게 하는 참신한 질문을 촉진하는 과정에서 진행된다. 대답이나 자신의 주장을 늘어놓기 보다는 참신한 질문을 하여 자신과 상대방이 이에 응답하고 새로운 질문을 하게 되어 학습이 더 한층 바람직한 방향으로 진행되는 것이다.

3) 성찰

액션러닝에서 질문을 통해서 깊은 성찰(reflection)이 이루어지고 그 성찰을 통해서 새로운 질문을 유발하는 것이다. 자신의 기본 가치, 신념, 철학에 의문을 제기하고 새로운 가치, 신념, 철학을 받아들이고, 참신한 질문을 제시할 수 있고, 적합한 해결책을 제시하는 것이다. 이를 위해서 타인의 질문이나 진술을 성찰적으로 경청하는 자세가 중요하다.

4) 학습

액션러닝은 참가자들로 하여금 문제해결과정을 체험하고 학습(learning)하게 한다. 즉각적인 문제해결은 조직에 단기적인 이익을 가져다주지만 장기적인 관점에서 볼 때 학습은 조직의 변화와 적응에 큰 이익을 가져다준다. 따라서 액션러닝은 문제해결도 중요하지만 학습도 그에 못지않게 중요하다.

〈표 1-4-2〉는 지금까지 논의한 주요 구성요소들을 요약하고 있다.

〈표 1-4-2〉 액션러닝의 주요 요소

주요 요소		내용
사업 요소	기획	기획(planning)은 액션러닝을 성공적으로 수행하기 위한 일체의 계획 활동 과정
	시스템	액션러닝 시스템(system)은 액션러닝의 효율적인 운영을 위해서 필요한 요소들로 구성된 체제이며, 교육생시스템과 운영자 시스템을 포함
	문제	문제(problem)란 조직 또는 팀이 직면하고 있는 해결해야 문제 또는 프로젝트
사람 요소	팀	팀(team)은 해당 문제를 해결할 소집단
	의뢰인	의뢰인(client)은 문제 또는 프로젝트를 제시하는 자
	촉진인	촉진인(coach, facilitator)은 팀의 문제해결과 학습을 촉진하는 자
	후원인	후원인(sponsor)이란 팀의 활동에 권한을 부여하고 필요한 자원을 후원해 주는 자
과정 요소	실행	실행(action)이란 문제해결을 위한 대안을 집행함
	질문	질문(question)이란 문제해결과 학습에 통찰력을 키워주는 참신한 물음
	성찰	성찰(reflection)이란 자신의 가치, 신념, 고정관념 등에 근본적인 의문을 가짐
	학습	학습(learning)이란 자신, 팀, 조직의 변화와 적응에 도움이 되는 능력을 키움

액션러닝 구성요소와 스킬

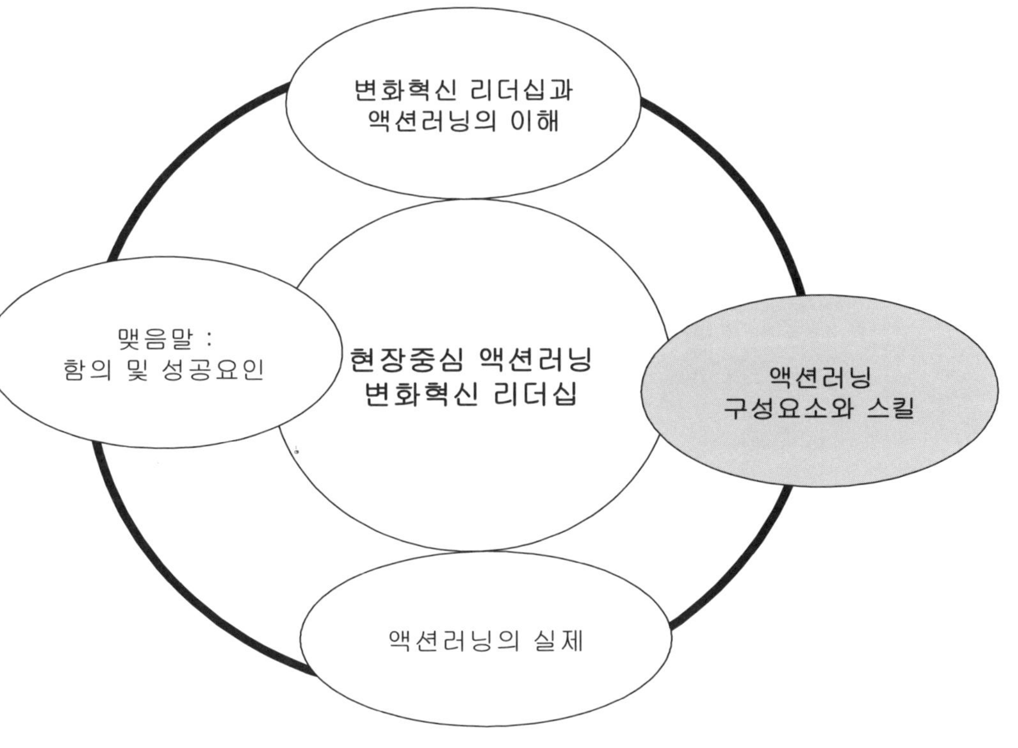

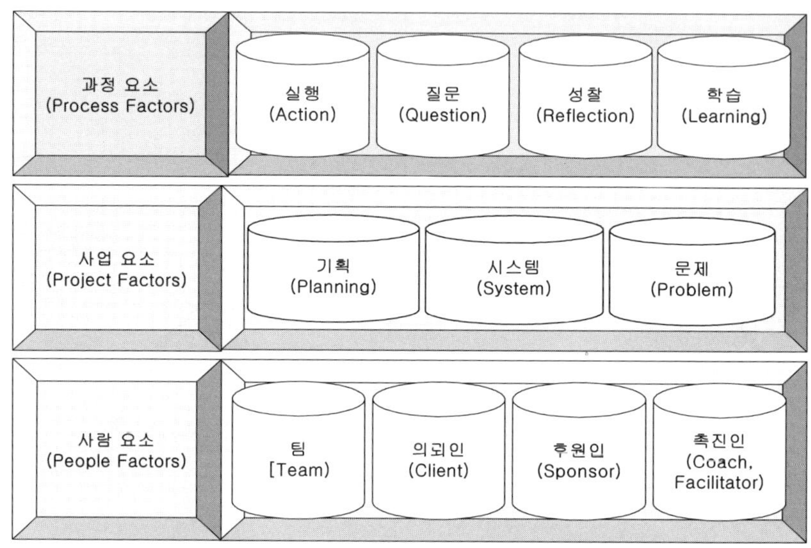

과정 요소
(Process Factors)
실행
(Action)
질문
(Question)
성찰
(Reflection)
학습
(Learning)
사업 요소
(Project Factors)
기획
(Planning)
시스템
(System)
문제
(Problem)
사람 요소
(People Factors)
팀
[Team]
의뢰인
(Client)
후원인
(Sponsor)
촉진인
(Coach,
Facilitator)

제**1**장 기획

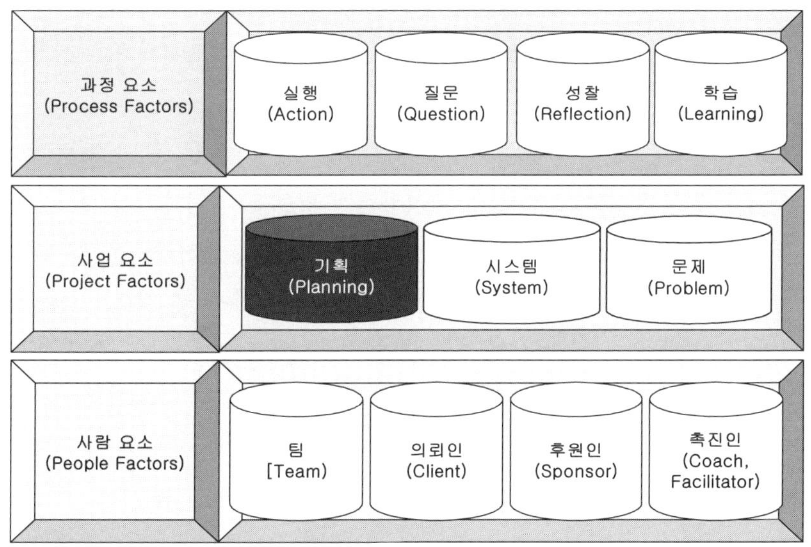

1. 기획의 의의

기획은 다양한 관점에서 정의되고 있다. 예컨대 기획의 대상수준이나 강조점에 따라서 기획의 개념이 정의될 수 있다. 즉 개인수준, 관리수준, 국가수준에서 정의될 수 있으며, 장래 행동에 대한 사전결정을 강조하거나 대안 선택을 강조하는 차원에서 기획의 정의가 내려질 수 있다. 문제를 해결하기 위해 미래를 예측하고 통제하기 위해서 목표, 예산, 사업절차 등을 선택하는 과정을 기획이라고 보거나, 목표를 달성하기 위한 미래의 행동에 관한 최선의 대안을 선택하는 의사결정과정을 기획이라고 보는 경우가 그러한 예에 해당한다(김신복, 2007).[74]

액션러닝에서 기획(planning)이란 액션러닝 운영의 목표를 달성하기 위해 필요한 모든 미래 활동에 대한 선택을 결정하는 일련의 과정이라고 할 수 있다. 기획의 결과물은 액션러닝의 계획(plan)이 된다. 예컨대 자원의 동원과 배분, 시간관리, 대외 섭외, 학습장소 선정과 배치, 학습자 선정 등의 액션러닝 운영의 성공을 위한 미래의 모든 활동을 사전에 계획하는 과정이 기획이며 이의 결과물이 계획이다. 액션러닝 운영부서에서는 이 계획을 집행하게 된다.

조직의 성장과 번영에 관련된 자신의 존재, 해야 할 일, 해야 하는 이유 등과 같은 근본적인 문제들에 대한 의사결정 활동을 지원하기 위한 체계화된 노력을 전략적 기획이라고 한다면(김신복, 2007), 액션러닝운영 기관이 환경의 변화에 적응하기 위해서 자신의 조직이 어디에 와 있으며, 액션러닝의 성공적 운영을 위해서 무엇을 해야 하며, 왜 그것을 해야 하며, 자신이 가지고 있는 자원이나 권한은 무엇이며, 어떻게 필요한 자원을 동원하며 배분할 것인가 등을 기획하는 것은 액션러닝 운영의 전략적 기획에 해당된다고 할 수 있을 것이다.

액션러닝은 이를 운영하고자 하는 조직 또는 교육의 특성에 따라 다양한 형태로 운영될 수 있다. 각급 교육기관은 자신의 조직, 교육 프로그램, 교육생의 특성에 맞는 액션러닝 프로그램을 개발하여 집행해야 하며, 이를 위한 기획과정을 거쳐야 한다. 즉, 실행계획을 수립하여 액션러닝 진행 흐름과 구성요소 배치에 관한 청사진(architecture)을 마련하고, 필요한 자원의 동원이나 일정 등에 관한 구체적 계획을 마련해야 한다.

---

74) 김신복. (2007). 『발전 기획론』. 서울: 박영사.

2. 액션러닝 기획절차

액션러닝 기획절차는 협의로는 기획의 산물인 계획이 산출되기까지이지만 여기서는 좀 더 넓게 기획절차를 논의하고자 한다. 기획의 일반적인 과정인 목표설정, 상황분석, 기획전제 설정[75], 대안 탐색과 평가, 최종안 선택, 계획의 집행과 평가 등의 과정을 따를 수 있을 것이다(김신복, 2007). 이 과정은 사전준비단계, 기획단계, 집행단계, 평가와 환류(feedback) 단계를 중심으로 논의되어 질 수 있을 것이며(Shapiro, 2008)[76], 여기서는 이 단계들을 중심으로 액션러닝 기획절차를 논의하고자 한다. 〈표 2-1-1〉에서 이러한 액션러닝 기획절차를 예시하고 있다.

〈표 2-1-1〉 액션러닝 기획절차 (예시)

기획단계	기획과정
사전 준비단계	• 사전준비
기획단계	• 목표설정 • 상황분석 • 기획전제 설정 • 대안 탐색과 평가 • 최종안 선택
집행단계	• 계획의 집행 • 모니터링
평가 및 환류단계	• 평가 • 환류

---

75) 여기서 기획 전제(planning premises)란 계획을 수립하는데 기반으로 삼아야 할 계획추진에 결정적인 영향을 미칠 예측, 가정을 말한다(김신복, 2007, p. 135).

76) Shapiro(2008)는 기획과정을 사전준비 단계, 기획단계, 집행단계, 모니터링단계로 구분하고 있다. Shapiro, J. (2008). *Action Planning Toolkit*. CIVICUS: World Alliance for Citizen Participation, Washington DC, USA.

1) 사전준비단계

사전준비단계에서는 액션러닝 프로그램 운영에 있어서 누가, 어느 부서가 운영 주체가 될 것인가? 액션러닝 운영에 필요한 것은 무엇이며 제대로 갖추어져 있는가? 액션러닝 운영을 언제 시작해서 언제 끝날 것인가? 액션러닝에 누가 참여할 것인가? 참여자들이 요구(needs)하는 것은 무엇인가? 액션러닝 운영과 관련된 것으로 해결되어야 할 쟁점들은 무엇인가? 등의 물음에 대한 응답이 논의되어야 하며 이와 관련하여 일련의 의사결정이 있어야 할 것이다.

참고로 참여자들의 요구가 무엇이며 참여자들이 실질적으로 결핍되어 필요한 것은 무엇인지를 분석하기 위해서 실시하는 분석이 요구분석(needs analysis)이다. 요구분석을 기초자료로 활용해서 해결해야 할 과제를 선정하는 것이 바람직할 것이다.

2) 기획단계

기획단계에서 특히 고려할 사항은 왜 이러한 프로그램을 운영하려고 하는지에 대한 필요성과 명확한 목표가 설정되어야 할 것이다.

즉, "왜 운영하려고 하는가?" "해당 프로그램 운영의 궁극적 목표는 무엇인가?" 등이 고려되어야 할 것이다. 따라서 기획단계에서는 "해당 액션러닝 프로그램 운영의 목표는 무엇인가?" 에 대한 명확한 응답이 있어야 할 것이며 이를 문장으로 분명하게 기록해야 할 것이다.

예컨대 IBM에서 1990년대 "글로벌 임원 개발 프로그램" 을 운영했을 때 이 프로그램의 목표는 신임 임원들로 하여금 IBM의 공유가치를 드높이고 IBM의 전략적 방향을 잘 이해시키는 것과 더 나아가 글로벌 네트워크를 구축하고 IBM 팀워크를 촉진하는 것이었다.[77]

---

77) IBM에서는 1993년 Lou Gerstner가 CEO로 영입되어 재직할 때 새로 임명된 임원들을 대상으로 글로벌 임원 개발 프로그램(Global Executive Development

목표가 분명하게 설정되었다면, "이 설정된 목표를 달성하기 위해서 어떤 절차를 밟아야 하는가?" "액션러닝 추진과정에 영향을 미칠 요인, 기획전제는 무엇인가?" "운영에 대한 책임은 누가 질 것인가?" "액션러닝 운영기간과 시간계획은 어떻게 결정지을 것인가?" 등에 대한 응답이 주어져야 할 것이다.

또한 "투입되어야 할 소요되는 비용, 예산은 어떻게 조달 할 것인가?" "구체적으로 어떤 절차를 따라서 액션러닝을 운영할 것인가?" "총체적으로 그리고 각 절차단계마다 어떤 자원이 필요하며 어떻게 동원하며 투입할 것인가?" "결과물은 무엇이 되어야 하는가?" "어떤 내용이 담겨져야 하는가?" "어떤 형태로 (후원인 또는 CEO에게) 보고되어져야 하는가?" 등의 물음에 대한 응답이 논의되어야 하며 이와 관련하여 일련의 의사결정이 있어야 할 것이다.

3) 집행단계

집행단계에서는 액션러닝 집행 팀의 구체적 작업 계획은 무엇인가? 팀과 구성원들은 어떤 방식으로 액션러닝 활동에 참여시킬 것인가? 각 팀 및 구성원들의 역할을 어떻게 결정지을 것인가? 각 종 활동의 보고서는 어떻게 작성하며 제출할 것인가? 온라인이냐 오프라인이냐? 각 팀 및 구성원들의 결과물은 무엇이 되어야 하는가? 액션러닝 집행의 전 과정에 대한 모니터링(monitoring)은 어떻게 할 것인가? 등의 물음에 대한 응답이 논의되어야 하며 이와 관련하여 일련의 의사결정이 있어야 할 것이다.

4) 평가 및 환류 단계

평가 및 환류(feedback) 단계에서는 액션러닝 운영에 대한 평가기준은

Programme)을 도입했으며 참가 대상자는 프로그램 첫해에 24명의 신규 임용 임원들이었다(Boshyk, 2000).

무엇이며 어떻게 평가할 것인가? 각 액션러닝 팀 및 구성원들의 활동에 대한 평가 기준은 무엇이며 어떻게 평가할 것인가? 설정된 목표를 달성하였는가? 그 목표를 달성하기 위해서 어떤 행동을 취했는가? 목표를 달성하지 못했다면 그 이유는 무엇인가? 미래에 더 나은 조치를 위해서 어떤 점을 개선해야 하는가? 어떤 계획을 세울 것인가? 어떤 점을 학습했는가? 평가된 결과의 정보는 누구에게 언제 어떻게 환류 할 것인가? 등의 물음에 대한 응답이 논의되어야 하며 이와 관련하여 일련의 의사결정이 있어야 할 것이다.

이러한 액션러닝 기획절차상 주요 고려 요소들을 〈표 2-1-2〉에서와 같이 예시적으로 제시하고자 한다.

〈표 2-1-2〉 액션러닝 기획절차상 고려 요소 (예시)

기획단계	주요 고려 요소
사전준비단계	• 운영 주체 • 필요 준비사항 • 운영 기간 • 참여자 범위 • 요구분석 • 쟁점 사항
기획단계	• 목표 설정 • 목표달성 위한 수단, 절차 • 영향을 미치는 요인 • 책임 소재 • 구체적 기간과 시간계획 • 소요되는 비용, 예산 조달 방법 • 구체적 운영방식 • 자원 동원과 투입 방식 • 결과물

기획단계	주요 고려 요소
집행단계	• 구체적 작업 계획 • 구성원 참여 독려 방법 • 구성원 역할 배분 • 보고서 온-오프라인 작성 • 모니터링(monitoring)
평가 및 환류단계	• 운영에 대한 평가기준 및 평가방법 • 팀, 구성원 활동 평가기준 및 평가방법 • 목표 달성도 • 목표 달성 수단(행동) • 목표 달성 못했을 시 그 이유 • 개선안 • 차기 계획 • 학습한 요점 • 적시 적소 환류

제2장 액션러닝 시스템

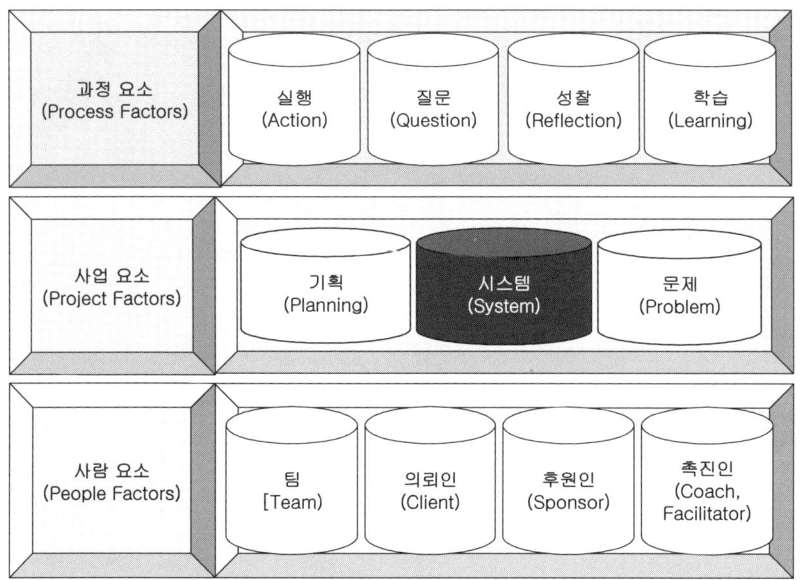

1. 액션러닝 시스템의 의의

일반적으로 시스템(system)이란 기능적으로 연관된 요소들이 하나로 통합되어 상호작용하는 통합체제를 의미하는 것으로 사용된다. 예컨대 사람의 몸은 기능적으로 연관된 생리적 단위들의 통합체이기 때문에 체제(system)이다.

102

또한 시스템이란 개념은 구조들이나 경로들의 네트워크를 의미하는 것으로 사용되기도 한다. 예컨대 통신 시스템은 통신을 위한 하드웨어, 소프트웨어, 자료 송수신장치들의 네트워크이다. 컴퓨터 시스템이란 컴퓨터 하드웨어, 소프트웨어, 컴퓨터 자료처리장치들의 네트워크이다.

이러한 개념들을 고려하여, 여기서 액션러닝 시스템(action learning system)이란 액션러닝 프로그램의 성공적인 운영이라는 목표를 달성하기 위해서 유형무형의 요소들이 서로 연관되어 상호 작용하는 하나의 통합 체제 또는 네트워크를 의미하는 것으로 사용하고자 한다.

액션러닝 프로그램을 효율적으로 운영하기 위해서는 액션러닝 시스템이 잘 가동되어야 한다. 액션러닝 프로그램을 운영하기 위한 구성 요소들의 집합이 하나의 통합된 전체로서 잘 움직여주어야 한다. 즉 인터넷을 통해서 액션러닝 팀이 팀원 간 상호작용 하거나 또는 행정지원 부서와 상호작용할 수 있는 인터넷과 같은 전산시스템, 액션러닝을 행정적으로 지원하기 위한 조직과 같은 행정지원시스템 등이 제대로 작동해 주어야 한다.

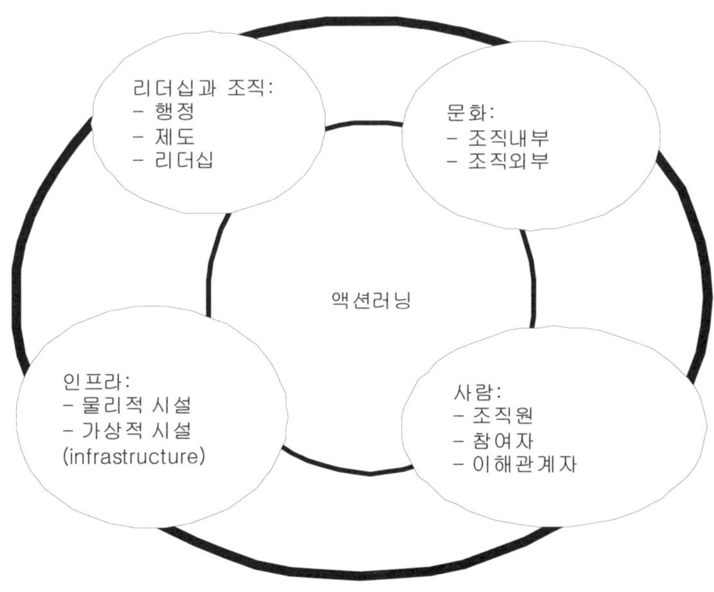

〈그림 2-2-1〉 액션러닝 시스템 (예시)

〈그림 2-2-1〉에서는 액션러닝 시스템을 예시적으로 보여주고 있다. 여기서는 사람, 문화, 리더십과 조직, 인프라 등을 구성요소로 하고 있는 것을 예시적으로 보여주고 있다. 사람에는 액션러닝 운영과 관련된 조직의 구성원, 액션러닝 참여자, 액션러닝 프로그램 운영에 관련된 이해관계자 등이 포함되어 있다. 문화는 조직내부 및 외부 문화가 액션러닝을 선호하는 것이냐 그렇지 않는 것이냐의 요인과 관련된 것이다. 리더십과 조직은 액션러닝 프로그램 운영과 관련된 행정, 제도, 리더십에 관한 것이다. 인프라(infrastructure)는 현실의 물리적 공간 구조인 물리적 인프라와 가상(virtual)공간 구조인 가상 인프라를 모두 포함하는 것이다.

그런데, 이 가운데서 온라인 시스템, 컴퓨터 시스템, 웹 시스템, 정보통신 시스템 등과 같은 가상 인프라 시스템을 액션러닝 시스템으로 이해되기도 한다.

특히 온라인과 오프라인을 혼합한 혼합학습(blended learning, hybrid learning)으로 운영되는 교육은 액션러닝 시스템을 효과적으로 구축하여 운영하는 것은 매우 중요하다. 왜냐하면 이 시스템을 통하여 교육생, 운영자, 촉진인 등이 과제수행에 필요한 커뮤니케이션 활동을 전개하기 때문이다.

이 시스템은 액션러닝과정에서 단순히 온라인을 활용한 공지사항이나 기록관리 차원을 넘어서 온라인과 오프라인의 장점을 살려서 액션러닝의 목적을 극대화하고자 온라인 학습과 오프라인 학습을 잘 조화하여 학습이 이루어지도록 해야 한다. 특히 집합교육의 많은 시간을 대체할 수 있으므로 집합교육의 기간을 단축할 수 있는 이점과 현업에 종사하면서 학습할 수 있는 이점을 가지고 있다.

2. 교육생용 시스템

인프라 측면에서 중앙공무원교육원의 액션러닝 시스템을 예로 들어보자. 인프라 측면에서 본 액션러닝 시스템은 크게 교육생용 시스템과 운영인용 시스템으로 구성되어 있다. 교육생용 시스템은 교육생들과 커뮤니케이션하기 위한 것이다. 즉 과제수행 팀이나 팀원들이 상호 커뮤니케이션하면서 정보를 나누기 위한 것이다.

〈그림 2-2-2〉에서는 교육생용 시스템을 보여주고 있다.

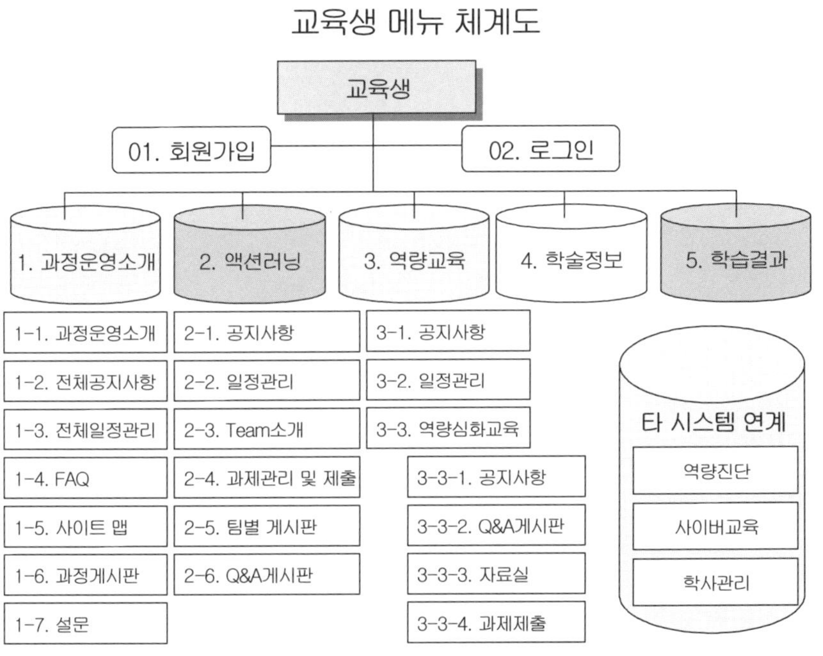

〈그림 2-2-2〉 교육생용 시스템 (예시)

3. 운영인용 시스템

운영인 시스템은 액션러닝 프로그램을 운영하는 조직의 액션러닝 프로그램 책임자 또는 담당자가 교육생이나 촉진인 등과 커뮤니케이션하거나 행정사항이나 지원사항 등을 커뮤니케이션하기 위해 구축된 시스템이다.

〈그림 2-2-3〉에서는 운영인용 시스템을 보여주고 있다.

운영인 메뉴 체계도

* 자료: 중앙공무원교육원 액션러닝 자료(2006)

〈그림 2-2-3〉 운영인용 시스템 (예시)

제3장 문제

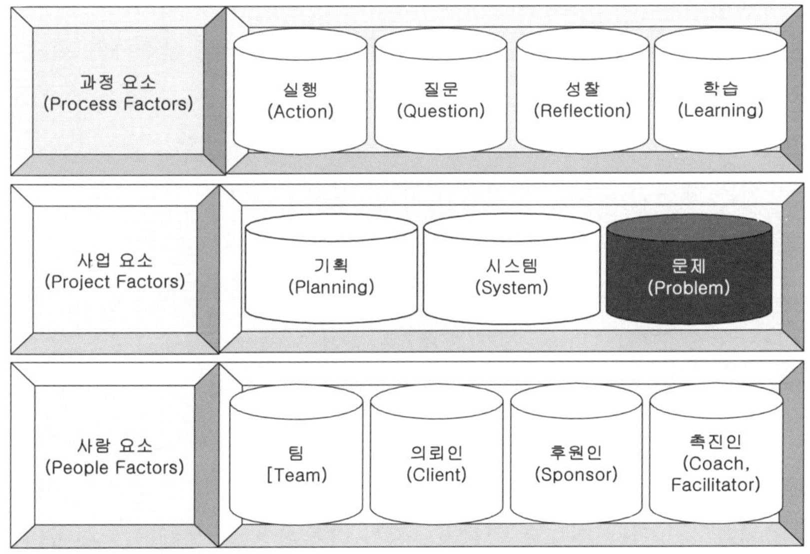

1. 문제의 의의

액션러닝은 문제를 통해서 학습이 이루어지는데, 현실의 문제를 해결하려고 노력하는 실행과정에서 학습이 이루어지는 것이다. 따라서 액션러닝에서 문제가 없으면 학습도 없다.

문제를 선정하기 전에 교육 참가자들이 어떤 교육 요구(needs)를 가지고 있는가를 조사하고 분석하는 요구분석(needs analysis)이 선행되어야 할 것이다. 요구분석에 의해서 해결해야 할 과제, 문제를 선정하도록 하는 것이 바람직할 것이다.

액션러닝에서 문제(problem)란 그 해결을 필요로 하는 프로젝트 또는 프로그램이며, 과업, 과제, 주제, 또는 쟁점(issue) 등의 이름으로 불리기도 한다. 이러한 용어들은 상호 호환되어 사용되어지고 있으나 그 강조하는 의미가 약간씩 다르다.

예컨대, 문제(problem)란 목표와 현상간의 차이(gap)이다. 즉 현재 당신이 가지고 있는 것과 당신이 원하는 것과의 차이이다. 프로젝트(project)란 용어는 액션러닝 팀이 학습 받은 것을 응용하여 결과를 산출하기 위해 수행해야 할 계획 사업(事業) 또는 실습 과제(課題) 또는 과업(課業)이라는 의미를 강조하고자 할 때 사용되어지는 경우가 많다. 프로그램(program)이란 용어는 액션러닝 팀이 처리해야 할 공식적 활동 계획 또는 행동 과정표라는 의미를 상조하고자 할 때 사용되어지는 경우가 많다.

그리고 과업(課業)이란 용어는 액션러닝에서 꼭 처리해야 할 일이라는 의미를 강조하고자 할 때, 과제(課題)란 용어는 액션러닝에서 반드시 처리하거나 해결해야 할 문제라는 의미를 강조하고자 할 때, 주제(主題)란 용어는 액션러닝에서 해결해야 할 과제의 중심이 되는 문제 또는 제목이라는 의미를 강조하고자 할 때, 쟁점(爭點)이란 용어는 해결을 필요로 하는 분쟁이 첨예화되어 있는 것으로 액션러닝에서 다루어야 할 문제라는 의미를 강조하고자 할 때 사용되어지는 경우가 많다.

Sato Inichi(2007)은 문제를 세 가지 형태로 나누고 있다. 즉 발생형, 탐색형, 설정형으로 유형화시키고 있다.

① 발생형 문제 : 이미 일어난 문제이다. 이 문제해결을 위해선 문제가 왜 일어났는지를 밝혀, 원인을 찾고, 대책을 강구해야 한다. 재발을 막아야 한다(Sato Inichi, 2007, pp. 78-84).

② 탐색형 문제 : 앞으로 개선하고자 하는 문제이다. '어떻게 하면 좋을까?' 로 문제를 설정한다. 이 문제해결을 위해선 목표를 현재 수준보다

더 높게 설정하여 의식적으로 문제를 만들어 내서, 문제의 원인을 찾고 현 상황을 개선한다(Sato Inichi, 2007, pp. 85-91).

③ 설정형 문제 :   '만약 …이라면 앞으로 어떻게 할 것인가?' 하는 문제이다. 문제가 발생할 지도 모르는 위험에 대처하기 위한 문제이다. 조건부 가정의 문제이다(Sato Inichi, 2007, pp. 92-101).

발생형 문제가 과거와 현재 지향이며 원인지향의 문제라면 설정형 문제는 현재와 미래지향이며 목적지향의 문제이다. 그리고 탐색형 문제는 이들의 중간에 위치한다. 설정형은 주로 조직의 상층계층에서 CEO나 임원진들이 취급하며, 탐색형은 중간계층의 중간관리자가 주로 취급하며, 발생형은 일선현장계층에서 일선관리자나 현장감독자가 주로 취급한다.[78] 〈그림 2-3-1〉에서는 Sato Inichi가 본 문제의 유형을 보여주고 있다.

문제의 유형

문제 유형	의미	조직 계층	지향 시간
설정형	• 조건부 가정의 문제 • 만약 …이라면 앞으로 어떻게 할 것인가? • 문제가 발생할 지도 모르는 위험에 대처하기 위한 문제 • 설정형 문제를 해결하기 위해선 미래에 어떤 상태하의 가정을 설정하여 문제를 설정하고, 원인을 찾아서 개선함	상층계층 (CEO, 임원진)	현재와 미래
탐색형	• 앞으로 개선하고자 하는 문제 • 어떻게 하면 좋을까? • 탐색형 문제를 해결하기 위해선 목표를 현재 수준보다 더 높게 설정하여 의식적으로 문제를 만들어 내고, 문제의 원인을 찾고, 현 상황을 개선함	중간계층 (중간관리자)	발생형과 설정형의 중간 수준
발생형	• 이미 일어난 문제 • 문제가 왜 일어 났는가? • 발생형 문제를 해결하기 위해선 문제가 왜 일어났는지를 밝혀, 원인을 찾고, 대책을 강구해야 함 • 문제의 재발을 방지해야 함	일선계층 (일선관리자, 현장감독자)	과거와 현재

*자료: Sato Inichi(2007)

〈그림 2-3-1〉 Sato Inichi의 문제 유형

---

78) Sato Inichi. (2007). 「문제해결의 기술」. 이봉노 (역). 서울 : 새로운 제안 ; SHINPAN ZUKAI MONDAIKAIKETSUNYUMON. Japan: Diamond, Inc. 2003.

일반적으로 액션러닝 프로젝트, 과제, 주제 등의 용어들이 많이 사용되고 있다. 액션러닝 운영진에서 액션러닝을 기획할 때 문제의 성격에 따라 특정 용어를 선택하여 통일해서 사용할 수 있도록 결정하는 것이 바람직하다.

액션러닝은 각 조직의 특성에 따라 다양한 형태로 운영되고 있으나 이들의 공통점은 학습의 수단으로 실제 문제를 선택하고 이 문제를 해결하는 과정에서 문제해결 및 학습역량을 증진시키는 것을 목적으로 하고 있다. 따라서 액션러닝은 실제 문제들(actual problems)을 취급한다.[79]

액션러닝에서의 문제는 실제 문제이어야 한다는 것은 액션러닝 팀 구성원들 자신들이 업무를 수행하고 있는 현장의 작업 환경에서 접하고 있는 그러한 적실성이 있는 것이어야 하며, 또한 아직 해결되지 않았고, 상당히 중요한 문제이어야 한다는 것을 의미한다.

구성원들의 직접 현장에서 업무를 수행하고 있는 작업 현실 또는 작업 환경과 동떨어진 문제는 액션러닝의 실패를 초래하게 될 것이다. 현업과 적실성이 있어야 한다고 하여 이미 친숙하게 일상생활에서 접하여 그 해답을 이미 잘 알고 있는 그러한 문제이어야 한다는 것은 아니다. 이런 것은 학습효과가 낮기 때문에 문제로 채택되어서는 바람직하지 않다. 친숙하지 않은 새로운 환경에서 해결할 수 있는 문제이어야 학습효과가 높게 나타난다.

따라서 실제 문제란 교과서에 이미 인쇄되어 있는 문제가 아니라, 학습에 참여한 구성원들이 현장에서 일하면서 접하고 있는 문제들과 적실성이 있는 것이면서, 아직 해결되지 않았으면서, 도전적인 문제이어야 한다는 것을 강조하고 있는 것이다. 또한 이미 과거에 해결된 문제가 아니라 해결되

---

79) 여기서 실제 문제(an actual problem)란 실제로 현실에 존재하는 사실(a real fact)로서의 문제(a real problem)로서 아직 해결되지 않았으며 상당히 중요한 문제라는 의미이다. 따라서 과거에 이미 해결된 문제나 교과서상에서 존재하는 문제나 가상으로 만들어진 문제가 아니라 현실에서 실제 사실로서 존재하는 문제이다. 특히 액션러닝 팀의 구성원들이 자신들의 작업현장에서 접하는 그러한 문제이어야 한다는 것이다. 액션러닝은 학습의 수단으로 현실에 실재하는 문제를 해결하려고 협동적으로 노력하는 과정을 통해서 학습 및 문제해결 역량을 증진하는 것을 목적으로 한다.

어야 할 문제이며 이들의 직무현장에서 실제로 발생하는 문제들(problems)로서 상당히 중요한 문제이어야 한다.

예컨대 GE가 임원진들을 대상으로 실시하는 교육에서 다음 년도에 생산될 특정 상품을 유럽시장에 판매하기 위해 유럽시장 판로개척의 문제를 해결하는 것과 관련된 액션러닝을 추진하게 하는 것은 현실의 실제 문제이며 도전적인 문제를 친숙하지 않은 환경에서 해결하게하기 위한 액션러닝의 사례에 해당한다. 따라서 액션러닝은 현장에서 실제로 발생하는 문제들을 해결하려고 노력하는 실천적 도전적 문제해결역량 증진과정이며 그러한 문제해결 역량을 증진하기 위한 실천적 도전적 학습과정이다.

액션러닝(action learning)이라는 용어를 처음으로 사용한 것으로 알려져 있고 액션러닝의 아버지로 알려져 있는 레반즈(Reginald Revans)는 1940년대 액션러닝방식의 교육훈련을 주창했다. 영국 석탄광산 산업 노동자들을 교육훈련 시키는데 가장 효과적인 수단이 액션러닝이며 액션러닝에서는 실질적인 문제를 다룰 것을 강조했다. 즉, 교과서상에 있는 문제를 해결하려고 하는 것이 아니라 작업현장의 실제 문제를 해결해 나가는 과정에서 살아 있는 학습이 일어나고, 현장의 문제를 해결하는데 도움이 되는 살아있는 지식이 축적된다는 것이다. 왜냐하면 정형화되어 교과서에 인쇄되어 있는 지식은 시시각각 변화하는 현장의 문제를 해결하는데 도움이 되지 않기 때문에 현장의 문제를 해결하기 위해서는 현장에서 근무하는 사람들로부터 도출된 지식 즉 해결책만이 문제를 해결하는데 도움이 된다는 것이다. 이를 위해 현장의 노동자들이나 관리자들이 지식을 공유하고 문제해결책을 공유하며 협동할 것을 강조하고 있다.

액션러닝에서 과제의 선택은 매우 중요하다. 왜냐하면 과제 선택이 잘 못되면 액션러닝의 효과가 반감되기 때문이다. 과제는 참여하는 팀원들의 개인적 특성이나, 이들이 담당하고 있는 업무특성, 조직상의 이들의 지위 등을 고려하여 그에 적합한 것을 선정하도록 해야 한다. 또한 과제로서 주제는 명확하고 구체적이어야 한다. 왜냐하면 주제가 애매하고 추상적이 되면 액션러닝과정에서 자료수집이나 해결대안 마련도 애매하고 모호하게 되어

활동에 어려움이 따르게 되며 액션러닝의 효과가 낮아지게 되기 때문이다.

또한 액션러닝에서 취급하는 문제는 팀원들이 노력들이지 않고 너무 쉽게 해결할 수 있는 것도 안 되고, 너무 어려워 해결책을 찾는 것이 불가능한 것도 바람직하지 않다. 또한 이미 해결책이 나와 있는 것도 바람직하지 않다. 액션러닝의 문제는 도전적이며, 복잡한 것이며, 기회가 포함되어 있는 것이어야 하며, 긴급하고 중요한 것이어야 하며, 다양한 해결책들이 제시될 수 있는 것이어야 한다.

2. 문제의 형태

문제는 실제 문제로서 너무 복잡하지도 너무 단순하지도 않는 교육생들의 흥미를 자아낼 수 있는 도전적인 것이 바람직하다는 것을 강조하면서 문제의 형태에 대해서 살펴보자.

문제의 형태는 〈그림 2-3-2〉에서 보는 바와 같이 단일문제형태와 복수문제형태가 있다. 조직 단일 프로젝트는 조직 전체의 관점을 대변하는 단일문제이며 후원인은 일반적으로 CEO 한 사람이다. 개별 복수 프로젝트는 구성원 각자의 개별 문제들로 구성된 복수문제이며, 각 문제마다 후원인은 각각 다를 수 있다. 시간과 재정 등의 자원이 허용되면 단일문제와 복수문제를 모두 취급할 수 있다.

어떤 형태의 문제이든 간에 선택될 문제는 개인의 문제해결역량 및 학습역량을 증진시킬 수 있는 것이어야 한다. 또한 개인의 문제해결역량 및 학습역량 증진은 조직의 발전과 분명하게 연관되어 있어야 한다. 즉 조직의 전략이나 목적에 따라 액션러닝 프로그램을 설계할 때 조직 구성원의 발전과 연계되게 설계해야 한다. 왜냐하면 액션러닝에 있어서 팀원 개인의 발전은 팀의 발전은 물론이고 궁극적으로 조직의 발전에 기여할 수 있는 것이어야 하기 때문이다.

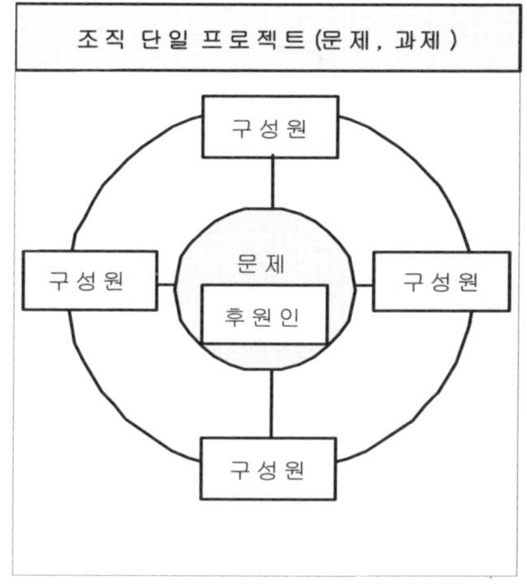

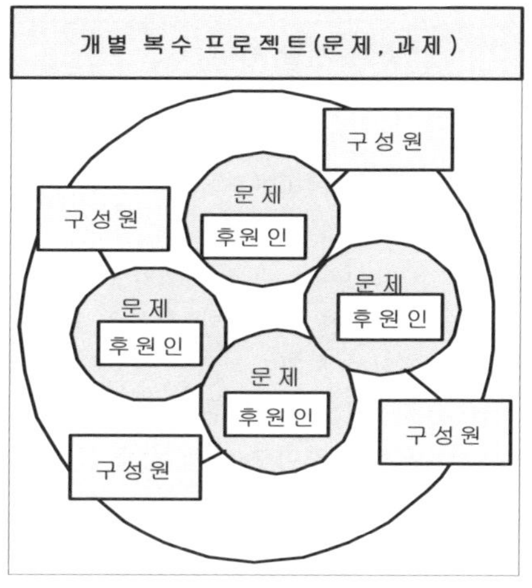

*자료: 김영원(2004), 윤경로(2004)

〈그림 2-3-2〉 문제의 형태

일반적으로 팀 구성원 각자가 해결할 문제인 프로젝트를 팀에 가지고 올 수도 있고, 팀에서 팀원들이 공통으로 해결할 문제를 프로젝트로 선정할 수도 있고, 조직 전체가 당면하고 있는 문제를 해결하기 위해서 그 당면 문제를 하나의 프로젝트로 선정하여 액션러닝을 진행할 수도 있다. 이는 액션러닝을 수행하는 각 조직의 목적과 특성에 따라 결정되어질 사항이다.

시간과 재정 등의 자원이 충분히 공급될 때 조직 전체 프로젝트와 개인별 프로젝트를 동시에 수행할 수 있다. 또한 액션러닝 프로그램 운영의 목적과 교육생의 특성 등에 따라 과제를 설정하도록 하는 것이 바람직하다.

〈표 2-3-1〉에서는 기업 과제를 예시하고 있는데 듀퐁(DuPont)사가 일선 관리자를 위한 액션러닝 프로그램을 운영하기 위해 선정했던 주제들(topics)을 예시적으로 보여주고 있다. 이 주제들은 교육생들의 요구분석을 통해서 얻어진 정보를 기반으로 선택된 것이다. 다양한 지식과 기술을 종합적으로 활용할 수 있는 능력을 배양하고, 학습에 필요한 자료들을 수집하는데 도움이 될 수 있도록 선정되었다고 한다(LeGros & Topolosky, 2000).[80]

<표 2-3-1> 액션러닝 주제 예시 (기업)

- 변화 저항 관리
- 새 작업장의 도전과제 관리
- 생산적이고 안전한 작업환경
- 칭찬과 비판
- 시스템 발전
- 당신과는 다른 사람들을 선도
- 곤란한 메시지와 상황을 해결
- 딜레마 관리
- 질이 나쁜 성과를 관리
- 자원 없이도 과업 수행
- 헌신과 탁월한 성과를 고취
- 균형 잡히게 시간 관리
- 커뮤니케이션 영향 증가시키기
- 법률의 테두리 안에서 관리
- 당신 아이디어의 가치를 납득시킴
- 제3자의 입장에서 운영
- 집단역학 관리
- 다양성의 효과적 관리
- 문제해결의 창조적 생각과 행동
- 일을 만들어 무기력을 극복
- 사람과 사업의 성장
- 사업 이야기하는 방법을 학습
- 감정 다스리기
- 장기적 체제적 관점에서 생각하기
- 균형성과(기록)표 학습
- 고객중심 강화
- 현상유지 타파
- 전사적인 정책 시도
- 더 좋은 팀과 네트워크 구축
- 사업관리 개선

* 자료: LeGros & Topolosky(2000), pp. 35-36.

---

80) LeGros, Victroia M. & Topolosky, Paula S. (2000). Dupont: Business Driven Action Learning to Shift Company In Boshyk., Yury (Ed.). *Business Driven Action Learning: Global Best Practices*(pp. 29-41). New York: St. Martin's Press.

〈표 2-3-2〉에서 정부과제를 예시하고 있는데 중앙공무원교육원이 모교육과정에서 실시한 액션러닝의 과제들을 예시하고 있다.[81]

〈표 2-3-2〉 액션러닝 과제 예시 (정부)

- 국제결혼 가정의 원활한 정착지원 방안
- 성과평가제도 운영의 효율화 방안
- 예금보험제도 개선방안
- 외국인 투자환경 개선 방안
- 임대주택정책의 효율성 제고 방안
- 재래시장 활성화를 위한 정책지원방안
- 주민혐오시설 설치에 따른 갈등해소방안
- 초·중등학교의 교육행정보고 규제 개선 방안
- 통신·방송 산업 진입제도 개선 방안
- 고교평준화정책 개선방안
- 고부가가치 분야의 외국인투자유치 확대를 위한 정책지원방안
- 국가 기상관측자료의 공동 활용 촉진 방안
- 국토 공간 효율화를 위한 지방주도의 균형발전 추진방안
- 대학구조개혁의 추진방안
- 사이버폭력 피해 구제방안

* 자료: 중앙공무원교육원 액션러닝 자료(2005, 2006, 2007)

3. 프로그램 설계

레반즈는 액션러닝 프로그램을 설계할 때 4개의 주요 교환 관계에 기초해서 설계할 수 있다고 주장한다. 즉 액션러닝 참여자들이 액션러닝과정에서 만나게 될 두 종류의 문제들과 환경들을 기초로 4개의 주요 교환관계에 기초한 옵션을 기초로 프로그램을 설계할 수 있다. 4개의 주요 교환관계는 문제와 환경이라는 두 개의 범주아래 구성되어 있고, 각 범주는 친숙함과 생소함으로 각각 구성되어 있다.

---

81) 중앙공무원교육원. (2005, 2006, 2007). 액션러닝 학습교재들 다수.

액션러닝 참여자들이 취급하게 될 문제들은 참여자들에게 친숙(親熟)한 문제나 생소(生疎)한 문제들이 된다. 이 문제들은 참여자들이 액션러닝 과정에서 처할 친숙(親熟)한 환경이나 생소(生疎)한 환경들과 관련되어 있다. 따라서 액션러닝 참여자들은 이들 문제와 환경적 맥락에서 액션러닝을 수행하게 된다.

즉 액션러닝 팀 구성원들이 ① 친숙한 환경에서 친숙한 문제를 해결하도록 액션러닝 프로그램을 구성할 수 있고, ② 생소한 환경에서 친숙한 문제를 취급하도록 프로그램을 구성할 수 있고, ③ 친숙한 환경에서 생소한 문제를 취급하도록 프로그램을 구성할 수 있고, ④ 생소한 환경에서 생소한 문제를 해결하도록 액션러닝 프로그램을 설계할 수 있다. 레반즈는 이를 〈그림 2-3-3〉에서와 같은 2 × 2 매트릭스(matrix)로 된 교환선택모형 또는 교환관계모형으로 표현하고 있다(O' Neil and Dilworth, 1999; Bourner

환 경

	친숙함	생소함
친숙함	제 I 선택 프로그램	제 II 선택 프로그램
생소함	제 III 선택 프로그램	제 IV 선택 프로그램

(문제 × 환경)

* 자료 : O'Neil and Dilworth(1999)

<그림 2-3-3> Revans의 교환선택모형

and Frost, 2000).[82]

1) 제 I 선택 : 친숙한 환경에서 친숙한 문제

액션러닝 팀 구성원들이 친숙한 환경에서 친숙한 문제를 해결하도록 되어 있는 '제 I 선택' 프로그램에서는 문제와 환경 모두가 이미 액션러닝 팀원들에게 익숙한 것들이다. 즉, 팀원들이 이미 서로 잘 알고 있는 자연적인 팀이거나 과거에 일을 함께 해 본 경력이 있을 수 있는 팀이거나, 팀원들이 취급할 과제가 과거에 이미 접해본 것과 같거나 유사한 것이다. 친숙한 문제란 일반적으로 문제에 대한 해결방안들이 분명할 정도로 나타나 있는 상황이다.

이와 같은 상황에서는 새로운 아이디어가 잘 도출 되지 않고 기존의 문제해결방식을 선호하게 되는 경향이 강하기 때문에, 액션러닝을 통해서 조직변화를 유도하려고 하기보다는 인재개발을 더 강조하는 경우에 적합한 선택이 될 수 있다.

예컨대 액션러닝 팀원들이 동일 부서내의 사람들로 구성되거나, 동일 업무의 성격을 수행하고 있는 사람들로 구성되거나, 과거에 함께 일을 해본 사람들로 구성되거나, 수행 과제도 과거에 한 번 접해본 것과 동일하거나 유사한 것으로 구성되도록 되어있는 액션러닝 프로그램의 경우엔 '제 I 선택' 프로그램에 해당된다.

일반적으로 이와 같은 누구에게나 친숙한 문제나 환경적 상황에서는 팀원들의 활동은 의식적 또는 무의식적으로 일상적인 의사결정 및 활동범위

---

82) ① O' Neil, J., & Dilworth, R. L. (1999). Issues in the design and implementation of an action learning initiative. In L. Yorks, J. O' Neil & V. J. Marsick (Eds.), *Action Learning: Successful Strategies for Individual, Team, and Organizational Development*(pp. 19-38). Baton Rounge, LA: AHRD.

② Bourner, T., and Frost, P. (2000). Learning outcomes of action learning : Open programmes and in-house programmes. *ALAR Journal*, 5(1), pp. 18-40.

를 따르게 되고 일상적인 틀을 벗어나지 않게 된다. 이러한 동질 성향의 팀은 새로운 사고로 새로운 아이디어를 창출하여 문제를 해결하려고 노력하기보다 기존 관행을 따르는 경향이 높다. 그 결과 이들의 의사결정이나 활동은 예측이 가능하게 되는 장점도 있으나 새로운 도전적인 아이디어 창출엔 실패할 경우가 높다는 단점도 가지고 있을 수 있다(O' Neil and Dilworth, 1999).

그러나 다른 한편, 일반에 알려진 바와 달리, 동일 조직에서 온 사람들로 구성된 동질 집단의 팀의 경우에도 실제 문제를 해결하고, 팀원들로부터 서로 대화하고 학습하며, 자신의 문제해결에 대한 책임감을 가지며, 팀에서 제시된 해결책을 집행하는데 도움이 되는 팀워크나 팀 빌딩에 크게 공헌하고 있는 것으로 조사보고 되기도 한다(Bourner and Frost, 2000).

만약 이러한 팀 구성으로 인해서 앞에서 말한바와 같은 단점이 예측된다면 그 단점을 해결하기 위해서는 팀원들 각자가 구태에 빠지지 않게 각성하거나 팀원 가운데 특정인이 '선의의 트집쟁이(devil' s advocate)' 역할을 수행하게 할 수 있다.[83] 물론 팀원 모두가 선의의 트집쟁이 역할을 수행한다는 각오로 문제해결에 접근하면 더욱 바람직할 것이다.

또한 촉진인은 팀원들의 고정관념을 타파하기 위해서 통찰력 있는 질문들을 팀원들에게 던져주어 열린 대화를 이끌어 내어 역동적인 아이디어들이 창출되게 해주는 것이 바람직하다. 이러한 촉진인의 노력에 의해서 액션러닝의 과학적 학파가 사용하는 접근방식이나 경험적 학파가 사용하는 접근방식과 유사한 접근방식을 채택하여 '제 I 선택' 프로그램의 한계를 극복하고 팀의 성과를 향상시킬 수 있을 것이다(O' Neil and Dilworth, 1999).

---

83) 여기서 '선의의 트집쟁이(a devil's advocate)' 란 액션러닝 과제 수행과정에서 팀원들이 제시하는 대안이나 의견에 대해서 그 타당성을 토론하고 검증하기 위해 일부러 반대 입장에 서서 반대 의견을 제시하는 선의의 악역을 담당하는 사람을 말한다.

2) 제 Ⅱ 선택 : 생소한 환경에서 친숙한 문제

교환선택모형에서 '제 Ⅱ 선택' 프로그램은 액션러닝 팀 구성원들이 친숙하지 않은 생소한 환경에서 익히 잘 알고 있는 친숙한 문제를 해결하도록 설계되는 액션러닝 프로그램이다. 예컨대 각각 상이한 부처에서 온 사람들로 구성된 액션러닝 팀의 환경은 팀원들에게 생소한 환경에 해당되는데, 이러한 친숙하지 않은 환경에 처해서 익히 잘 알고 있는 문제를 해결하도록 설계된 액션러닝 프로그램은 '제 Ⅱ 선택' 프로그램에 해당한다. '제 Ⅱ 선택' 프로그램을 활용하는 액션러닝 프로그램은 조직의 기본 규범을 변화시켜 궁극적으로 조직변화에 도움을 줄 수 있으므로 액션러닝의 모든 학파에 사용될 수 있다.

'제 Ⅱ 선택' 프로그램에서와 같이 생소한 환경에서 친숙한 문제를 해결하는 과정은 기존의 규범, 가치, 구조에 의문을 가지고 성찰하게 되므로 참신한 질문들을 창조하여 해결대안들을 개발하는 것이 새로운 관점에 입각해서 문제를 해결하는데 도움을 줄 수 있다.

예컨대 바이오정보기술을 생산하고 판매하는 중소기업들이 당면하고 있는 공통된 문제를 해결하기 위해서 중소기업에 종사하고 있는 관련자들로 이루진 팀을 구성하여 해결하기보다 동일한 분야의 바이오정보기술을 생산하고 판매하는 대기업에 종사하는 관련자들로 이루어진 팀을 구성하여 중소기업이 직면하고 있는 문제를 해결하기 위한 활동을 하게 되면 좀 더 혁신적인 문제해결 대안들을 개발하는데 도움을 줄 수 있다. 왜냐하면 이러한 팀의 구성은 생소한 환경을 구성하는 것이 되고 팀원들은 새로운 시각에서 문제들에 접근할 수 있기 때문이다.

또한 팀원들이 각각 상이한 부처에서 왔으므로 서로 상대방을 통하여 자기 자신을 이해하고 발전시키는데 도움이 될 것이며, 팀원들 사이에 네트워크를 구성하여 경험을 공유하는 것은 액션러닝 학습과 문제해결에 매우 중요한 공헌을 하게 될 것이다(O' Neil and Dilworth, 1999; Bourner and Frost, 2000).

3) 제 Ⅲ 선택 : 친숙한 환경에서 생소한 문제

교환선택모형에서 '제 Ⅲ 선택' 프로그램은 액션러닝 팀 구성원들이 친숙한 환경에서 생소한 문제를 해결하도록 설계되는 액션러닝 프로그램이다. 예컨대 액션러닝 팀이 서로가 잘 아는 동료들로 구성되었다면 이는 친숙한 환경에 해당하며, 이러한 환경에서 생소한 문제를 다루는 활동을 하면 새로운 질문들을 창조하고 새로운 관점에서 문제를 접근하게 될 수 있다. 생소한 문제란 일반적으로 문제에 대한 해결책들이 분명하게 알려져 있지 않은 문제이다.

또한 이러한 과정에서 굳건한 팀워크와 팀 빌딩을 통해서 동료들로부터 서로서로 지속적인 피드백이 주어진다면 개인의 문제해결 역량 증진에 도움을 줄 것이며, 팀워크나 팀 빌딩도 더욱 결속될 것이다(Bourner and Frost, 2000). 따라서 '제 Ⅲ 선택' 프로그램은 '제 Ⅱ 선택' 프로그램에서와 같이 액션러닝의 모든 학파에 사용될 수 있으나 특히 개인의 개발을 강조하는 경험학파에서는 더욱 유용하게 사용될 수 있을 것이다(O' Neil and Dilworth, 1999).

4) 제 Ⅳ 선택 : 생소한 환경에서 생소한 문제

교환선택모형에서 '제 Ⅳ 선택' 프로그램은 액션러닝 팀 구성원들이 생소한 환경에서 생소한 문제를 해결하도록 설계되는 액션러닝 프로그램이다. 예컨대 팀 구성원들 서로가 잘 알지 못하는 사람들로 구성되며 문제도 과거에 자신의 부처에서 접해 보지 못했거나 경험해보지 못했던 것으로 이루어질 때 액션러닝 팀 구성원들이 친숙하지 않은 환경에서 잘 알지 못하는 문제를 해결해야하는 상황에 위치해 있다고 할 수 있다.

이러한 상황에서 운영되도록 설계된 제 Ⅳ 선택 프로그램은 제 Ⅰ 선택 프로그램과 정반대되는 성향을 가진 것이 된다. 환경도 생소하고 문제도 생소하기 때문에 액션러닝 팀 구성원들은 참신한 질문들을 개발하고 참신

한 해결대안들을 개발하도록 노력해야 한다. 서로 다른 환경에서 온 사람들로 구성되고 해결책들도 분명하게 보이지 않으므로 액션러닝 팀 구성원들은 팀 빌딩을 굳건히 하고 서로를 이해하고 성찰하며 액션러닝 과제를 수행해야 할 것이다(Bourner and Frost, 2000). 따라서 제 IV 선택 프로그램은 모든 액셔러닝 학파에 사용될 수 있으나 그 중에서도 특히 비판적 성찰학파에게 더욱 유용하게 사용될 수 있을 것이다(O' Neil and Dilworth, 1999).

지금까지 다양한 형태로 운영 가능한 액션러닝 프로그램들을 레반즈의 견해를 들어 설명했다. 어떤 형태의 액션러닝 프로그램이든 간에 잘 설계된 액션러닝 프로그램에서 좋은 학습이 일어난다는 연구결과가 있다. 각 액션러닝 팀 구성원들은 자신들이 어떤 방식으로 팀 구성원들이 학습하게 되는가라는 의문에 대답이 될 수 있는 '학습하는 방법에 관한 학습' 이 액션러닝 팀 구성원들 사이에 일어난다는 것이다. 그러므로 액션러닝이 성공을 거두기 위해서는 그 선결요건으로 액션러닝 프로그램이 잘 설계되어질 것이 요구된다고 할 것이다(Bourner and Frost, 2000).

4. 문제해결 프로세스

액션러닝에서 액션러닝 팀이 문제를 해결하는 문제해결 프로세스는 조직마다 조금씩 상이할 수 있다. 예컨대 과제선정, 현황 및 문제점 파악, 원인분석, 대안 도출의 단계를 밟을 수도 있을 것이다. 또 현상분석 및 문제파악, 원인분석, 해결대안 모색, 최선의 해결대안 선택, 실행계획안 마련의 절차를 밟을 수도 있다. 문제탐색, 대안탐색, 액션플랜, 집행, 평가, 환류 등의 절차로 진행될 수도 있을 것이다. 〈그림 2-3-4〉에서는 이를 예시적으로 보여주고 있다.

액션러닝 문제해결 프로세스들 (예시)

과제 선정	현황 및 문제점 파악	원인 분석	대안 도출					
	현상분석 및 문제파악	원인 분석	해결대안 모색	최선의 해결 대안 선택	실행계획안 마련			
	문제탐색		대안탐색		액션플랜	집행	평가	환류

〈그림 2-3-4〉 액션러닝 문제해결 프로세스들 (예시)

여기서는 문제탐색, 대안탐색, 액션플랜, 집행, 평가, 환류 등의 절차를 밟는 것으로 하여 설명하고자 한다.

1) 문제탐색

문제를 해결하기 위해서는 먼저 문제를 탐색해야 한다. 문제탐색 단계에서는 문제인지, 실태조사, 문제정의 활동들이 포함되게 될 것이다.

(1) 문제인지

일반적으로 문제란 '목표 상태(should be)'와 '현재 상태(as is)' 간의 차이(gap)를 말한다. 즉 목표 상태와 목표 상태에 도달하지 못한 현재 상태 간의 차이가 문제이다.

그런데 Sato Inichi(2007)의 주장처럼 문제를 발생형, 탐색형, 설정형으로

유형화 시킬 수 있다. 제3장 문제의 장에서 살펴보았듯이 발생형은 과거시간, 탐색형은 현재시간, 설정형은 미래시간에 초점을 맞추어 문제를 해결하려고 문제를 인지하고 정의하는 방식이다.

- 발생형 문제 : (현재 시점에서 과거를 보며) 무엇이 문제였는가?
- 탐색형 문제 : (현재 시점에서 과거와 미래의 중간 수준에서) 어떻게 하면 좀 더 개선할 수 있을까?
- 설정형 문제 : (현재 시점에서 미래를 보며) 만약 …이라면 앞으로 어떻게 할 것인가?

설정형 문제는 조직의 상충계층의 임원진의 경영차원에서 설정될 수 있는 문제형이며, 탐색형은 조직의 중간계층의 관리차원에서 설정될 수 있는 문제형이며, 발생형은 조직의 일선계층의 감독차원에서 설정될 수 있는 문제형이라고 할 수 있다.[84]

문제가 아닌 것을 문제로 인지하는 것은 문제해결을 그르치게 하는 것이다. 동일한 문제라도 사람들이 어떻게 인지하느냐에 따라 때로는 단순하게 때로는 복잡하게 보인다. 따라서 문제를 바르게 인지하는 것이 중요하다. 이 단계에서는 "무엇이 문제로 보이는가?" "무엇이 이 정책집행을 방해하고 있는 것처럼 보이는가?" "어떤 문제가 점점 더 악화될 가능성이 있는 것처럼 보이는가?" 등에 대한 대답이 주어지도록 문제를 인지하는 단계이다.

(2) 실태조사

문제라는 것이 인지되면 "왜 그것이 문제인가?" 에 대한 응답이 있어야 할 것이다. 현상에 대한 분석을 통해서 문제의 원인을 찾도록 해야 한다.

인지된 문제의 증거를 찾기 위해 현장에 직접 나가서 관찰하여 사실 정

---

84) Sato Inichi. (2007). 「문제해결의 기술」. 이봉노 (역). 서울 : 새로운 제안 ; SHINPAN ZUKAI MONDAIKAIKETSUNYUMON. Japan : Diamond, Inc. 2003.

보를 수집해야 한다. 인지된 문제에 관련된 모든 정보를 수집하는 것이 이론적으로 바람직할 것이나 시간제약, 인적 물적 제약 등을 고려하여 중요 변수들을 중심으로 정보를 수집하도록 한다. 5W1H(Who, What, When, Where, Why, How) 원칙에 의해서 관찰된 현상을 기술하는 것이 문제를 기술하는데 명확성을 기할 수 있을 것이다. 이러한 기반 위에서 현상을 이해하고 가능한 해당 문제에 적실한 정보를 많이 수집하도록 한다. 자료수집과 분석에 의해서 문제의 원인이 규명되어야 한다.

(3) 문제정의

실태조사로 인지된 문제가 문제로 확인되면 문제에 대한 구체적인 정의가 내려져야 한다. 즉 인지된 문제에 대한 사실적 정보가 수집되면 이를 기반으로 진실로 문제가 무엇인지 구체적으로 정의해야 한다. 즉 원인규명이 되면 문제를 명확히게 정의해야 한다.

외형적으로 보이는 문제가 아니라 그 밑바닥에 있는 근본적인 문제, 근본적인 원인을 구체적으로 파악하여 정의해야 한다. 이 문제정의는 액션러닝 팀이 실제로 해결해야 할 문제를 구체적이고 명확하게 정의하는 것이다. 이 문제정의는 문제해결을 위한 목표를 분명히 하는 것이다.

따라서 문제정의가 잘못되면 문제해결도 제대로 될 수 없기 때문에 문제를 정확히 정의해야 한다. 즉 "무엇이 진실로 문제인가?" "이것을 해결하면 지금의 문제가 해결될 것인가?" 등에 대한 대답이 여기서 주어져야 한다.

간혹 액션러닝 팀들 가운데는 자신의 팀의 과제 수행활동을 편하게 하기 위해서 문제를 매우 좁게 정의하는 경우가 있는데 이런 경우 자신의 과제를 용이하게 수행할지는 모르나 원래 문제 자체를 해결하지는 못하게 된다. 따라서 문제를 너무 좁게 정의하는 것을 피해야 할 것이다. 예컨대 "어떻게 자동차 매연문제를 해결할 것인가?" 보다는 "어떻게 시민의 삶에 영향을 미치는 환경의 질을 개선할 것인가?" 가 더 도전적이며 넓은 문제가 된다.

2) 대안탐색

문제가 정의되면 문제해결을 위한 대안을 탐색해야 한다. 대안탐색과정에는 대안개발, 대안평가기준 선정, 대안평가, 해결책 선정 등의 활동들이 포함되게 될 것이다.

(1) 대안개발

문제를 해결하기 위한 대안을 많이 창조하면 할수록 바람직할 것이다. 이는 많은 대안들이 창조되면 그 가운데는 질 좋은 대안이 있게 마련이라는 가정에 입각하고 있다.

대안개발의 브레인스토밍(brainstorming) 활성을 위해선 브레인스토밍과정에서 ① 다다익선(질보다 양), ② 판단유보(비판금지), ③ 발상전환(자유분방 분위기 조성, 엉터리 같은 아이디어 환영), ④ 가감승제(결합과 개선, 아이디어 확대, 축소 등) 원칙 등이 지켜져야 한다.

대안개발 단계에서는 대안에 대한 평가가 있어서는 안 될 것이다. 브레인스토밍(brainstorming) 등을 통해서 많은 대안들을 창조하되 상대방이 제안하는 대안에 대해서 비판을 하지 말아야 한다. 예컨대, "그건 비현실적입니다" "그건 안 됩니다" "그런 것은 초등학생 수준입니다" 등과 같은 말이나 행동을 표현해서는 안 될 것이다.

브레인스토밍 기법뿐만 아니라 SCAMPER, Logic Tree, Issue Tree 등의 기법들이 대안개발을 위해서 사용될 수 있다. 이들에 대해선 본서의 '액션러닝 실제' 부에서 구체적으로 설명하기로 한다.

(2) 대안평가기준 선정

대안창조가 완료되었다고 판단되면 대안을 평가하기 위한 객관적인 대안평가기준을 창조하여 선정해야 한다. 대안평가기준은 문제를 해결하는데 대안이 선정될 수 있는 유효한 기준이어야 한다. 이 대안을 집행하면 어떤 효과가 나타날 것이며, 왜 이 대안이 좋은 것인가, 누가 집행할 것이며, 실

현은 가능한 것인가 등의 요소들이 고려되어야 할 것이다. 이 기준은 조직
의 특성에 따라 달라질 것이다. 예컨대 정부조직의 경우 실현가능성 가운
데서도 정치적 실현가능성이라는 기준은 중요한 요인으로 작용할 것이다.

(3) 대안평가

대안평가기준이 설정되면 이 기준에 의해서 창조된 대안들을 평가해야
한다. 평가기준에 적실한 대안들을 선정하여 그 우선순위를 결정하고, 우
선순위가 표시된 대안들의 리스트를 작성하도록 한다.

Decision Grid, ALU 기법 등이 대안평가를 위해서 사용될 수 있다. 이들
에 대해서 본서의 '액션러닝 실제' 부에서 고찰하기로 한다.

(4) 해결책 선정

대안들에 대한 평가가 완료되면 문제해결을 위한 최선의 해결책을 선정
하도록 한다.

3) 액션플랜

해결책이 선정되면 이 해결책을 집행하기 위한 구체적인 집행계획을 설
계해야 한다. 즉 어떻게 하면 가장 효과적이고 능률적으로 집행될 것인가
를 구상해야 한다.

추진단계, 추진일정, 추진방법, 필요한 활동, 필요한 자원획득 방법, 계획
의 영향, 집행으로 인한 기대효과, 집행과정상에 나타날 중요한 장애물과
이에 대한 대비책 등 집행에 필요한 요소들을 통합적으로 고려해야 할 것
이다. 이들을 고려하여 로드맵(road-map)을 설정하고, 액션플랜을 작성하
는 것이 바람직할 것이다.

4) 집행

집행계획의 설계가 완료되면 필요한 자원을 확보하여 이 계획을 집행에 옮겨야 한다. 액션러닝에서 이 집행은 최고의사결정권자의 결정에 따라 계획이 원안대로 집행되는 경우도 있고 그 계획이 수정되어 집행되는 경우도 있을 수 있다. 어느 형태로 집행이 이루어지든 집행과정이 계획대로 잘 집행되고 있는지가 모니터링 되어야 할 것이다.

5) 평가

집행과정에서 모니터링 한 정보와 집행결과를 평가해야 한다. 이는 최선이라고 선택한 해결책에 대한 성찰과 학습이 이루어질 뿐만 아니라 해결책을 집행하는 과정에 투입되었던 활동에 대한 성찰과 학습도 함께 이루어지는 것이 바람직하다.

6) 환류

평가된 정보를 기반으로 해결책을 수정하거나 개선 또는 발전시켜야 할 것이다. 시간의 흐름에 따라 문제가 발생했던 상황이 변화됨으로 인해서 문제의 성향도 변화되기 때문에 새로운 해결책을 필요로 할 수도 있을 것이다.

이러한 액션러닝 문제해결 프로세스는 기획(Planning), 집행(Implementing), 평가(Evaluating), 환류(Feedbacking) 절차를 거치는 것에 대응시킬 수 있다. 이를 "PIEF 모형" 이라 이름 짓고자 한다. 〈그림 2-3-5〉에서는 지금까지 설명한 액션러닝 문제해결 프로세스와 PIEF 모형을 비교하여 요약하고 있다.

액션러닝 문제해결 프로세스와 PIEF 모형

PIEF	기획 Planning			집행 Implementing	평가 Evaluating	환류 Feedbacking
단계	1. 문제탐색	2. 대안탐색	3. 액션플랜	4. 집행	5. 평가	6. 환류
요소	– 문제인지 – 실태조사 – 문제정의	– 대안개발 – 대안평가 　기준선정 – 대안평가 – 해결책 선택	– 집행계획	– 집행 – 모니터링	– 평가	– 환류

〈그림 2-3-5〉 액션러닝 문제해결 프로세스와 PIEF 모형

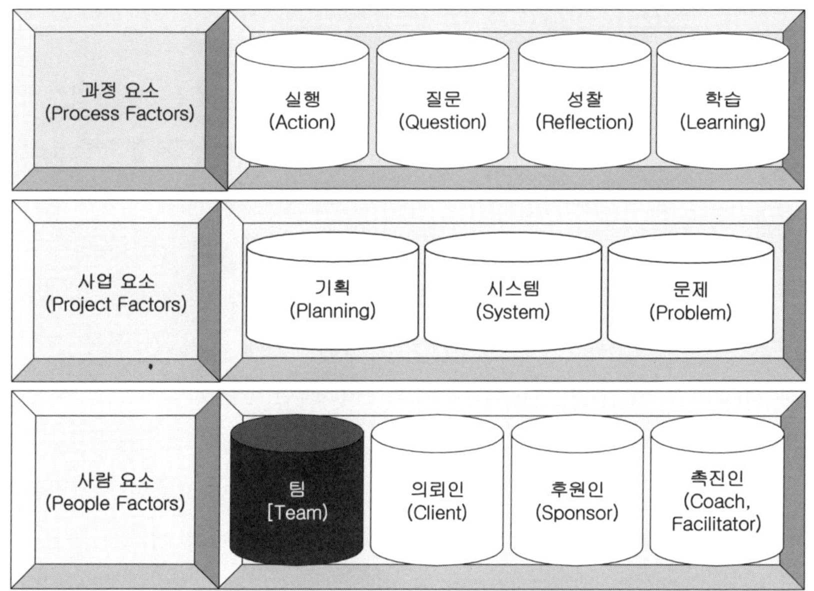

1. 팀의 의의

액션러닝은 팀(team)을 통해서 진행된다. 즉 팀을 통해서 액션(action)을 취하고 학습(learning)이 이루어진다. 그러므로 액션러닝에서 팀은 매우 중요한 역할을 수행한다. 이러한 중요한 역할을 수행하기 위해 팀은 팀원들이 그러한 액션과 학습이 이루어질 수 있도록 상황, 과정, 동기부여를 팀원

들에게 제공하도록 해야 한다.

　액션러닝에서 팀(team)이란 소수 인원으로 구성되어 실행, 성찰, 학습을 진행하는 문제해결을 위한 활동단위이다. 액션러닝은 개인 단독이나 조직 전체로 이루어지는 학습이 아니라 4~8명 정도로 구성된 학습자들로 이루어진 소그룹(a small group)을 중심으로 전개된다.[85] 팀(team)이라는 용어는 동아리(set), 그룹(group) 또는 소집단(small group) 등으로 불리기도 한다.

　액션러닝의 팀, 동아리, 그룹 또는 소집단 용어를 각각 구별하여 사용하는 학자도 있는데 그 차이는 단지 관점의 차이에 불과하다. 즉 팀의 용어를 사용하지 않고 그룹 또는 소집단의 용어를 사용하기를 좋아하는 관점은 액션러닝이 소규모의 인원으로 구성된 학습자들로 진행된다는 것을 강조하는 입장에 있다. 그리고 팀이라는 용어보다 동아리라는 용어를 강조하는 관점은 팀의 주제와 학습보다 개인별 학습을 강조하는 입장에 서 있다.

　예컨대 맥길(McGill & Beaty, 2002) 등은 액션러닝을 수행하는 주체를 동아리(set)라고 지칭하고 팀(team)과 구별하고 있다. 그 이유는 팀에서는 잘 세련된 팀의 프로젝트가 명시적으로 존재하는데 동아리에서는 그렇지 않고 개인별 프로젝트만 존재하기 때문이며, 또한 동아리에서는 개인별 프로젝트와 개인별 학습을 강조하는데 반해서 팀에서는 팀의 주제와 팀의 학습을 강조하기 때문이란다. 그러나 동아리 구성원들이 하나의 프로젝트를 모두 함께 공유하게 되면 사실상 팀으로 운영되는 것이기 때문에 동아리와 팀의 구별이 무의미해진다(McGill & Beaty, 2002).[86] 따라서 액션러닝의 활동 단위를 팀, 동아리, 그룹 또는 소집단 등의 용어로 구별하는 것은 사실상 무의미하고 결과적으로 동일한 현상을 각각 다른 관점에서 접근하는

---

85) 4~8명 또는 4~5명 또는 5~8명 등 액션러닝 팀의 팀당 가장 적합한 인원수는 연구관점에 따라서 달라지며 또한 참가자 총 인원수에 따라 달라질 것이다. 예컨대 총 24명이 참석했다면 팀당 인원수를 8명으로 하여 3개 팀을 만들면 바람직할 것이며, 총 21명이 참석했다면 7명으로 하여 3개 팀을 만들면 바람직할 것이다.

86) McGill, I., and Beaty, L. (2002). *Action Learning: A Guide for Professional, Management & Educational Development*. London: Kogan Page Limited.

것뿐이기 때문에 구별의 실익이 없으므로 여기서는 팀(team)이라는 용어로 통일하여 사용고자 한다.

액션러닝은 팀을 중심으로 구성원간의 협동적인 노력으로 문제를 해결하고 학습하게 된다. 일반적인 팀의 활동과는 달리 팀 자체의 역량증진을 강조하기 보다는 구성원 각 개인의 개발을 중요시 한다. 따라서 모든 팀원은 액션러닝의 모든 활동에 적극적으로 참여하고 자신을 개발해야 한다.

액션러닝은 팀원들이 서로의 다양성을 인정하고 상호작용하며 질의와 성찰의 과정을 거치면서 진행된다. 다양한 시각에서 문제해결에 접근하는 분위기가 형성되어야 한다. 액션러닝은 구성원들 상호간의 커뮤니케이션을 통해서 문제해결 역량은 물론이고 학습능력 증진도 동시에 추구한다.

2. 팀의 구성

액션러닝 팀은 조직의 필요에 의해서 공식적으로 구성되는 경우도 있을 수 있고 공식적 조직 계층과는 별도로 독립적으로 구성되는 경우도 있을 수 있다. 공식적으로 조직되는 팀은 조직의 문제해결이나 관리자개발이라는 목적을 달성하기 위해서 구성된다. 따라서 팀이 수행해야 할 프로젝트 과제는 공식적 조직으로부터 부여된다. 독립적으로 구성되는 팀은 참여자들의 자신들의 문제해결능력이나 관리능력을 향상하기 위해서 자발적으로 조직되는 독립 팀이다. 따라서 독립 팀은 조직의 특정 부처 내에서 구성될 수도 있고, 여러 부처들을 가로 질러서 구성될 수도 있고, 또한 조직과는 별도로 자유롭게 구성될 수도 있다(McGill & Beaty, 2002).[87]

액션러닝 팀은 해결하고자 하는 문제에 관한 전문가들로 구성될 수도 있고 비전문가들로 구성될 수도 있다. 전문가들로만 구성되는 것은 참신한

---

87) McGill, I., and Beaty, L. (2002). *Action Learning: A Guide for Professional, Management & Educational Development*. London: Kogan Page Limited.

질문이나 아이디어 창조에 바람직하지 않다. 예컨대 수행하고자 하는 과제를 평상시에 접하지 않은 각 부처에서 온 사람들로 구성할 수 있고 이미 그 과제나 그 과제와 유사한 과제에 접한 적이 있는 해당 과제에 친숙한 사람들로 구성할 수 있다.

그러나 필자의 경험에 비추어 볼 때 팀 구성원들은 문제 상황과 내용 전개에 도움이 되도록 1명 이상은 해당 문제의 전문가로 구성하는 것이 바람직할 것이다. 예컨대 특정 농업문제와 관련된 과제를 수행할 때는 해당 농업문제를 담당하는 전문 부처 또는 부서의 사람을 팀원으로 참석시키는 것이 과제수행상의 시간과 노력의 시행착오를 최소화할 수 있을 것이다.

그러나 팀의 구성은 액션러닝활동의 성격이나 과제의 특성에 따라 달라질 수 있다. 예컨대 이질적인 성분의 팀원들로 팀을 구성하고 과제도 해당 팀원들의 부처 업무와는 관련이 없는 타 부처의 문제를 과제로 선정하여 진행할 수 있다.

'제2부 액션러닝 구성요소와 스킬'의 '제3장 문제'에 제시된 'Revans의 교환선택모형'을 참고하여 팀을 구성하는 것도 도움이 될 것이다.

팀 구성을 어떻게 할 것인가는 팀 구성에 필요한 원칙은 액션러닝을 시작하기 전에 행정적 차원에서 액션러닝 추진기관에서 액션러닝이 시작되기 이전에 미리 설정해 놓고, 이 설정된 기준에 따라서 팀을 구성하도록 한다.

3. 팀원의 역할배분

팀 구성원 또는 팀원은 각 자가 맡아서 수행할 역할을 분담하여 받도록 한다. 팀이 수행하고자 하는 프로젝트 과제와 팀의 활동 목적에 따라서 팀 구성원의 역할이 결정될 수 있을 것이다.

〈표 2-4-1〉 팀 구성원의 역할 분담 (예시)

역할	역할 내용
팀장	팀의 프로젝트 과제의 수행 활동을 총체적으로 이끌어 가며 팀의 토론이나 회의 가 있을 시 이 내용을 구성원들에게 사전 알림과 토론 및 회의 때 사회자의 역할을 맡음
서기	각종 회의 자료나 팀 활동의 내용을 기록, 정리, 보관하고 필요한 보고서를 작성하는 역할 맡음
자원관리자	팀의 학습 자료를 관리하는 역할을 맡음. 온라인상에 자료를 올리고 내리고 하는 역할을 맡음
시간 관리자	팀 활동들이 차질 없이 진행되도록 활동 시간의 양과 그 세부 순서를 계획하고 관리하는 역할 맡음
섭외 담당자	대외섭외를 담당하며, 해당 프로젝트 과제의 전문가들이나 현지 이해관계자들을 만날 때 사전에 이들과 만날 시간, 인터뷰 소요시간 등을 조율하는 역할 맡음
대변인	팀의 활동상황을 대외적으로 발표하는 역할을 맡음
촉진인	촉진인(coach, facilitator)은 팀원들의 활동을 촉진하고 지원하는 역할을 맡음

* 자료: 중앙공무원교육원 액션러닝 자료(2006)

예컨대 〈표 2-4-1〉의 내용처럼 팀의 구성원의 역할을 팀장, 서기, 자원관리자, 시간 관리자, 대변인, 섭외담당자 등으로 분담하여 맡을 수 있다. 팀장은 팀의 프로젝트 과제가 원만히 추진되도록 총괄적인 책임을 지는 역할을 맡으며, 각종 토론이나 회의에서 사회자 역할을 맡는다. 서기는 팀의 활동 내용을 기록, 정리, 보관하는 역할과 필요한 보고서를 작성하는 역할을 맡는다. 자원관리자는 팀의 액션러닝활동에 필요한 자료를 관리하는 역할과 온라인상에 자료를 올리고 내리고 하는 역할을 맡는다. 시간 관리자는 팀의 프로젝트 과제가 원만히 수행될 수 있도록 팀 활동의 시간계획을 수립하고 관리하는 역할을 맡는다. 대변인은 팀의 활동을 대외적으로 발표하는 역할을 맡는다. 섭외담당자는 팀의 프로젝트 과제 수행 때 인터뷰 등을 진행해야 하는 해당 프로젝트 과제 내용의 전문가들이나 이해관계자들을 섭외하여 만날 날짜와 인터뷰에 소요되는 시간 등을 사전에 협의하여 결정하는 역할을 맡는다.

주의할 것은 팀 구성원은 모두 동일한 자격으로 활동하게 된다는 것이다. 따라서 리더 또는 팀장의 역할을 맡았다고 하여 지시적, 명령적, 독단적으로 행동해서는 안 된다. 모든 의사결정은 팀 구성원들의 동의 또는 협의에 의해서 이루어져야 하며, 모든 팀 구성원들이 리더십 역할을 공유해야 한다.

만약 액션러닝 팀에 촉진인 참여를 별도로 두지 않는 경우 팀 구성원 스스로 촉진인의 역할을 수행해야 한다. 즉 액션러닝 팀 구성원들은 자율적으로 실행하고 성찰하며 학습하는 과정을 지속해야 할 것이다. 이러한 액션러닝 팀을 자율적으로 촉진되는(self-facilitated) 액션러닝 팀이라고 할 수 있을 것이다(McGill & Beaty, 2002).[88]

자율적으로 촉진되는 액션러닝 팀은 헤론(Heron, 1999)이 주장하는 계층적 촉진, 협동적 촉진, 자율적 촉진에 의해서 활동하는 팀 가운데서 자율적 촉진에 의해서 활동하는 팀에 해당될 것이다.[89] 공식적 조직으로부터 자유롭게 활동할 수 있으며 팀의 구성도 유연하게 조직될 수 있다는 이점이 있다. 또한 팀 구성원들의 팀에 대한 목적 달성을 위한 공동 책임을 스스로 지게 하는 자발적인 헌신을 촉진할 수도 있을 것이다(McGill & Beaty, 2002).[90] 다만 이러한 팀은 팀 구성원들의 자발적인 헌신을 팀 구성원들이 스스로 담보하지 않으면 자유방임으로 흘러서 목적을 달성하기 어려울 수 있다. 따라서 자율적으로 촉진되는 액션러닝 팀이 성공하기 위해서는 구성원들이 자발적으로 참여하여 팀을 이루도록 하고 책임감과 헌신적 노력을 스스로 책임질 수 있는 사람들로 팀이 구성되어야 할 것이다.

---

88) McGill, I., and Beaty, L. (2002). *Action Learning: A Guide for Professional, Management & Educational Development*. London: Kogan Page Limited.

89) Heron, J. (1999). *The Complete Facilitator's Handbook*. Kogan Page, London, UK.

90) McGill, I., and Beaty, L. (2002). *Action Learning: A Guide for Professional, Management & Educational Development*. London: Kogan Page Limited.

   자율적으로 촉진되는 액션러닝 팀에서도 처음 만남 회의에서는 액션러 닝 수행 절차와 기본규칙을 구성원들이 합의하여 설정하도록 한다. 액션러 닝 절차와 기본규칙 논의에 포함되어야 할 사항에는 팀의 활동 기간, 회의 빈도와 회당 소요되는 시간, 팀의 구성원의 수, 발언 기회와 발언 허용 시 간, 시간관리, 평가와 성찰방식 등이 될 것이며 과제수행의 목적과 과제의 성격에 따라서 포함될 사항이 달라질 수 있다(McGill & Beaty, 2002).[91]

4. 팀의 활동

   액션러닝 팀은 주어진 기간 범위 내에 모든 활동을 완료해야 한다. 각 교육기간의 액션러닝 목적에 따라 액션러닝 팀의 활동기간이 결정된다. 짧 게는 1주일, 길게는 1년의 기간이 액션러닝 팀에게 주어질 수 있다. 일반적 으로 타 교육과 함께 온-오프라인 교육을 병행하여 이루어지는 혼합학습 (blended learning)의 경우에는 3~6개월의 기간이 주어질 수 있다. 주어진 기간 내에 각 팀은 자신의 과제를 성공적으로 수행해야 한다.

   좁은 의미에서의 팀의 활동은 팀과 팀원들의 활동의 집합이지만, 넓은 의미에서의 팀의 활동은 팀과 팀원들의 시간, 활동, 열정, 과제 등의 요소 들이 모인 집합이다. 따라서 이 요소들을 효율적으로 활용하기 위해서 팀 활동계획을 신중하게 수립하고 이에 따라 팀의 액션러닝 활동을 전개해야 한다.

   액션러닝 팀의 활동은 액션러닝 기간 동안 이루어질 전체적인 실천 기 획, 분기별 또는 월별 실천 계획, 팀 회합별 시간계획 등의 기획과 계획에 의해서 이루어지도록 한다. 〈그림 2-4-1〉에서는 팀 활동의 기간 단계별 계획도를 예시적으로 보여주고 있다.

---

91) McGill, I., and Beaty, L. (2002). *Action Learning: A Guide for Professional, Management & Educational Development*. London: Kogan Page Limited.

액션러닝 과제를 수행하기 위한 팀의 활동을 성공적으로 수행하기 위해서는 팀 활동계획을 수립하고 이 계획에 따라서 활동하게 된다. 이 활동계획은 액션러닝 주관기관의 목적에 따라 다양한 방식으로 수립될 수 있다.

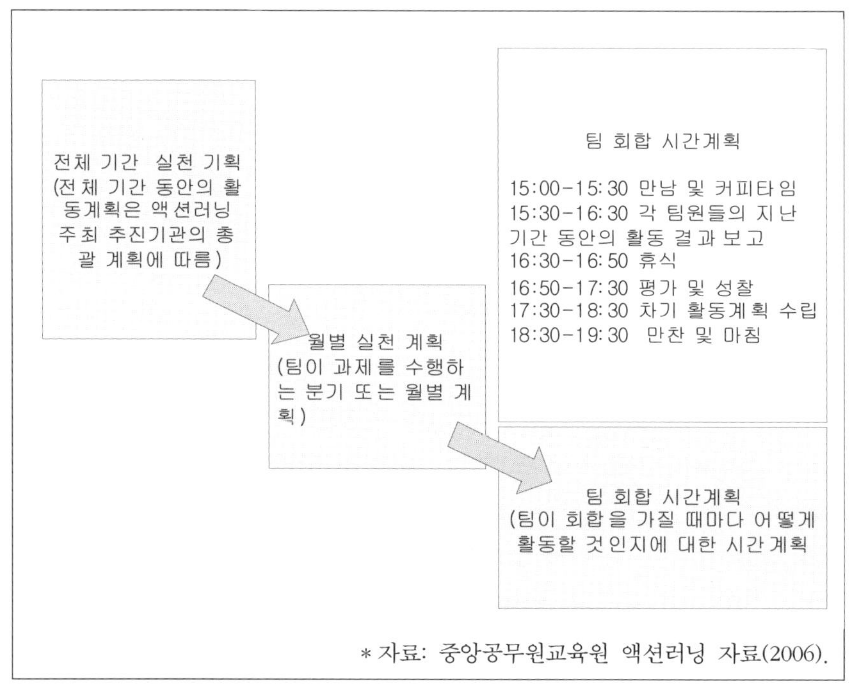

* 자료: 중앙공무원교육원 액션러닝 자료(2006).

〈그림 2-4-1〉 팀 활동의 기획 (예시)

액션러닝 활동에서는 팀원 간의 합의를 거치는 것이 필요하다. 즉 다수결의 방식으로 문제를 해결하기 보다는 팀원들이 서로 허심탄회하게 합의의 과정을 거치는 대화를 통해서 의사결정이 이루어지도록 하는 것이 바람직하다. 이는 팀원 간의 소속감을 고취시키는 일이기도 하다.

일반적으로 팀이 과제를 수행하기 위해서 허용되는 전체 시간은 조직에서 부여하게 된다. 예컨대 액션러닝의 목적이나 과제의 특성에 따라서 CEO 또는 기관장이 1개월, 4개월, 또는 6개월 등과 같이 과제수행 기간과 기한을 설정하게 된다. 긴박한 문제를 신속하게 해결할 필요성이 있는 경

우엔 그 기간이 짧게 될 것이고, 신상품 판로에 대한 해외 시장조사와 같은 장기간을 요하는 프로젝트의 경우에는 6개월 이상의 기간이 필요할 수도 있을 것이다.

팀 구성원들은 팀의 활동을 위해서, 팀 활동을 성찰하고 앞으로의 계획을 구상하는 활동 등을 위해서 팀원들이 모두 모이는 회합(meeting)을 갖도록 한다.

각 팀 구성원들은 적극적으로 전체 팀 활동에 참여해야 하며 팀 회합에서 적극적으로 준비하고 발표하며 타인의 발표를 경청하여야 한다. 이때 주의할 것은 한 사람이 너무 많은 시간을 소비하지 않도록 해야 한다.

팀 미팅을 진행할 때 가끔 한 두 사람이 팀 미팅 전 시간을 주도하려는 경향이 나타난다. 그 결과 그 한 두 사람이 팀 미팅의 전 시간을 거의 다 사용하는 결과가 발생하게 된다. 이는 다른 팀원들의 발표기회를 빼앗아가는 결과를 초래하게 된다. 이를 방지하기 위해서 팀 시작 이전에 팀 회합기본규칙(ground rules)을 설정하여 개인 당 발표할 시간을 사전에 합의하여 할당함으로써 한 두 사람이 발표시간을 독점하지 않도록 해야 한다.

팀 회합의 시간은 정해져 있는데 한 사람이 너무 많은 시간을 자신의 발표를 위해서 사용해 버리면 나머지 팀원들의 발표 시간이 상대적으로 줄어들게 되기 마련이므로 사회자(팀장)는 적절한 시간배분을 팀원 간에 협의하여 발표시간을 합리적으로 배정하도록 하는 것이 바람직하다.

팀은 첫 모임에서 앞으로 팀원들이 과제수행과정에서 서로가 지켜야할 기본 규칙을 제정하도록 한다. 팀 기본규칙은 팀원들의 자율적인 제안에 의해서 자율적으로 제정되도록 한다. 이때 팀원들은 브레인스토밍(brainstorming)을 통해서 기본규칙에 포함될 규칙을 제안할 수 있다. 팀장의 사회에 의해서 진행되도록 하고, 총무 또는 서기가 그 내용을 기록하도록 한다. 제정된 기본규칙은 모든 팀원들이 숙지하고 지켜지도록 한다. 팀의 기본규칙은 팀이 존속하는 동안 지속된다.

예컨대 팀의 기본규칙을 〈표 2-4-2〉의 내용처럼 팀의 구성원들의 합의에 의해서 정할 수 있으며 일단 합의된 사항은 팀원들이 지켜 나가야 할 것이다.

〈표 2-4-2〉 기본규칙 (예시)

기본규칙(Ground Rules)

백두대간팀

○ 만남이 있을 때 회의 시작 10분전에 만남장소에 도착하여 티타임을 가진다.
○ 당일 회의 안건을 토론하기 전에 과거활동에 대한 성찰하는 시간을 가진다.
○ 발언은 한 번에 한 사람씩 하되 3분을 넘기지 않는다.
○ 타인이 발언할 때 끼어들거나 비판하지 않는다.
○ 모든 회의 내용은 비밀로 한다.
○ 회의 때 적극 참여하며 휴대전화는 진동방식으로 해 놓거나 꺼 놓는다.
○ 평상시에는 홈페이지 모임방이나 휴대폰을 이용하여 팀 구성원간의 연락을 취한다.

* 자료: 중앙공무원교육원 액션러닝 자료(2006)

팀 회합(team meeting) 장소는 팀이 자율적으로 구성원들의 의견을 모아서 결정하도록 한다. 예컨대 과제수행을 위한 현장조사나 전문가와 의견을 교환하기 위해서 적절한 장소에서 팀 회합을 가질 수 있다.

또한 액션러닝 운영 주체기관(예컨대 해당 교육훈련기관)에서 주기적으로 일정한 장소(예컨대 분임실)를 액션러닝 팀들이 회합을 할 수 있는 장소로 이용할 수 있게끔 공식적으로 제공할 수 있을 것이다.

각 팀 회합에서는 팀 활동에 대한 성찰이 이루어지도록 한다. 팀원 개인별 성찰은 물론이고 팀 전체 차원에서 성찰이 이루어지도록 한다. 성찰된 내용을 기록으로 남기도록 하는 것이 다음 회합이나 활동을 위해서 바람직할 것이다. 지금까지 무엇을 했고, 현재 무엇을 하고 있고, 문제는 무엇이고, 개선점은 무엇이고, 앞으로 어떻게 할 것인가 등에 관해서 성찰하고 기록으로 남기도록 한다.

팀별로 성찰된 내용은 온라인 액션러닝 시스템상의 '팀 CoP' (Community of Practice)에 올리도록 하는 것이 팀 구성원 간에 정보를 공유할 수 있어서 성찰과 학습에 도움이 될 것이다. 또한 필요하다면 비밀로 유지되어야 할 사항이 아닌 것으로 공개가 가능한 것이라면 다른 팀들과의 정보 공유

도 가능하도록 개방해도 무방할 것이다.

　개인별 성찰 내용은 개인의 프라이버시 문제도 있으므로 온라인 CoP 상에 올릴 것인가 올리지 아니할 것인가와 관련된 문제는 사전에 협의(예컨대 액션러닝 행정부서와 교육생간)해서 결정하도록 한다. 팀 성찰이 진행되는 회합에서는 촉진인도 함께 참여하여 팀과 팀 구성원들의 성찰을 촉진하도록 하는 것이 바람직할 것이다.

의뢰인

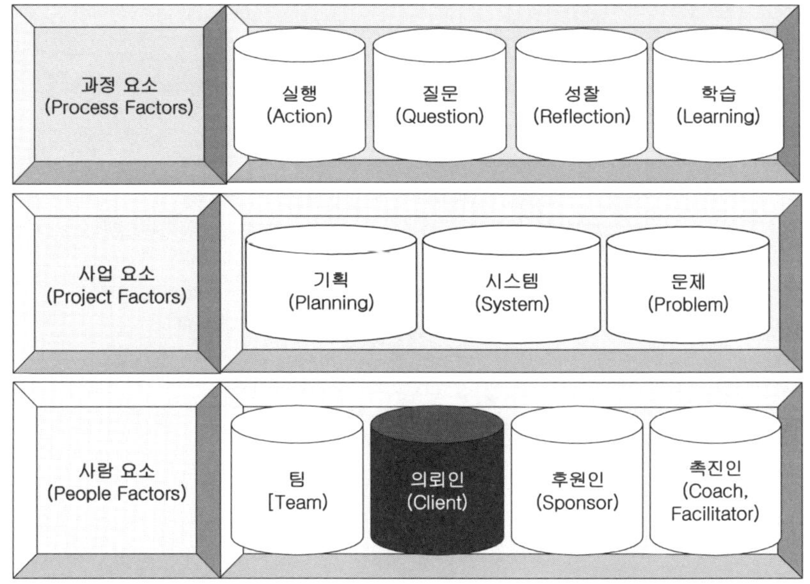

1. 의뢰인의 의의

액션러닝에서 의뢰인(client)은 문제(또는 과제)의 소유자로서 액션러닝 팀에게 문제의 해결을 의뢰하는 자이다. 즉 액션러닝에서 의뢰인은 액션러닝 팀이 수행하고자 하는 문제의 소유자이자 그 문제의 해결에 대한 궁극적 책임자이다(Spence, 1998; Lahm, 2006).[92]

　　문제를 궁극적으로 소유하고 책임지고 있다는 것은 문제를 의뢰하고 문제의 해결책과 그 집행에 대해서 궁극적으로 책임을 가지고 있는 것을 의미한다. 이를 위해 의뢰인은 액션러닝 과제 수행활동이 원활이 진행되도록 그 활동을 지원하고 후원하게 된다. 이러한 요인 때문에 의뢰인 자신이 후원인(sponsor)이 되어 액션러닝 활동을 후원하게 되는 경우가 많다. 이러한 경우엔 의뢰인이 후원인의 역할을 수행하게 되는 경우이며, 의뢰인과 후원인은 동일 사람 또는 기관이 된다.

　　그러나 의뢰인과 후원인은 반드시 동일한 사람 또는 기관일 필요는 없다. 왜냐하면 후원인은 그 과제수행을 위한 프로그램을 후원하는 사람이고 의뢰인은 과제해결을 의뢰하는 사람이기 때문이다. 예컨대 국무총리가 정부차원에서 해결해야 할 특정 과제를 국장급으로 구성된 액션러닝 팀에게 그 해결을 의뢰한다고 하자. 그런데 그 과제가 정부의 여러 부처에 관련된 성질의 문제이기 때문에 그 과제의 원활한 수행을 위해선 3개 부처의 장관들의 후원을 받아야만 가능하다고 한다면 그 팀은 해당 3개 부처의 장관들 또는 차관들로 후원인 역할을 맡도록 요청할 수 있다. 이때 의뢰인은 국무총리이지만 해당 과제의 후원인은 해당 과제 관련 부처의 장관들 또는 차관들이 된다.

　　그런데 만약 앞의 사례에서 국무총리가 해당 액션러닝 프로그램을 후원까지도 하고 있다면 국무총리가 과제의 의뢰인(client for the project)이자 액션러닝 프로그램 후원인(sponsor for the program)이 되며, 해당 장관 및 차관은 해당 과제의 후원인(sponsor for the project)이 된다. 따라서 의뢰인과 후원인의 역할은 현실에서 융합되어 발생할 수 있다.[93]

---

92) ① Spence, J. (1998). Action learning for individual and organizational development. *Practice Application Brief.* Clearinghouse on Adult, Career, and Vocational Education.

　　② Lahan action learning case within the telecommunications industry. *Proceedings of the Academy of Organizational Culture, Communications and Conflict*, 11(20, pp. 23-28.

93) 여기서 과제의 의뢰인(a client for the project)이란 과제 즉 문제를 해결하고자

의뢰인은 액션러닝 팀이 수행해야할 과제 즉 문제의 해결을 위해 이를 그 팀에게 의뢰하는 자이다. 의뢰인은 액션러닝 팀이 문제에 대한 해결책을 제시할 경우 이에 대한 궁극적인 책임을 가지게 될 것이며 그 해결책 또는 대안을 수용할 것인가, 거부할 것인가, 수정하여 수용할 것인가 등을 결정하게 된다.

또한 결정된 것을 집행할 경우에 의뢰인이 직접 집행할 것인가, 집행에 그 팀을 함께 참여시킬 것인가, 아니면 그 액션러닝 팀에게 전적으로 집행까지도 위임할 것인가, 아니면 다른 팀 또는 사람에게 위임할 것인가 등을 결정하게 된다.

의뢰인은 개인일수도 있고, 조직일수도 있고, 회사나 공공기관일수도 있고, 협회일 수도 있다. 즉, 액션러닝 프로그램을 운영하는 기관에 액션러닝을 통해서 문제를 해결해 주기를 의뢰하는 회사, 공공기관, 협회 등이 문제를 의뢰하는 경우엔 이 회사, 공공기관, 협회가 의뢰인이 된다.

예컨대 공공기관 또는 기업 자체의 교육기관에서 CEO 또는 부처장이 문제를 가지고와서 그 해결을 의뢰하는 경우엔 그 CEO가 의뢰인이 된다. 액션러닝 프로그램을 운영하는 컨설팅회사에 어떤 기업이 문제를 가지고 와서 그 해결을 의뢰하는 경우엔 그 기업이 의뢰인이 된다. 또한 개인들이 자신의 경력개발을 위해서 액션러닝 컨설팅 회사에 문제해결을 의뢰하는 경우엔 그 개인들이 의뢰인이 된다.

일반적으로 의뢰인은 문제해결에 대한 책임을 액션러닝 팀 또는 팀원에게 위임하게 된다. 예컨대 부처의 장이 의뢰인이 되는 경우 그 문제해결 활동에 대한 책임과 권한을 그 문제를 의뢰받은 액션러닝 팀 또는 팀원에게 위임하게 된다.

문제를 의뢰하는 사람, 조직 또는 기관이다. **프로그램 후원인**(a sponsor for the program)은 해당 액션러닝 팀이 활동하는 해당 액션러닝 프로그램(the action learning program)이 원만하게 잘 운영되도록 책임지고 후원하는 사람, 조직 또는 기관이다. **과제의 후원인**(a sponsor for the project)은 과제수행활동이 원만하게 진행되도록 책임지고 후원하는 사람, 조직 또는 기관이다.

일반적으로 조직 전체의 이슈를 해결하기 위한 단일문제일 경우엔 CEO 등이 의뢰인이 된다. 각 구성원이 제시하는 문제들로 이루어진 복수문제인 경우엔 팀의 각 개별 구성원이 의뢰인이 되기도 하고 그 개인의 후원인 역할을 맡은 사람이 의뢰인이 되기도 한다. 따라서 후원인 역할을 맡은 사람이 의뢰인이 될 수 있고 각 팀원이 의뢰인이 될 수도 있다.

2. 의뢰인과 액션러닝 팀과의 관계

의뢰인이 문제의 궁극적 소유자라면 액션러닝 팀은 그 문제의 실질적인 소유자라고 해도 지나친 말은 아닐 것이다. 왜냐하면 의뢰인이 해결하고자 하는 그 문제를 액션러닝 팀에게 의뢰하게 되면 그 팀의 구성원들은 진정으로 그 문제를 자신들의 것과 같이 헌신하여 해결책을 찾아 나가야 하기 때문이다(Lahm, 2006).[94]

따라서 의뢰인과 액션러닝 팀은 과제수행과정에서 커뮤니케이션이 원활히 이루어지도록 긴밀한 관계를 유지해야 할 것이다. 의뢰인은 문제의 소유자이며 그 문제 해결책에 대한 궁극적인 책임자이기 때문에 그 문제의 해결책을 제시하는 액션러닝 팀과는 떨어질 수 없는 관계이며 의뢰인과 액션러닝 팀과의 사이에 커뮤니케이션 채널이 항상 가동되어 있어야 할 것이다.

그러나 긴밀한 관계를 유지한다고 해서 의뢰인이 액션러닝 팀의 활동에 사사건건 개입하거나 강제하거나 명령해서는 안 될 것이다. 단지 액션러닝 팀의 요구에 필요한 정보를 제공하는 수준에서 그쳐야 할 것이다. 즉 액션러닝 팀이 과제를 수행하는 과정에 '그 전문가는 안 됩니다. 그것은 안 됩니다. 이렇게 하십시오. 그 사람들은 참여시키지 마십시오.' 등과 같이 의

---

94) Lahm, R. J. (2006). The problem with problem ownership : Insights from an action learning case within the telecommunications industry. *Proceedings of the Academy of Organizational Culture, Communications and Conflict*, 11(20, pp. 23-28.

뢰인이 팀에게 명령하거나 강제해서는 안 될 것이다. 팀에게 강제하거나 명령을 하게 되면 팀의 자율성을 해치게 될 것이며 이는 액션러닝의 취지에 벗어나는 것이 된다. 따라서 의뢰인은 액션러닝 팀의 과제수행과정에서 팀이 어떤 정보를 요청할 경우 이에 대한 필요한 정보를 제공하는 수준에서 그쳐야지 팀의 과제수행 활동에 간섭하거나 강제하거나 명령하는 일이 일어나서는 안 될 것이다.

한편, 액션러닝 팀은 의뢰인과의 관계에서 단순한 이해득실의 거래관계가 아니라 진정한 깊은 협력관계의 파트너십(partnership)을 형성해야 할 것이다. 의뢰인이 의뢰한 문제에 대해서 열과 성을 가지고 접근해서 바람직한 문제해결책들을 찾도록 노력해야 할 것이다.

3. 의뢰인의 역할과 자세

의뢰인은 자신이 의뢰한 과제를 수행하는 액션러닝 팀에 대해서 신뢰를 가지고 있어야 한다. 의뢰인이 자신의 마음에 액션러닝 팀에 대한 부정적인 생각을 가지고 있으면 액션러닝 팀의 활동을 부정적으로 보게 되고 팀의 협조 요청 사항에 대해서 형식적으로 응답하게 되며, 팀의 활동에 사사건건 간섭하게 되는 경향이 강하다. 팀이 제시하는 해결책에 대해서도 부정적인 해석을 하게 되는 경향이 강하게 된다.

반면에 액션러닝 팀에 대해 긍정적인 생각을 가지고 있으면 팀의 활동을 긍정적으로 보게 되고 팀의 협조 요청 사항에 대해서 적극적으로 정보를 제공하게 되고, 팀의 활동에 방해하지 않으며 팀이 제시하는 해결책에 대해서도 긍정적인 관점에서 접근하게 된다.

그러므로 의뢰인은 자신의 과제를 수행할 액션러닝 팀의 선정을 신중히 하고, 일단 선정한 팀에 대해서는 긍정적인 생각과 열린 마음으로 협조하고 과제를 맡기는 것이 바람직하다. 과제수행과정에서 액션러닝 팀이 필요로 하고 요청하는 정보를 성실히 제공해야 할 것이다. 그리고 과제수행이

완료되고 액션러닝 팀이 산출한 결과물에 대해서 겸허하게 받아들이고, 건의된 해결책들을 유익하게 피드백하고 집행하는 열린 자세를 견지하고 있어야 한다.

일반적으로 의뢰인들은 자신들이 생각한 것과 반대되는 결과물 즉 자신의 조직에 불리하다고 판단되는 정보가 액션러닝 팀으로부터 산출되면 이에 대해서 그 결과물이나 건의 사항들에 대해서 거부 반응을 가지고 반박하게 되는 상황이 종종 발생하게 되는데, 이런 상황이 발생하면 조직은 발전할 수 없게 된다. 열린 마음과 긍정적이고 겸허한 자세를 가지고 있어야만 조직이 변화를 수용하게 되고 발전할 수 있게 될 것이다.

제6장 후원인

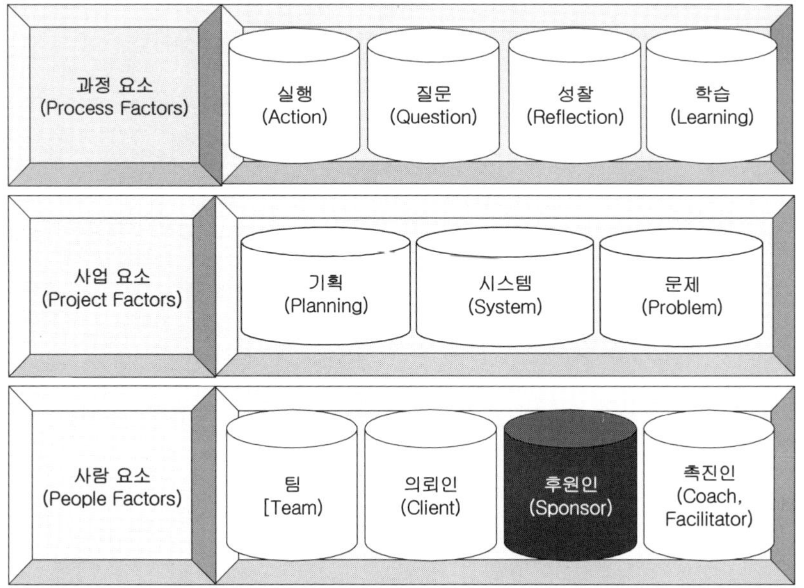

1. 후원인의 의의

일반적으로 액션러닝에서 후원인(sponsor)이란 액션러닝 프로그램을 책임지고 후원하는 자이다. 그러나 엄밀하게 말하면 후원인은 서로 다른 성향을 가질 수 있다. 즉, 액션러닝 팀이 수행하는 과제(project)를 책임지고 후원하는 과제 후원인 역할이 있고, 액션러닝 프로그램(program) 전 과정

을 책임지고 후원하는 프로그램 후원인 역할이 있다. 과제를 후원하는 사람을 과제 후원인(project sponsor)이고 액션러닝 프로그램 전 과정을 후원하는 사람을 프로그램 후원인(program sponsor)이라고 할 수 있다.[95]

예컨대 어떤 기업의 CEO가 기업 전체의 문제와 관련된 문제를 해결하기 위해서 임원진들로 구성된 액션러닝 팀을 구성하여 해결할 것을 그 기업 소속의 교육훈련기관에 위임을 하고 그 교육훈련기관은 이를 위한 액션러닝 프로그램을 설계하여 운영하게 될 때, CEO가 그 액션러닝 프로그램의 전 과정을 책임지고 후원하는 것이 바람직하다. 이때 CEO는 문제의 의뢰인이자 해당 액션러닝 프로그램 후원인 역할을 책임지게 되는 것이다.

한편, 정부부처의 과장들로 구성된 액션러닝 팀의 각 과장의 과제수행을 책임지고 후원하는 사람을 자신의 부처의 상급자인 국장으로 하고, 해당 액션러닝 프로그램 운영을 관련 업무부처의 차관으로 하여금 후원하게 한다면 해당 국장은 과제 후원인 역할을 맡게 되고 차관은 프로그램 후원인 역할을 맡게 된다. 과제 후원인은 과제 수행이 원활이 진행될 수 있도록 책임지고 후원해야 하며, 프로그램 후원인은 해당 액션러닝프로그램이 성공적으로 진행될 수 있도록 책임지고 후원해야 한다.

조직의 과제를 수행할 경우 문제해결을 의뢰한 의뢰인이 후원인 역할을 맡는 경우가 많다. 예컨대 문제 해결을 의뢰한 해당 조직의 CEO 또는 부처장이 후원인 역할의 책임을 지게 되는 경우가 많다. 후원인은 개인이 될 수도 있고 집단이 될 수 있다. 즉 CEO나 부처장 또는 상사가 후원인일 경우도 있고, 이사회 또는 위원회가 후원인 역할을 맡게 될 수도 있다. 일반적으로 액션러닝의 원활한 운영을 위해서 해당 액션러닝 프로그램 과제수

---

95) 여기서 과제 후원인(a project sponsor)은 과제를 위한 후원인(a sponsor for the project)이라는 의미이며, 액션러닝 팀이 해결하려고 하는 과제(project) 즉 문제(problem)를 해결하는 것을 책임지고 후원하는 사람, 조직, 또는 기관 등을 말한다. 프로그램 후원인(a program sponsor)은 프로그램을 위한 후원인(a sponsor for the program)이라는 의미이며, 액션러닝 프로그램 전 과정을 책임지고 후원하는 사람, 조직, 또는 기관 등을 말한다.

행을 끝까지 책임지고 후원하며, 제시된 해결책의 집행까지도 책임을 질 부처장, 기관장, 또는 CEO 등이 후원인의 역할을 맡게 되는 것이 바람직하다. 왜냐하면 부처장이나 기관장 또는 CEO가 해당 액션러닝 과제 수행활동과 그 해결책의 집행까지도 관심을 가지고 후원해주어야만 액션러닝은 성공할 수 있기 때문이다.

2. 후원인의 역할과 자세

후원인(sponsor)은 어떤 형태이던 간에 액션러닝 팀이 과제를 원활하게 진행될 수 있도록 액션러닝 오리엔테이션이나 컨퍼런스 등에 참여하는 등 액션러닝 팀과 팀 구성원들의 과제 수행 활동에 관심을 가져야 한다.

일반적으로 액션러닝 프로그램의 전 과정을 책임지고 후원할 후원인은 최종의사결정권자인 CEO 등과 같이 조직의 상층부에 존재하는 인물들이 되는데 이들의 적극적인 참여와 관심이 액션러닝 성공의 중요한 요인이 된다. 특히 CEO가 문제의 의뢰인이자 후원인일 경우, CEO는 액션러닝 프로그램의 전 과정을 책임을 가지고 지원하고 산출된 해결책들을 직접 집행하거나 그 집행을 위임하는 후원인의 역할을 다하여야 한다. 액션러닝 시작 오리엔테이션 및 최종 컨퍼런스에 참여하여 자신의 관심과 결과물에 대한 의사결정을 확실하게 해 주는 것이 바람직하다.

이론적으로, 후원인 자격으로서 CEO 또는 기관장은 액션러닝 팀의 과제 수행의 모든 과정에 참여하는 것이 바람직하다. 그러나 현실적으로, CEO가 그렇게 하는 것은 물리적 시간상으로 어려울 수 있다. 결국, CEO는 후원인 자격으로서의 활동을 조직의 상층부에 있는 고위 임원들에게 위임할 수밖에 없게 된다.

따라서 후원인 역할을 위임 받은 조직의 상층부에 있는 고위 임원들 또는 집행부원들은 CEO가 후원인 역할을 맡게 되어 있던 액션러닝 팀의 과제 수행을 CEO 대신 후원인 역할을 맡아서 해당 팀의 과제 수행 과정에

관심을 가지고 참여해야 할 것이다. 그러므로 조직의 상층부에 있는 고위 임원들 또는 집행부원들은 해당 액션러닝 팀의 과제 수행 활동을 이해하고 책임을 지고 적극적으로 관심을 가져야 할 것이다.

그럼에도 불구하고, CEO는 액션러닝 팀의 과제수행 활동에 적극적으로 관심을 가져야 한다. 즉 액션러닝 팀이 과제를 수행하는데 필요한 인적, 물적, 정보적 자원을 조직 내부 및 외부에서 조달이 가능하도록 지원해 주어야 한다. 또한 CEO는 시작 오리엔테이션과 최종 컨퍼런스에는 직접 참석하여 필요한 의사결정을 내려야 할 것이다.

즉, 후원인 자격으로서 CEO는 시작 오리엔테이션 때에 참석하여 해당 액션러닝 프로그램의 목적이나 조직의 주요 쟁점, 과제 등에 관해서 설명해 주는 것이 바람직하다. 또한 최종 컨퍼런스 때에 참석하여 팀이 제시한 해결책들에 대한 자신의 의견을 제시해 주는 것이 바람직하다. 즉 액션러닝 팀이 제시한 문제해결대안들에 대해서 활용방법이나 집행 여부에 대한 의사결정을 그 자리에서 내리는 것이 바람직하다. 이를 위해 CEO는 액션러닝 팀이 결과물을 발표할 때 중요한 내용을 요약 기록하여야 하다. 그리고 그 해결책들이 조직의 당면 목표를 달성하는데 어떻게 활용될 것인지를 고려해야 할 것이다. 팀의 발표가 끝나면 제시된 문제해결책들에 대한 실행에 옮기는 가부(可否)나 실행방법에 대한 의사결정을 내려주어야 할 것이다.

예컨대, GE의 전임 회장인 잭 웰치(Jack Welch) 역시 이러한 행동을 취하였다. 즉, 임원 액션러닝 프로그램의 후원인 자격으로서 참여해서 임원들이 제시한 해결책에 대한 가부(可否) 또는 수정 등의 필요한 의사결정을 그 자리에서 내려 주었다. 고위 임원들이 먼저 액션러닝 활동을 수행하고 그 결과물을 발표한 후 그 발표 내용에 대해서 웰치 회장이 필요한 의사결정을 그 자리에서 내려 주었던 것이다. 이와 같이 웰치는 임원진의 액션러닝 활동에 후원인 역할을 맡아서 활동 하며 오리엔테이션 및 최종 컨퍼런스 때 직접 참석하여 필요한 의사결정을 현장에서 내려주었다(Boshyk, 2002).[96]

후원인 자격으로서 CEO나 CEO의 위임을 받은 후원인은 다음 질문들에 대해서 충실히 응답할 수 있는 책임의식을 가지고 액션러닝 팀의 과제수행 활동에 관심을 가져야 할 것이다. 즉, 액션러닝 팀이 수행하고자 하는 과제의 배경은 무엇인가? 이 과제를 수행하는 것이 반드시 필요한 것인가? 어떤 목적을 가지고 수행하려고 하는가? 목표는 명확하게 설정되었는가? 어떤 정보를 액션러닝 팀이 후원인 자신에게 제공하기를 기대하고 있는가?

왜 그 기대하는 정보를 지금 가지고 있지 않은가? 후원인 자신은 액션러닝 팀에게 기대하는 문제해결책들은 무엇인가? 그 해결책들을 얻는데 방해물은 무엇인가? 액션러닝 팀의 과제수행 활동의 성공 또는 실패 평가의 기준은 무엇인가? 액션러닝 팀이 수행한 과제의 결과물에 대한 단기, 중기, 장기 평가기준은 무엇인가?

후원인 자신이 액션러닝 팀에게 제공할 수 있는 중요한 정보는 무엇인가? 액션러닝 팀이 과제를 수행하는 과정에서 도와줄 중요한 인적, 물적, 정보적 자원은 조직 내부 및 외부의 어디에 있는가? 등의 질문에 대한 충분한 대답을 줄 수 있어야 할 것이다(Boshyk, 2002).

이러한 질문은 점검 목록을 만들어 점검하는 것이 바람직할 것이다. 〈표 2-6-1〉에서 후원인 자신이 점검해야 할 주요 질문 사항에 대한 점검표를 보여주고 있다.

---

96) Boshyk, Y. (2002). Why business driven action learning? In Y. Boshyk (Ed.), *Action Learning Worldwide: Experiences of Leadership and Organizational Development*(pp. 30-52). Palgrave Macmillan.

<표 2-6-1> 후원인의 역할 담당자를 위한 질문 점검표

쟁점	주요 질문 사항	점검 기록
필요성	• 액션러닝 팀이 수행하고자 하는 과제의 배경은 무엇인가? • 이 과제수행은 반드시 필요한 것인가?	
목적	• 액션러닝 팀이 수행하고자 하는 과제의 목적은 무엇인가? • 목표는 명확한가?	
기대 정보	• 어떤 정보를 액션러닝 팀이 후원인에게 제공하기를 기대하고 있는가? • 왜 그 기대하는 정보를 지금 가지고 있지 않은가?	
문제 해결책	• 후원인 자신은 액션러닝 팀에게 기대하는 문제해결책들은 무엇인가? • 그 해결책들을 얻는데 방해하고 있는 것은 무엇인가?	
평가 기준	• 액션러닝 팀의 과제수행 활동의 성공 또는 실패 기준은 무엇인가? • 액션러닝 팀이 수행한 과제의 결과물에 대한 단기, 중기, 장기 평가기준은 무엇인가?	
지원 자원	• 후원인 자신은 액션러닝 팀에게 제공할 수 있는 중요한 정보는 무엇인가? • 액션러닝 팀이 과제를 수행하는 과정에 액션러닝 팀을 도와줄 중요한 인적, 물적, 정보적 자원은 조직 내부 및 외부의 어디에 있는가?	

* 자료 : Boshyk(2002)

제7장 촉진인

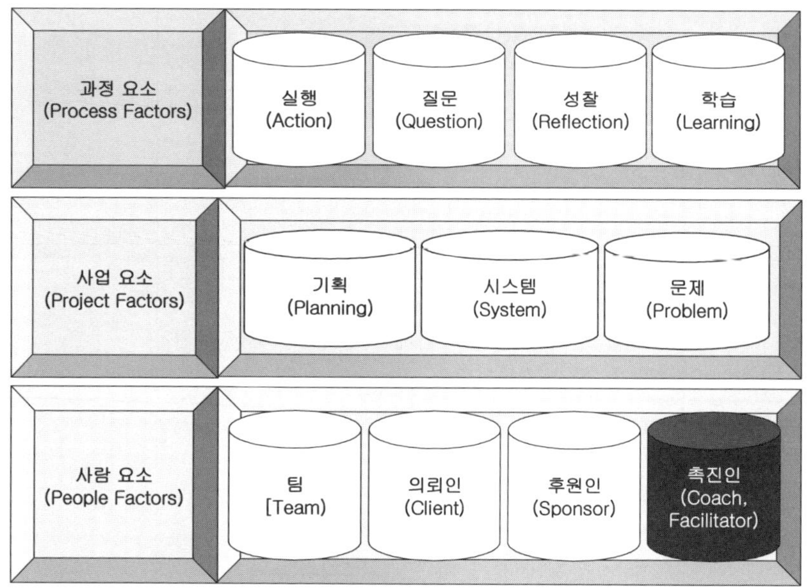

1. 촉진인의 의의

액션러닝과정에서 액션러닝 팀에 촉진인 참여를 허용할 수도 있고 허용하지 않을 수도 있으나 촉진인 참여제도를 두는 것이 일반적이다(McGill & Beaty, 2002).[97] 촉진인 제도를 두지 않는 경우엔 팀 스스로 자율적으로

---

97) McGill, I., and Beaty, L. (2002). *Action Learning: A Guide for Professional,*

성찰과 학습을 촉진해야 한다. 즉 팀 구성원 개인은 스스로 촉진인 역할을 수행해야 하는 책임을 지게 된다. 촉진인을 액션러닝과정에 참여시킨다고 하여도 그 관여는 최소화되는 것이 바람직할 것이다. 왜냐하면 액션러닝은 액션러닝 팀과 그 구성원들이 스스로 자율적으로 생각하고, 행동하고, 성찰하고, 학습하면서 문제를 해결하게 하는 것이 바람직하기 때문이다.

액션러닝에서 촉진인(促進人)이란 액션러닝의 팀 및 팀 구성원의 실행과 성찰, 학습을 지원하고 촉진하는 역할을 수행하는 사람이다. 액션러닝 팀이 목적한 바를 효율적으로[98] 달성할 수 있도록 팀 및 팀 구성원들의 의사결정과정, 문제해결과정, 학습과정을 지원하고 촉진하는 역할을 수행해야 한다. 액션러닝에서 촉진인은 코치(coach), 퍼실리테이터(facilitator), 조언인(adviser, advisor), 또는 촉매인(catalyst) 등 다양한 이름으로 불리고 있다. 이 용어들은 서로 호환되어 사용되어지고 있으나 그 강조하고자 하는 의미가 약간씩 다르기 때문에 액션러닝에서 촉진인은 코치의 역할, 퍼실리테이터의 역할, 조언인의 역할, 촉매인의 역할을 상황에 따라 적절하게 잘 수행해야 할 것이다.

먼저, 액션러닝에서 코치(coach)란 액션러닝 학습자의 개인적 전문적 잠재력을 극대화하도록 자극하여 성과를 향상시키는데 도움을 주는 사람이다. 코치는 도움을 주기 위해서 먼저 잘 경청해야 한다. 이러한 역할을 전문적으로 잘 수행하는 액션러닝 코치는 액션러닝 퍼실리테이터가 되기 때문에 이 둘을 구별할 실익이 없게 된다.

액션러닝에서 촉진인의 의미로 보편적으로 사용되고 있는 용어인 퍼실리테이터(facilitator)란 집단의 구성원들이 자신들의 목표를 잘 파악하고 목표달성을 위한 계획을 세워 그 목표를 제대로 달성할 수 있도록 도움을 주어 집단이 효과적으로 활동할 수 있도록 도와주는 사람이다.

액션러닝에서 조언인(advisor, adviser)이란 액션러닝과 액션러닝 팀의

Management & Educational Development. London: Kogan Page Limited.
98) 여기서 언급하고 있는 효율성(效率性)이란 효과성(effectiveness)과 능률성(efficiency)을 모두 포괄하는 의미이다.

프로젝트 과제에 관한 전문적 지식을 가지고 학습자나 팀에 조언하는 사람이다. 액션러닝 과정에서 상담하고 조언하는 사람이며, 팀 조언인, 학습 조언인, 프로젝트 팀 조언인 등 다양한 형태의 조언인 제도를 모두 포괄하는 의미로 사용하고자 한다.

촉매인(catalyst)이란 액션러닝 팀의 과제수행 활동이 침체에 빠져 있을 때 이를 가속화시키거나 너무 급격하게 진행될 때 이를 지연시키는 역할을 하는 등 변화를 자극하여 변환을 가속화 시키거나 늦추는 역할을 수행하는 사람이다.

액션러닝 과제수행과정에서 촉진인의 역할은 중요하며 필요하다. 왜냐하면 액션러닝 팀원들의 문제해결역량과 학습역량을 증진시키는데 촉진인은 적절한 때에 실시간으로 도움을 주면서 과제를 성공적으로 수행하는데 중요한 역할을 수행하기 때문이다.

그러나 모든 연구자들이 촉진인의 역할을 중요하게 생각하고 있는 것은 아니다. 액션러닝 학파들 가운데 경험적 학파, 비판적 성찰 학파, 통합적 학파에서 촉진인의 지속적인 역할수행을 더욱 중요시 한다. 왜냐하면 암묵적 학파에서는 공식적으로는 촉진인 참여제도를 가지지 않고, 과학적 학파에서는 촉진인은 액션러닝의 시작단계에서만 주로 활동하기 때문이다(O' Neil, 1999).[99] 실제로 자율적으로 움직이는 액션러닝 팀은 촉진인 참여제도를 가지지 않고 프로젝트 과제를 완수한다.

2. 촉진인의 자질과 특성

촉진인은 팀의 과제수행을 원활히 진행할 수 있도록 지원해야 한다. 이

---

99) O' Neil, J. (1999). Facilitating action learning: The role of the learning coach. In L. Yorks, J. O' Neil & V. J. Marsick (Eds.), *Action Learning: Successful Strategies for Individual, Team, and Organizational Development*(pp. 39-55). Baton Rounge, LA: AHRD.

과제수행과정에서 팀 구성원들과의 접촉은 물론이고 외부인들과의 접촉도 이루어져야 한다. 따라서 인간관계에 필요한 자질과 과제수행기술관계에 관련된 자질을 갖추어야 한다.

액션러닝 수행과정에서 필요한 원활한 인간관계를 증진하기 위한 자질로는 인내심, 성실성(책임감 포함), 객관성, 공정성, 신뢰관계(파트너십 형성 등), 감정이입, 존경심(팀원과 후원인 및 이해관계인들에 대한 정보파악, 이해) 등이 필요할 것이다.

원활한 과제 수행에 필요한 기술과 관련한 자질로는 갈등조정, 계획(목표, 마스터플랜, 진행계획, 시간계획, 예산계획 등), 도구(과제수행, 문제분석과 해결에 필요한 기법 등) 활용, 회의(이슈 및 Agenda 관리, 시간관리, 프레젠테이션, 구성원 참여 등), 관찰(직관력 포함), 대화, 경청 등과 관련된 능력이 요구될 것이다. 〈그림 2-7-1〉에서는 촉진인 역할을 맡은 사람에게 요구되는 인간관계 및 수행기술관계 자질을 보여주고 있다.

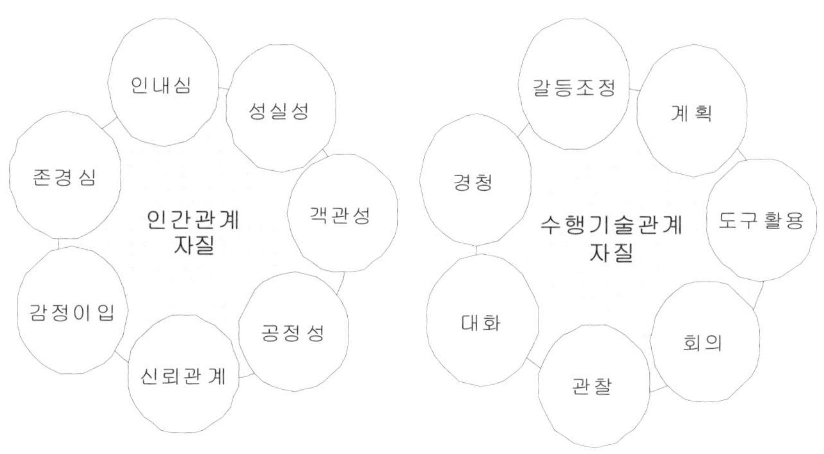

*자료: 중앙공무원교육원 액션러닝 자료(2006)

〈그림 2-7-1〉 촉진인 역할의 사람에게 요구되는 자질 (예시)

촉진인 자신이 가져야 할 자질은 액션러닝 팀이 과제를 원활히 수행할 수 있도록 촉진하고 지원하는데 필요한 촉진인의 성품이나 소질과 연관된다. 액션러닝 촉진인은 액션러닝 과제 수행활동이 원만히 추진될 수 있도록 필요한 역량(competencies), 집단상담 스킬, 체제사고 등과 관련된 자질을 가져야 할 것이다(O' Neil, 1999).

오닐(O' Neil, 1999)은 촉진인은 액션러닝 팀과 함께 일을 할 때 팀원들이 효과적이고 능률적으로 과제를 수행할 수 있도록 필요한 역량을 지니고 있을 것을 강조한다. 즉 팀의 활동을 조력하고 지원하며, 팀의 상담에 조언하고, 성찰적 질문을 통해 팀원들 서로서로가 성찰하고 실천할 수 있도록 촉진하고 지원하는 역량을 지니고 있어야 한다는 것이다.

또한 촉진인은 액션러닝과정에서 팀원들에게 상담할 집단상담, 과정상담 스킬을 가져야 한 다는 것도 강조하고 있다. 즉 액션러닝 팀이 설정한 목표과제를 효과적이고 능률적으로 수행할 수 있도록 팀의 활동에 합리적이고 의도적인 개입을 통해 참여하고 팀을 지원해야 한다는 것이다. 촉진인은 이러한 활동을 통해 팀원들에게 문제해결과정을 통해 학습이 일어나도록 팀의 활동을 지원하고 촉진해야 한다.

촉진인은 체제사고(systems thinking)를 가지고 액션러닝 팀과 과제수행을 촉진하고 지원해야 한다. 왜냐하면 액션러닝 팀과 프로그램은 일종의 체제(system)이기 때문이다. 액션러닝은 액션러닝 과제를 수행하기 위한 팀원, 후원인, 촉진인, 과제 관련 외부 전문가, 행정지원체제 등의 요소들로 구성된 체제이다. 이 체제가 제대로 작동되어 과제를 성공적으로 완수하기 위해서는 이 체제의 모든 구성 요소들이 해당 액션러닝 프로그램의 전체 목적에 맞게 효율적으로 수행해야 한다. 따라서 촉진인은 이러한 체제의 성격을 잘 이해하고 팀 및 팀원 그리고 이에 영향을 미치는 환경적 요소들을 이해하고 잘 조정하고 협동하도록 이끌어가야 한다(O' Neil, 1999).

한편, 촉진인은 열정을 가지고 촉진인의 역할을 수행해야 하며, 신뢰관계를 형성하고, 감정이입과 역지사지를 실천하며, 통찰력과 호기심을 가져야 하며, 인내심 유지해야하는 등의 특성들을 가지고 있어야 한다(O' Neil,

1999).

촉진인은 열정을 가지고 자신의 역할을 정열적으로 수행해야 한다. 그리하여 촉진인 자신의 열정이 액션러닝을 수행하는 팀원들에게 전염되어 팀원들이 열정을 가지고 과제를 수행할 수 있도록 해야 한다.

촉진인은 팀원들에게 진실을 말하고 신뢰를 심어주고 팀원들로부터 신뢰를 받아야 한다. 팀원들과 촉진인 사이에 진실과 신뢰관계가 형성되지 않는다면 팀원들은 촉진인의 말과 행동을 신뢰하지 않게 되고 액션러닝 과제를 수행하는데 촉진인의 역할을 제대로 수행할 수 없게 된다.

또한 촉진인은 편견과 고정관념을 버리고 열린 마음으로 팀원들을 맞아야 한다. 고정관념이나 편견을 배제하고 팀원들을 공평하고 정당하게 대해야 한다. 과정관념이나 편견이 개입되면 팀원들을 신뢰할 수 없게 되고 이것이 팀원들에게도 전달되어 팀원들도 편견과 고정관념을 가지고 사람을 대하게 된다.

촉진인은 감정이입(感情移入)을 실천해야 한다. 즉 촉진인의 감정이나 정신을 팀원들에게 투사(投射)하여 촉진인과 팀원들과의 융합을 이루어야 한다. 또한 촉진인은 자신의 감정이나 욕구보다는 팀원들의 욕구를 중시해야 하며, 팀원들의 주장을 경청해야 한다. 상대방의 입장에서 생각해보고 상대방을 이해하려고 노력하는 역지사지(易地思之)의 정신을 실천해야 한다.

촉진인은 인내심을 가지고 문제를 바라보고 팀원들의 말과 행동을 이해하도록 해야 한다. 상대방의 말을 중간에서 가로막아서는 안 되며 인내를 가지고 경청해야 한다. 촉진인은 말하는 것을 좋아하기 보다는 듣는 것을 좋아하는 태도를 견지해야 한다. 즉 말은 적게 하고 많이 들으려고 노력해야 한다.

3. 촉진인의 역할

1) 내용과 과정 촉진

촉진인은 액션러닝 과제의 내용(content)에 대한 역할과 과정(process)에 대한 역할을 수행할 수 있다. 일반적으로 내용 촉진인은 액션러닝 팀을 촉진하는 활동에 전문지식과 권위를 활용하며, 과제를 구체적이고 명확하게 정의하는 것을 지원하며, 과제기술서의 내용을 구성하는 것을 지원하며, 과제 진행 방향을 바르게 잡아주며, 과제 내용과 진행에 대한 의견을 제시하며, 필요한 정보를 제공하거나 통제하며, 필요한 조언을 제공하거나 또는 의사결정을 지원하며, 문제를 분석하고 해결하는데 필요한 도구들을 제시하여 주고, 과제수행 결과를 평가하는 역할을 수행한다.

한편, 일반적으로 과정 촉진인은 전문지식 보다는 영향력을 활용하여 액션러닝 팀의 활동을 촉진하며, 구성원들의 상호작용을 활성화하며, 액션러닝 수행과정을 지원하며, 수행과정상에 적절한 질문을 통하여 팀의 활동을 자극하며, 현장탐방과정과 활동에 조언하며, 액션러닝 과정 활동을 명료화하는 것을 도우며, 구성원들의 지식을 활용하도록 지원하며, 구성원들의 합의 도출활동을 지원하며, 수행과정상에 필요한 환류(feedback)를 제공하고, 성찰을 지원하며, 구성원들의 의사결정에 동참하며 지원하는 역할을 수행한다.

촉진인은 내용촉진이나 과정촉진 가운데 하나에 대해서만 역할을 수행할 수 있고, 내용과 과정 모두에 대해서 촉진인 역할을 수행할 수 있다. 이는 해당 액션러닝 프로그램의 특성과 과제의 특성 등을 고려하여 결정될 사항이다. 일반적으로 내용보다는 과정에 대한 촉진인 역할을 수행할 수 있도록 교육을 받는다.

그러나 과정 촉진인 역할을 맡았다고 하더라도, 과제 사업의 내용 전문가는 아니라고 하더라도, 그 사업에 대한 기본적인 이해는 반드시 가지고 있는 것이 바람직할 것이다. 왜냐하면 액션러닝 팀이 수행하는 과제의 내용에 대해서 기본적인 이해가 전혀 되어 있지 않아서 촉진인과 팀 구성원들 사이에 서먹서먹함이 흐르고 의사소통에 문제를 겪게 되어 결국엔 촉진인 역할을 제대로 수행하지 못하게 되는 경우가 발생하기 때문이다.

〈그림 2-7-2〉에서는 촉진인의 역할을 예시하고 있다.

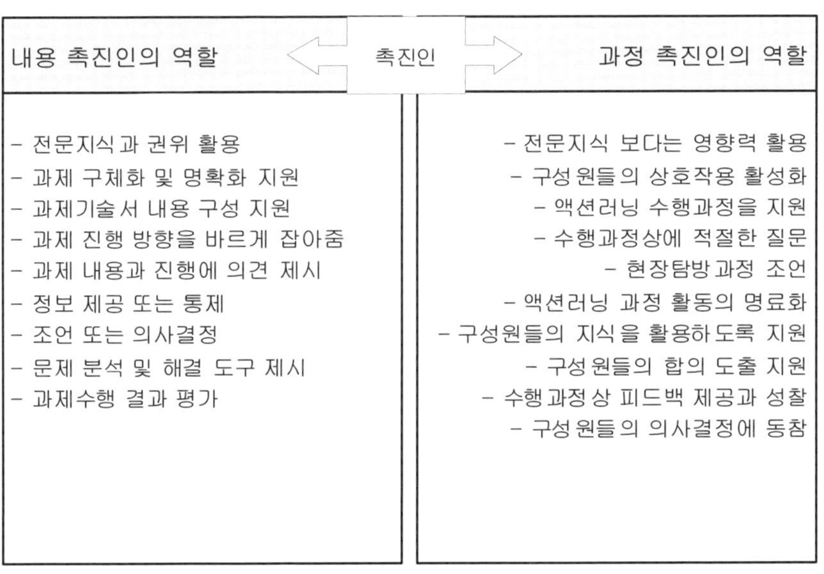

* 자료: 중앙공무원교육원 액션러닝 자료(2006)

〈그림 2-7-2〉 내용 촉진인과 과정 촉진인 역할 (예시)

내용에 대한 촉진인 역할을 수행하고자 할 때는 해당 액션러닝 과제에 대한 전문지식과 권위를 가지고 있는 것이 역할 수행에 도움이 될 것이다. 그러나 과정에 대한 촉진인 역할을 수행할 때는 반드시 전문적 지식을 가질 필요는 없다.

2) 진행단계별 촉진

촉진인은 해당 액션러닝 프로그램의 도입단계, 진행단계, 종료단계의 전단계에 걸쳐서 활동을 성실히 수행해야 한다. 예컨대 도입단계에서는 해당 액션러닝 프로그램에 대한 이해를 도우기 위한 설명, 액션러닝 학습 전반에 대한 이해촉진, 팀 과제를 결정하는데 필요한 지원, 팀 구성원에 대한 화합과 성취를 위한 동기를 부여하고, 산출물의 이미지(image) 구체화하는 것을 지원하는 등의 역할을 수행하도록 한다.

진행단계에서는 액션러닝 팀의 분위기 조성하고, 학습과 실행에 적극성을 고취시키기 위해서 동기를 부여하고, 커뮤니케이션을 활성화하고 이를 지원하며, 생산적인 회의가 진행될 수 있도록 그 진행을 지원하며, 액션러닝 프로세스 및 그 활동 과정에서 조언하며, 액션러닝 팀의 의사결정을 지원하며, 문제해결 및 대안개발 기법과 도구를 효율적으로 사용하는 방법을 조언하며, 학습 포인트 및 보고서 포인트를 강조하여 주고, 성찰을 효율적으로 실시할 수 있도록 지원하는 등의 역할을 수행하도록 한다.

종료단계에서는 팀 및 구성원 개인의 결과물을 구체화하는 작업을 지원하며, 보고서 준비 및 프레젠테이션 준비활동을 지원하며, 학습-성찰-환류(feedback)의 순환적 과정을 지원하는 역할을 수행하도록 한다.

또한 촉진인은 해당 액션러닝 프로그램 수행과정상에 필요한 행정적 업무에 대해서 해당 교육기관 행정직원의 도움을 받아서 교육생들에게 안내할 수 있다. 〈그림 2-7-3〉에서는 액션러닝 수행단계별 촉진인의 역할을 보여주고 있다.

액션러닝 팀이 액션러닝 과제를 수행하는 과정에서 해당 과제와 관련된 이해관계자(개인, 집단 등)나 전문가들과 액션러닝 팀 사이에 마찰이 발생할 수 있으므로 이를 사전에 잘 조율하도록 지원해야 한다.

촉진인은 자신의 역할을 원활히 수행하기 위해서 촉진인은 일정한 자질과 특성을 가져야 한다. 일반적으로 촉진인의 역량을 강화하기 위해서 해당 액션러닝 프로그램이 시작되기 전에 해당 프로그램에 참여하는 촉진인 역할을 맡은 사람들을 상대로 촉진인 역량 증진 교육을 집합적으로 실시하는 것이 좋다. 액션러닝 팀 촉진 과정에서 사용되어질 용어 및 그 의미의 통일이나 역할 공유 등 다방면에서 유용할 수 있기 때문이다.

도입단계	진행단계	종료단계
- 해당 액션러닝 프로그램 설명 - 액션러닝 학습 전반에 대한 이해촉진 - 팀 과제 결정 관련 지원지원 - 팀 구성원에 대한 화합과 성취의 동기부여 - 산출물의 이미지(image) 구체화 지원	- 분위기 조성 - 학습과 실행의 동기부여 - 커뮤니케이션 활성화 지원 - 생산적인 회의 진행 지원 - 액션러닝 프로세스 조언 - 액션러닝 의사결정, 문제해결 및 대안개발 기법과 도구 사용 방법 조언 - 학습 포인트 및 보고서 포인트 강조 - 성찰 실시 지원	- 결과물 구체화 작업 지원 - 보고서 및 프레젠테이션 준비 지원 - 학습, 성찰, 환류(feedback) 순환적으로 지원

액션러닝 프로그램의 행정적 업무 안내
액션러닝수행 관련 자(집단, 전문가)와 팀간의 이해관계 조정

* 자료: 중앙공무원교육원 액션러닝 자료(2006)

〈그림 2-7-3〉 액션러닝 수행 단계별 촉진인 역할 (예시)

촉진인은 조직 내부에서 공급될 수도 있고 조직 외부에서 공급될 수 있다. 만약 외부에서 공급될 수 없을 경우 조직 내부 자체에서 공급되게 하는 것이 바람직할 것이다. 이러한 경우엔 〈그림 2-7-4〉에서 보는 것처럼 원래의 액션러닝 팀에서 프로젝트 과제를 성공적으로 수행한 경험이 풍부한 사람들을 다른 액션러닝 팀의 과제 수행을 위한 액션러닝 팀 구성의 구성원으로 참여시켜 촉진인 역할을 수행하게 할 수 있을 것이다(McGill & Beaty, 2002).[100]

---

100) McGill, I., and Beaty, L. (2002). *Action Learning: A Guide for Professional, Management & Educational Development*. London: Kogan Page Limited.

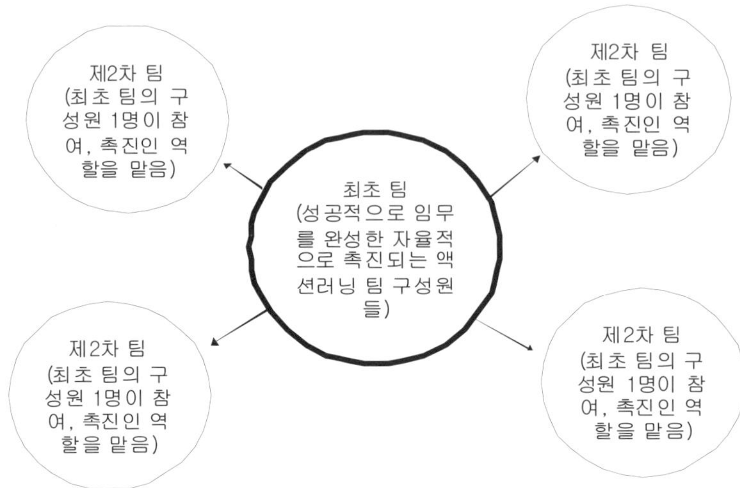

〈그림 2-7-4〉 촉진인의 자체 공급방식 (예시)

3) 팀 발전단계별 촉진

팀은 어떤 단계로 발전하는 가라는 의문에 답해주는 팀의 발전단계와 관련하여 턱만(Bruce Tuckman)은 1965년에 4단계로 구성된 집단 발전 모형을 제시했다. 즉, 형성(forming)단계, 동요(storming)단계, 정상(norming)단계, 성취(performing)단계로 이루어진 모형을 제시했다. 1977년에 종결(adjourning) 단계를 더 추가해서 5단계의 발전순서로 구성된 집단 발전 모형을 제시했다(Tuckman, 2001).[101] 〈그림 2-7-5〉에서는 각 발전단계와 그 발전단계의 속성을 보여주고 있다.

---

101) Tuckman, B. W. (2001, Spring). Developmental sequence in small groups. *Group Facilitation : A Research and Application Journal*, 3, pp. 66-81.

단계	속성
5. 종결(Adjourning)	– 집단 임무 완수, 해산 – 자가 평가 – 해산과 종결에 대한 연민
4. 성취(Performing)	– 건설적 행동 – 구조적 쟁점이 해결됨 – 집단 에너지로 목표 성취
3. 정상(Norming)	– 구성원들간에 열린 마음 – 집단 응집력 증진, 정보교환 – 새로운 규칙 채택
2. 동요(Storming)	– 집단과 과업에 대한 저항, 갈등 – 과업 요구에 대한 감정적 대응 – 집단의 영향에 대한 저항
1. 형성(Forming)	– 집단과 과업에 대한 지도 – 행동 탐색 – 의존 대상 탐색

* 자료 : Tuckman(2001)

〈그림 2-7-5〉 Tuckman의 집단의 발전단계와 속성

(1) 형성단계와 촉진

형성단계(forming stage)에서는 집단이 새로 조직되고 구성원들이 서로를 알려고 노력하는 단계이다. 구성원들은 집단의 행동 규범과 기대치를 이해하고 자신들의 집단 내에서의 위치와 역할을 정립하고자 한다. 또한 집단 내에서 허용 가능한 행동들을 탐색하고 목표를 설정한다.

집단 구성원간의 상호 행동유형과 구성원간의 관계 유형인 집단구조(group structure) 영역에서는 구성원들은 해당 집단 내에서 허용될 수 있는 행동이 어떤 것인지 발견하려고 시도한다. 또한 집단의 리더나 영향력 있는 사람, 규범, 구조 등 구성원들 자신들이 의존할 수 있거나 지원받을 수 있는 대상을 찾게 된다. 과업과 관련된 상호작용 유형인 과업 활동(task activity) 영역에서는 적응하기 위한 지도를 받아서 적절한 과업을 파악하고 완수하고자 한다(Tuckman, 2001).

액션러닝 과제수행과 관련하여 볼 때, 이러한 속성을 가지고 있는 형성단계에서, 촉진인은 액션러닝 팀이 과제를 잘 수행할 수 있도록 팀원들의 활동방식, 과제성격, 수행방법 및 절차 등에 관해서 적응지도(orientation) 과정을 원만히 진행하도록 한다. 팀원들 사이에 의사소통이 원활 할 수 있도록 서로를 소개하며 이해하도록 지원한다. 팀이 수행해야할 과제와 목표를 설정하는 것을 지원한다. 팀 이름과 팀원들의 역할 분담을 활동을 지원한다. 팀의 과제 수행 활동에 필요한 기본규칙 제정 등이 원만히 진행되도록 촉진하고 지원해야 한다. 이 형성단계에서 일어난 팀 및 팀원들의 활동에 대해서 성찰(reflection)하고 성찰한 내용을 다음 단계의 활동을 위해 팀 및 팀원들에게 환류(feedback)하도록 한다.

(2) 동요단계와 촉진

동요단계(storming stage)에서는 집단의 영향력과 과업요구에 대해서 구성원들 사이에 저항과 갈등이 발생하는 단계이다. 집단 내에서 구성원들 사이에 갈등이 발생하고, 과업요구에 대해서 구성원들이 감정적으로 반응하고 저항하게 된다. 개인적 지향과 집단의 요구 사이에 괴리와 불협화음이 존재한다.

액션러닝 과제수행과 관련하여 볼 때, 이러한 속성을 가지고 있는 동요단계에서 촉진인은 팀이 수행해야할 과제와 목표에 대한 저항과 갈등을 극복하도록 토론하고 조정하도록 한다. 팀원 각자의 저항과 갈등의 발생영역이 각각 다르기 때문에 각각의 원인 영역을 찾아서 해결하도록 한다. 팀원 각자가 수행해야 할 역할과 책임을 분담하는 것을 지원하도록 한다. 이러한 과정에서 팀원들 사이의 감정적인 언어나 행동을 조정하며 갈등을 조정하도록 하도록 한다. 또한 팀원 개인의 기대치와 팀의 요구사이에 발생하는 불일치와 갈등을 조정하도록 한다. 이 동요단계에서 일어난 팀 및 팀원들의 활동에 대해서 성찰하고 성찰한 내용을 다음 단계의 활동을 위해 팀 및 팀원들에게 피드백 한다.

(3) 정상단계와 촉진

정상단계(norming stage)에서는 집단 구성원들 사이에 열린 마음이 성장하고 집단응집력이 증가한다. 새로운 표준과 역할이 채택되고 발전된다. 새로운 정보의 교류가 활발히 이루어지고, 개인적 의견이 자연스럽게 표현된다.

액션러닝 과제수행과 관련하여 볼 때, 이러한 속성을 가지고 있는 정상단계에서 촉진인은 팀이 수행해야할 과제와 목표를 구체적이고 명확하게 하도록 지원한다. 팀의 결속력과 응집력을 증진하도록 한다. 열린 마음으로 정보교환이 이루어지도록 분위기를 조성하여 팀원들의 자유로운 의견이 표출되도록 한다. 활동과정에서 새로운 표준과 역할이 발전되도록 하며 또는 준수하도록 한다. 이 정상단계에서 일어난 팀 및 팀원들의 활동에 대해서 성찰하는 시간을 갖고 성찰한 내용을 다음 단계의 활동을 위해 팀 및 팀원들에게 피드백 한다.

(4) 성취단계와 촉진

성취단계(performing stage)에서는 건설적인 행동이 일어나는 단계이다. 집단의 응집력이 높아서 집단은 문제해결의 수단으로 작동되어 문제를 해결하는 단계가 성취단계이다. 집단 구성원들의 주관적 관계가 공고하게 형성된 기반위에서 집단은 문제해결을 위한 하나의 객관적인 실체로서 존재하게 된다. 역할들이 유연하고 기능적이 된다. 즉 구성원들의 역할과 기능 또는 구조는 이제 더 이상 갈등의 문제가 아니며 문제해결을 위한 수단으로써 유연하게 작동한다. 집단은 이제 건전한 위원회 여할을 수행하며 모든 과업이 여기서 공개되고 토론된다. 따라서 개인과 집단은 과업목표 성취의 수단과 통로가 되고 집단 에너지가 해결책을 도출하고 과업을 성취한다.

액션러닝 과제수행과 관련하여 볼 때, 이러한 속성을 가지고 있는 성취단계에서 촉진인은 구조적으로 이슈화된 문제들을 해결하도록 한다. 과제를 원활히 수행할 수 있도록 역할이나 구조가 유연하게 작동되도록 한다. 팀의 에너지를 더욱 결집하여 과제를 원활히 수행하도록 한다. 해결책을 다양한 각도에서 개발하고 목표를 달성한다. 이 성취단계에서 일어난 팀 및 팀원들의 활동에 대해서 성찰하는 시간을 갖고 성찰한 내용을 다음 단계의 활동을 위해 팀 및 팀원들에게 환류(feedback)하도록 한다.

(5) 종결단계와 촉진

종결단계(adjourning stage)에서는 집단의 해체가 일어난다. 자가 평가가 일어나고 집단의 종결과 해체에 대한 구성원들의 연민이 일어난다. 집단 리더와 구성원들에 대해서도 연민의 정이 발생한다.

액션러닝 과제수행과 관련하여 볼 때, 이러한 속성을 가지고 있는 종결단계에서 촉진인은 과제수행의 결과에 대한 결과보고서를 작성하여 제출하도록 지원한다. 팀 및 팀원들의 그간의 활동을 총체적으로 성찰하고 이를 문제해결역량과 학습역량증진을 위해 환류(feedback)한다. 팀의 임무완성으로 인한 해산과 팀원들의 헤어짐에 대한 소원한 연민을 해소하기 위한 방법을 지원한다. 예컨대 다음 기회에 서로 만날 방식을 제공하고 이를 위한 팀원들이 준비할 것 등을 지원하도록 한다. 〈표 2-7-1〉에서 지금까지 팀의 발전단계별 촉진인의 역할을 요약하여 보여주고 있다.

〈표 2-7-1〉 팀 발전단계별 촉진인의 역할

발전 단계	촉진인의 주요 역할
1. 형성 (forming)	• 액션러닝 적응지도(orientation) • 팀원들 사이의 친숙함, 신뢰 증진 • 팀에 대한 이해, 헌신 증진 필요성 • 팀 과제 및 목표 설정 • 기본규칙(ground rules) 설정 • 성찰 및 다음 단계 활동에 환류(feedback)
2. 동요 (storming)	• 팀 과제 및 목표에 대한 저항과 갈등 극복 • 팀원들의 역할 및 책임 분담 • 팀원들의 감정과 갈등 조정 • 팀원 개인적 지향과 팀 요구 사이의 갈등 조정 • 성찰 및 다음 단계 활동에 환류(feedback)

발전 단계	촉진인의 주요 역할
3. 정상 (norming)	• 팀 과제 및 목표의 구체화, 명확화 • 팀의 결속력, 응집력 증진 • 열린 마음으로 정보교환과 자유로운 의견 표출 • 표준, 역할의 발전 및 준수 • 성찰 및 다음 단계 활동에 환류(feedback)
4. 성취 (performing)	• 구조적 쟁점 해결 • 역할, 구조의 유연화와 과제 수행 지원 • 팀 응집에너지 더욱 결집, 과제의 원활한 수행 • 해결책 개발 및 목표 달성 • 성찰 및 다음 단계 활동에 환류(feedback)
5. 종결 (adjourning)	• 과제수행 결과보고서 작성 및 제출 • 문제해결과 학습역량에 대한 성찰과 환류(feedback) • 임무완수로 팀의 해산과 팀원들의 헤어짐에 대한 소원한 연민 해소 지원

* 자료 : Tuckman(2001)

액션러닝은 이를 운영하는 각 조직의 특성에 맞게 적절한 형태로 운영되어야 하기 때문에 각 조직이 운영하는 프로그램의 형태는 각각 다르다. 즉 각 조직의 특성, 참가자들의 전문성, 참가자들의 지위 등의 요인들에 따라서 다양한 형태로 팀이 구성되고 이에 맞추어 다양한 형태의 액션러닝 프로그램이 운영되고 있다.

따라서 해당 조직의 액션러닝 팀은 턱만(Tuckman)의 집단발전단계와는 상이한 발전단계를 가질 수 있다. 예컨대 이미 알고 있는 동일한 부처 또는 부서내의 사람들로 팀이 구성될 경우엔 서로 상이한 부처 또는 부서에서 온 사람들로 구성된 팀의 성격과는 서로 다르기 때문에 동일한 발전단계를 거친다고는 볼 수 없을 것이다.

그럼에도 불구하고 촉진인의 역할은 해당 팀이 현재 어느 위치에 도달해 있으며 어디로 향해야 할 것인가에 대해서 명확한 방향 좌표를 설정하고 이에 맞는 역할을 수행해야 한다는 것을 명심해야 할 것이다. 또한 각 단계에서 성찰(reflection)과 환류(feedback)를 철저히 하여 팀원의 문제해결역량과 학습역량을 증진시키는데 도움을 주어야 할 것이다.

4. 촉진인의 촉진방식

1) 계층적 수직적 방식

촉진인 자신이 팀 구성원들을 촉진하는 방식에 관해서 헤론(John Heron, 1999)은 계층적 관계, 협동적 관계, 자율적 관계를 지적하고 있다.[102]

계층적 관계(hierarchical relationship)에서는 촉진인 자신이 학습과정에서 지시적 명령적 통제를 실시한다. 이 관계에서는 촉진인이 액션러닝의 모든 과정, 모든 활동의 중심에 서 있으면서 소위 절대적인 권한을 가지고 행사하게 된다.

촉진인 자신이 모든 책임을 지고 목표설정에서부터 프로그램 계획 및 집행에 이르기까지 모든 의사결정권한을 가진다. 팀원들의 의견이 봉쇄되어 협동이나 협상 또는 위임이라는 것은 없다. 문제는 이러한 관계는 팀원들에게 의식적 무의식적으로 수동적인 행태를 가지게 하고 이를 습관화 시킬 수 있다는 것이다.

따라서 촉진인이 절대적 권한을 가지고 계층적 통제를 너무 강하게 행사하면 팀 구성원들은 수동적이 되고 의존적이 될 수 있다. 또한 팀 구성원들은 촉진인 자신에게 적개심을 가지거나 저항을 하게 되는 경우가 발생할 수 있다.

2) 협동적 수평적 방식

협동적 관계(cooperative relationship)에서는 촉진인은 모든 결정을 팀

---

102) Heron, J. (1999). The Complete Facilitator's Handbook. Kogan Page, London, UK.

의 구성원들과 협상하고 협동하여 결정한다. 협동적 방식에서는 팀 구성원들에게 협동을 촉진시키는 질문을 하는 것이 도움이 된다. 예컨대 "지금 일이 어떻게 되어가고 있습니까?" 등과 같은 질문은 팀원들의 의견을 요구하며 협동을 유발할 수 있다. 그러나 너무 많은 협동적 지도는 팀 구성원들의 자율적 성장이 억제 될 수 있다.

3) 자율적 방관자적 방식

자율적 관계(autonomous relationship)에서는 의사결정권이 촉진인 자신에게 있지 않고 팀 구성원들에게 위임된다. 촉진인은 목표설정에서 프로그램기획, 집행 등 모든 과정에서 간섭하지 않는다. 촉진인은 성찰방식을 사용하여 팀이 자발적으로 평가하고 성찰하도록 한다. 그러나 너무 많은 자율을 주게 되면 자칫 자유방임, 무책임으로 흐를 수 있다.

각 촉진관계 또는 촉진방식에는 장단점이 있기 때문에 각 방식의 부작용을 예방하거나 최소화할 수만 있다면 계층적 관계에서 협동적 관계로, 협동적 관계에서 자율적 관계로 발전하도록 하는 것이 바람직하다고 할 수 있다. 왜냐하면 액션러닝은 참여자들이 자율적으로 자기책임 아래 과제를 완수하는 것이 바람직하기 때문이다(Heron, 1999; McGill & Beaty, 2002).[103] 〈표 2-7-2〉에서는 촉진인의 촉진방식을 요약하여 보여주고 있다.

---

103) ① Heron, J. (1999). The Complete Facilitator' s handbook. Kogan Page, London, UK.

② McGill, I., and Beaty, L. (2002). *Action Learning: A Guide for Professional, Management & Educational Development.* London: Kogan Page Limited.

〈표 2-7-2〉 촉진인의 촉진 방식

촉진 방식	내용	부작용
계층적 방식	• 촉진인 자신이 기획 구상하고 결정함 • 촉진인 자신이 전적으로 책임지고 팀의 학습과정을 지시하고 통제함 • 따라서 목표, 프로그램 등 모든 주요 결정은 촉진인 자신이 내림	너무 지나치면 팀 구성원들이 수동적이며 의존적이되고 적개심과 저항을 야기할 수 있음
협동적 방식	• 촉진인은 팀 구성원들과 협동, 협상하여 기획을 마하고, 결과물도 협상에 의해서 결정됨 • 촉진인은 팀 구성원들과 함께 권력과 책임을 공유함 • 따라서 팀 구성원들과 협동하여 추진함 목표를 제시할 수는 있으나 팀원들이 제시한 목표들을 함께 고려하여 협동하여 최종적으로 결정함.	너무 지나치면 팀 구성원들의 자율성을 해치게 될 수 있음
자율적 방식	• 촉진인의 의사결정권을 팀에 위임함 • 팀 구성원들이 자율적으로 자신들의 나아갈 길을 결정하고 방향을 판단하도록 함 • 따라서 촉진인은 간섭을 배제하고 단지 그러한 자율적 활동이 가능한 환경을 창조하기만 함	너무 지나치면 팀 구성원들이 자유방임과 혼란으로 흐르게 될 수 있음

* 자료 : Heron(1999)

계층적 방식, 협동적 방식, 자율적 방식 가운데 어떤 한 방식이 다른 방식들보다 더 우세하다고 단정할 수는 없으며 상황에 따라 사용되도록 해야 하며, 어떤 촉진 방식이라도 지나치면 부작용을 낳는다는 것을 강조하고 있다.

촉진인은 액션러닝 팀 구성원들이 스스로 자신의 학습에 대한 책임감을 갖고 자발적으로 활동할 수 있도록 도와야 한다. 그러나 액션러닝의 초기 단계에서는 팀이 무엇을 해야 할지 모르고 있을 경우 팀이 수행해야할 일들을 인도하고 지시하는 역할을 수행할 수 있다. 그러나 촉진인은 점차적으로 팀 구성원들과 협동적 관계를 지속하고 팀 구성원들이 자발적으로 책

임감을 가지고 움직이도록 촉진하는 단계로 발전하게 되어야 할 것이다 (Heron, 1999; McGill & Beaty, 2002).[104]

촉진인은 전문가의 역할이나 가르치는 역할을 수행하려고 해서는 안 되고 팀원들이 서로 도와 액션러닝 활동을 충실히 수행 할 수 있는 기술을 학습하는 것을 돕는 역할에 충실하도록 해야 한다. 비록 해당과제에 대해서 전문지식을 가지고 있다고 하더라도 전문가로서의 역할이 아니라 지원하고 조력하고 조언하는 조언자로서의 역할을 수행해야 한다. 이를 위해 촉진인은 팀원들을 가르치려고 해서는 안 되고 조력인, 지원인, 질문인, 성찰인, 도전의식을 심어주는 사람 등의 역할을 수행하도록 해야 한다 (O' Neil, 1999).

일반적으로 촉진인은 팀 및 팀원의 개발을 도와야 한다. 액션러닝과정에서 팀의 개발은 팀이 현재 어떤 위치, 어떤 상태에 도달해 있으며 다음 단계로 이동하기 위해 무엇을, 어떻게 팀에게 지원해야 할 것인가에 초점이 주어져야 할 것이다.

이러한 활동 과정에서 촉진인은 팀원들에게 직접적으로 물고기를 잡아주는 방식인 문제해결책을 제시해 주어서는 안 되고 물고기 잡는 방법인 문제해결(problem-solving) 역량을 증진할 수 있도록 지원해 주어야 한다. 물고기를 직접적으로 잡아주기보다는 물고기를 잡기위한 방법적인 도구(tools)를 제시하며 팀원들이 성찰(reflection)과 학습(learning)을 잘 수행할 수 있도록 도와주어야 한다. 팀이 학습하고 성찰하는 것을 지원하기 위한 참신한 질문을 개발하여 팀원들에게 질문하고 적절한 분석도구들을 제시하여 이들의 성찰과 학습능력을 향상시켜 팀 및 팀원의 성찰과 학습능력을 증진하도록 도와주어야 한다.

---

104) McGill, I., and Beaty, L. (2002). *Action Learning: A Guide for Professional, Management & Educational Development.* London: Kogan Page Limited.

5. 촉진인의 구성방법

촉진인은 팀원들이 어렵다고 느낄 수 있는 과제를 구성원 스스로 책임감을 가지고 좀 더 쉽고 부드럽고 명쾌하게 과제를 완수할 수 있도록 지원해야 한다. 이를 위해 촉진인은 팀원들이 스스로 자신들의 능력을 개발할 수 있도록 동기를 부여하고 성찰과 학습 능력을 증진할 수 있도록 지원하는 활동을 하게 된다. 이러한 활동을 원활하게 수행할 수 있도록 촉진인 참여를 외부 교수들로 구성할 것인가 내부 교수들로 구성할 것인가의 문제가 발생한다. 조직의 사정에 따라 다르다.

내부교수들 만으로 구성할 수도 있다. 교육생들에게 친숙하고 언제든지 지원할 준비가 되어 있다. 그러나 내부교수들이 교육원 내의 여타 다양한 교육 프로그램 또는 액션러닝 프로그램들에 중첩되어 종사하고 있을 때 특정 액션러닝 프로그램에 전력을 기울일 수 없게 된다는 문제점이 발생한다.

외부교수들 만으로 구성할 수도 있다. 여기서 외부교수들이란 액션러닝 촉진인 전문교육을 받은 외부교수들을 말한다. 촉진인 전문지식을 가지고 있기 때문에 교육생들이 과제를 수행하는 과정에 대해서 문제해결도구 등에 대한 지원과 같은 전문적인 지원을 받을 수 있다. 그러나 촉진인 초빙 비용 등에 있어서 내부교수들을 활용하는 것보다 비용이 많이 든다.

외부와 내부 교수들을 혼합하여 구성할 수도 있다. 앞에서 언급한 장단점을 고려하여 혼합된 팀을 구성, 운영할 수 있다.

외부교수든 내부교수든 해당 액션러닝 프로그램의 촉진인 역할로 지정이 되면 해당 프로그램이 시작되기 전에 모임을 갖고 전반적인 오리엔테이션 교육을 받는 것이 바람직하다. 즉 해당 과제를 수행하는 과정에서 촉진인들이 맡아야 할 역할에 대해서 집합교육을 받는 것이 좋다.

6. 해야 할 행동과 해서는 안 될 행동

촉진인 역할을 맡은 사람에게는 해야 할 행동과 해서는 안 될 행동이 있다. 이를 명심해야 한다. 문제에 초점을 맞추어서 문제해결책을 제시해서는 안 되고 학습과 성찰에 초점을 맞추어야 한다. 팀이 학습하고 성찰하는 것을 지원하기 위한 참신한 질문을 개발하여 팀원들에게 질문하여 팀원들의 학습과 성찰능력을 향상시킨다. 더 나아가 집단의 학습과 성찰능력을 증진하도록 촉진해야 한다.

일반적으로 촉진인이 해야 할 행동에는 다음 것들이 있을 수 있다. 학습 분위기를 조성하고, 공정하고 객관적인 자세를 유지하고, 팀 구성원들 전원이 팀의 회합과 액션러닝 과정에 참석하도록 유도하고, 경청하는 태도를 견지함으로써 팀 구성원들에게 모범이 되고, 목표달성을 위한 의지를 구성원들에게 부여 하며, 성찰과 환류(feedback)를 활성화하는 문화를 조성하고, 자발적으로 문제를 해결하는 능력을 구성원들에게 배양하고, 구성원들이 합의해서 설정한 팀의 기본규칙을 준수하도록 촉진하고, 항상 중립적인 조정자의 자세와 역할을 수행하고, 후원인의 지지와 관심을 유도하도록 한다.

한편, 촉진인 자신이 해서는 안 될 행동으로는 다음과 같은 것들이 있을 수 있다. 액션러닝 팀의 회의를 주도하거나, 의사결정을 독단하고, 구성원들의 의사 내용에 대한 비판하거나, 문제해결 방법을 촉진인 자신이 직접 제시하거나, 준비도 안 된 채 팀 학습을 개최하거나, 팀 및 구성원의 활동 내용에 대한 비판과 반론을 일삼거나, 독단적인 의견을 제시하거나 결론을 도출하거나, 일방적으로 회의를 진행하거나, 성과와 결과 지향적 사고에 집착하여 성찰과 학습능력 배양을 망각하거나, 기본규칙을 무시하거나, 팀 구성원들에 대한 선입견을 가지고 있어서는 안 될 것이다.

일반적으로 액션러닝 활동에 도움이 되고 있는 촉진인 자신이 해야 할 행동과 해서는 안 될 행동을 〈그림 2-7-6〉에서 예시하고 있다.

Do (해야 할 행동)	Do Not (해서는 안 될 행동)
– 상황조정 – 주의 환기 – 신뢰형성 – 안전관리 – 복잡한 문제는 거리를 두고 보기 – 각 상황을 서로 다른 각도에서 보기 – 팀 구성원들과 동조 – 학습 분위기 조성 – 공정 객관성 유지 – 전원 참석 유도 – 경청에의 모범 – 목표달성 의지 부여 – 성찰과 환류(feedback) – 자발적 문제해결 능력 배양 – 기본규칙 준수 – 중립적인 조정자 역할 – 후원자의 지지와 관심 유도	– 이슈를 과소평가 – 새로운 규칙 창조 – 팀원들의 감정무시 – 개인적 관점에서 고려 – 다른 사람들의 행동에 대한 책임 – 사람 수선자 – 팀원들에게 무엇을 해야 하는지를 말함 – 회의 주도 – 내용에 대한 비판 – 문제해결 방법 제시 – 준비 없는 팀 학습 개최 – 내용에 대한 비판과 반론 – 독단적인 의견 제시와 결론 도출 – 일방적인 회의 진행 – 성과와 결과 지향적 사고 – 기본규칙 무시 – 팀원에 대한 선입견 고수

* 자료: 중앙공무원교육원 액션러닝 자료(2006); Sanderbeck(2006-2007)

〈그림 2-7-6〉 촉진인의 해야 할 행동과 해서는 안 될 행동 (예시)

7. 팀의 과제관련 활동

1) 촉진인 워크숍 참여

촉진인은 촉진인 역할을 맡은 사람들을 위한 워크숍에 참여하여 필요한 지식과 스킬을 습득하도록 한다. 해당 액션러닝 프로그램의 운영에 적합한 촉진인 스킬을 학습한다. 수요 조사된 액션러닝 과제에 대해서 검토하고 부처방문을 효과적이고 능률적으로 실시할 수 있는 요령을 습득하도록 한다. 또한 액션러닝 운영 전반에 있어서 촉진인 자신이 이행해야할 역할들에 관해서 촉진인들간에 공유하도록 한다.

2) 촉진인 부처방문 및 과제 피드백

촉진인은 과제선정의 내실을 기하기 위해서 해당 과제와 관련된 부처를 방문하여 액션러닝을 소개하고, 교육생과 과제를 다시 조정하도록 한다. 부처방문 때에는 과제 피드백을 위해서 필요한 보고서를 함께 가지고 가도록 한다.

〈그림 2-7-7〉에서는 액션러닝 촉진인의 부처방문 보고서 서식을 예시하고 있다. 촉진인 이름, 팀 이름, 방문 부처 이름 및 방문 일시, 방문부처 담당자 이름 및 연락처, 팀원 이름, 방문 부처에서 논의 되었던 내용, 방문 부처에서 과제 기술서 수정 여부, 부처와 논의를 바탕으로 최종적으로 채택된 과제 이름 등을 기록하도록 하는 것이 바람직할 것이다.

촉진인 부처방문 보고서

- 촉진인(facilitator):

- 팀　　명:

- 방문 부처 및 방문 일시:
  - 방문 부처:
  - 방문 일시:　　　　년　월　일　시

- 방문 부처 담당자 및 연락처:
  - 담당자:
  - 연락처:

- 팀　　원:

- 방문 부처에서 논의된 사항(과제 기술서 수정 여부 등):

- 채택된 팀 과제:

〈그림 2-7-7〉 촉진인 부처 방문 보고서 (예시)

촉진인 부처 방문 보고서 양식은 해당 교육기관의 액션러닝 프로그램 운영 목적에 따라 결정될 사항이다. 〈그림 2-7-8〉에서는 중앙공무원교육원이 사용했던 액션러닝 촉진인 부처 방문 보고서 서식을 예시하고 있다.

액션러닝 촉진인 부처방문 보고서   팀명:

부처명				
일시				
	교번	성명	교번	성명
팀원				
촉진인				
채택과제	*과제기술서 수정 시, 수정된 과제기술서를 첨부해 주십시오.			
논의사항				

★ 자료: 중앙공무원교육원 액션러닝 자료(2006)

〈그림 2-7-8〉 부처방문 보고서 서식 (예시)

3) 액션러닝 운영

촉진인은 자신이 담당하고 있는 팀의 액션러닝을 원활하게 운영하기 위해서 팀의 코치 역할을 수행한다. 즉 코칭(coaching)과정을 통하여 참신한 질문을 하고 문제제기를 통해 팀원에 대한 동기부여는 물론이고 팀원 간의 원활한 의사소통을 촉진시킨다.

액션러닝 운영상 참신한 질문 또는 효과적인 질문에는 다음과 같은 것들이 포함될 수 있다. 즉, 무엇을 원하십니까? 그것은 어떤 의미를 지니고 있

습니까? 현재 상태는 어디에 있습니까? 원하는 결과에 도달하기 위해서 어떻게 하면 되겠습니까? 바라는 결과를 어떻게 확인할 수 있습니까? 그 결과를 방해하는 것은 무엇이라고 생각하십니까? 어떻게 그 장애를 제거 또는 극복할 수 있습니까? 원하는 바를 어떻게 달성할 수 있습니까? 그것이 달성되었을 때 어떤 효과를 기대할 수 있습니까? 그 파급 영향은 어떠하다고 생각하십니까? 등은 효과적인 질문들에 해당된다고 할 수 있다.

또한 우호적인 학습 환경을 조성하며 액션러닝 운영 당국의 운영 팀과의 연결고리 역할을 수행하는 코디네이터 역할을 담당하여 팀의 행정업무가 원활히 수행되도록 지원한다.

4) 촉진인 성찰일지 기록

촉진인은 팀 성찰미팅 때에 참여하고 자신이 맡은 팀의 액션러닝 활동에 대한 촉진인 성찰노트(일지)를 작성하도록 한다. 성찰일지의 서식은 정해진 것은 없다. 각 조직의 특성과 액션러닝 프로그램의 목적에 따라 그 형식과 내용을 달리할 수 있을 것이다.

일반적으로 기존의 활동, 그 활동에 대한 성찰, 다음 계획, 자기 자신의 마음과 행동에 대한 성찰, 과제 수행 활동 및 진행 상황에 대한 성찰, 팀 및 팀원에 대한 성찰 등의 내용이 들어가면 좋을 것이다.

5) 액션러닝 평가

촉진인은 자신이 담당하고 있는 개인과 팀의 연구과정의 참여도, 성실도 등을 평가한다. 또한 개인 및 팀의 성찰보고서를 평가기준에 맞추어 평가하도록 한다.

구체적인 평가지표와 평가점수분배기준은 해당 액션러닝 프로그램 운영 부서와 협의하도록 한다. 일반적으로 해당 교육기관(부서)에서 사전에 기준(지표, 점수)이 마련되어 있으며, 그 기준에 따라 평가하도록 한다.

또한 평가활동은 온라인상에서 이루어지도록 한다. 즉, 평가관련 온라인 평가 시스템이 구축되어 있어서, 촉진인 자신이 그 시스템에 접속하여 평가활동을 수행하면 효율적으로 업무를 진행할 수 있을 것이다.

제8장 실행

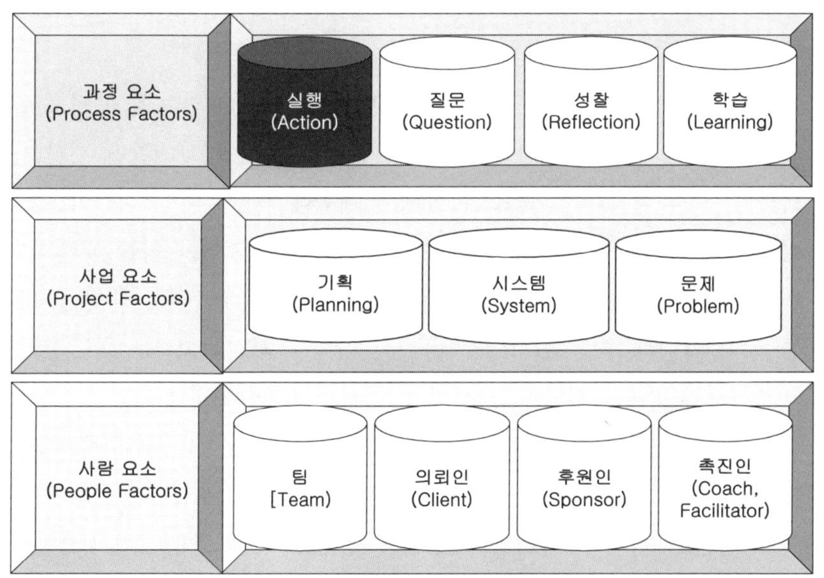

1. 실행의 의의

액션러닝은 실행(action)을 통해서 학습이 이루어진다. 실행이 없으면 학습도 없다고 해도 지나친 말은 아닐 것이다. 그 이유는 꿈은 있으되 그 꿈을 실행에 옮기지 못하면 백일몽(白日夢)에 불과하고[105] 학습은 있으되 학

---

[105] 실현될 수 없는 헛된 공상에 불과한 것은 대낮에 꿈을 꾸는 것과 같다고 하여

습한 것을 실행에 옮기지 못하면 묘두현령(猫頭縣鈴)에 불과하기 때문이다.106)

현실의 많은 조직들이 구성원의 문제해결능력 증진과 조직 성과창출을 위해서 액션러닝을 도입해 보지만 성공하는 조직이 있는가 하면 성공하지 못하는 조직도 있는데 성공하지 못하는 조직은 바로 이 실행에 문제가 있기 때문이라고 해도 과언이 아니다. 따라서 액션러닝은 제대로 된 실행을 중시한다. 여기서 실행(action)이란 두 가지 의미를 가진다고 볼 수 있다. 즉 대안개발과 선택까지의 과정의 실행과 선택된 대안을 집행에 옮기는 실행이다.

첫째, 액션러닝의 문제해결을 위한 대안 개발과 선택까지의 과정으로서의 실행은 학습자가 어떤 이슈에 대해서 문제를 파악하고 대안을 개발하고 선택하는 전 과정을 직접 몸소 현장에서 체험해가면서 어떤 취해야 할 일련의 행동과 결정을 실행에 옮겨 가는 것을 경험하고 학습하는 과정이다.

이는 학습자가 사무실 책상머리에 앉아서 문제를 추측하고 대안을 개발하는 것이 아니라 직접 현장에서 나가서 상황을 파악하고, 문제를 정의하고 대안을 개발하고 선택하는 경험과 학습의 실행이 취해진다.

액션러닝은 가상적인 문제를 다루는 것이 아니라 현실의 실제 문제를 다루며 이 문제를 해결하기 위해서 실제 행동을 취하는 과정이다. 그리고 현재의 실행뿐만 아니라 미래의 실행능력 향상도 함께 증진시켜야 한다.

둘째, 선택된 대안을 집행에 옮기는 액션은 문제해결을 위해서 선택된 대안을 직접 집행하여 그 성과를 파악하는 과정이다. 따라서 이 경우의 실행은 액션러닝에 참여한 사람들에게 자신이 제안한 전략, 해결책을 직접 집행할 수 있는 권한을 부여하거나 CEO가 직접 직원들이 제시한 전략, 해결책을 집행해야 한다.

자신들이 개발한 대안, 해결책에 대해서 집행이 보장되지 않을 경우 액

백일몽(白日夢)이라고 한다.
106) 실행에 옮길 수 없는 헛된 논의는 쥐가 고양이 목에 방울을 다는 것과 같다고 하여 묘두현령(猫頭縣鈴)이라고 한다.

선러닝에 참여한 사람들은 학습과 성찰을 게을리 하게 되고 액션러닝의 효과가 발생하지 않게 된다. 따라서 액션러닝의 문제는 실현가능한 것이어야 하며 그 문제를 해결하기 위한 대안, 해결책도 실행 가능한 것이어야 한다.

CEO는 소집단이 제시한 대안, 해결책을 수정하여 집행할 수 있다. 액션러닝은 실행을 통해서 성찰이 일어나고 학습이 일어나며 문제해결 능력을 배양시키게 되며 나아가서 조직 전체의 문제해결 능력을 증진시키는 효과를 발생시키게 된다.

2. 실행계획 작성

1) 필요성

교육의 목적으로 실시된 액션러닝에서 학습자들은 현실의 문제를 직접 해결하기 위한 목적으로 실시된 액션러닝의 학습자들과는 다른 실행의 의미를 가진다. 즉 교육훈련의 목적으로 실시된 액션러닝에서 학습자들은 자신이 액션러닝과정에서 학습한 것을 구체적으로 실행에 옮기기 위한 구체적인 계획을 설계하는 것인 액션플랜 즉 실행계획(action plan)을 작성해야 한다.

한편, 현실의 문제를 해결하기 위한 목적으로 실시된 액션러닝에서도 액션플랜이 필요하다. 액션러닝 팀 구성원들이 개발된 해결책을 집행하여 문제를 해결하고 성과를 올리기 위한 앞으로의 절차와 필요한 행동에 대한 액션플랜을 작성해야 할 것이다.

2) 포함되어야 할 요소

실행계획에 포함되어야 할 요소도 두 가지 차원에서 고려될 수 있을 것이다. 즉 액션러닝 팀 또는 구성원이 액션러닝 과제를 수행하기 위한 실행계획과 액션러닝 과제를 수행한 후에 그 결과를 성찰하고 앞으로 어떻게 더 발전된 마음과 행동으로 변화시킬 것인가에 대한 실행계획이 그것들이다.

일반적으로 실행계획에 포함되어야 할 요소는 액션러닝의 목적, 과제의 성질에 따라 다를 것이나 다음 사항이 포함되도록 하는 것이 좋을 것이다.

(1) 목표

액션러닝 팀이 도달하기를 원하는 목표가 명시되어야 할 것이다. 구성원 개인의 액션플랜인 경우엔 구성원 개인이 도달하기를 원하는 목표가 기술되어야 할 것이다. 전체적인 상위목표를 기술하고, 상위목표에서 도출된 하위목표들도 기술한다. 목표를 설정하는데 도움이 되는 방법으로 SMART, 5W1H 방법이 있다.

먼저, SMART는 Specific, Measurable, Achievable, Relevant, Time-based 용어들의 머리글자를 조합한 것이다.[107] "Specific" 이란 목표는 구체적이어야 한다는 것이고, "Measurable" 이란 목표는 측정 가능해야 한다는 것이고, "Achievable" 이란 목표는 도달 가능하고 성취 가능해야 한다는 것이며, "Relevant" 란 목표는 실제적이고 적실성이 있는 것이어야 한다는 것이고, "Time-based" 란 목표는 시간기준목표이어야 하며, 구체적인 시간계획 (time-line)과 최종 도달시점을 가지고 있어야 한다는 것을 의미한다.

목표가 구체적이어야 한다는 것은 모호하거나, 불명확하거나, 추상적인 목표설정을 경계하는 것이다. 목표가 측정 가능해야 한다는 것은 결과를 측정할 수 없는 것을 목표로 세우는 것을 경계하는 것이다. 목표가 성취 가능해야 한다는 것은 주어진 능력과 여건을 반영하여 실현가능한 것이어야 한다는 것이고 과대망상적인 목표 설정을 경계하는 것이다. 목표는 적실성이 있어야 한다는 것은 조직적으로 또는 사회적으로 용인될 수 없는

---

107) 이들 요소 용어들은 관점에 따라서 다른 용어로 대체될 수 있으나 그 기본 의미에 있어서는 서로 통해야 하며 동일한 두문자를 가져야 한다. 예컨대 "achievable" 용어는 "attainable" 용어로 대체될 수 있는데 그 기본 의미가 서로 통하고 동일한 두문자를 가지고 있기 때문이다.

것은 목표로 세워서 안 된다는 것이다. 목표는 구체적인 시간계획과 최종 도달시점을 가져야 한다는 것은 주어진 기간 내에 목표를 달성하도록 목표 달성의 기간이 명확히 설정되어야 한다는 것이다.

한편, 5W1H 방법은 누가(Who?), 무엇을(What?), 언제(When?), 어디서(Where?), 왜(Why?), 어떻게(How?)라는 요소들이 목표를 주제(문장이나 언어)로 표현할 때 포함되도록 하는 방법이다. 예컨대 "나는 관리자로서 정책관리능력을 향상하기 위해 중앙공무원교육원이 운영하고 있는 정책관리능력향상과정의 교육을 2009년 11월까지 이수할 것이다." 라는 표현은 5W1H 요소들을 반영하여 표현한 목표이다. 〈표 2-8-1〉에서 목표설정에 있어서 SMART 요건과 5W1H 요건을 비교하여 제시하고 있다.

〈표 2-8-1〉 목표설정의 SMART와 5W1H 요건

SMART 요건		5W1H 요건	
Specific (구체적일 것)	관리자로서 정책관리능력 향상	Who? (누가)	나는 관리자로서 정책관리능력을 향상하기 위해 중앙공무원교육원이 운영하고 있는 정책관리능력향상과정의 교육을 비합숙 방식으로 출퇴근하면서 2009년 11월까지 이수할 것이다.
Measurable (측정 가능할 것)	정책관리능력향상과정 교육 이수	What? (무엇을)	
Achievable (성취 가능할 것)	정책관리능력 향상, 중앙공무원교육원이 운영하는 교육과정 이수	When? (언제)	
		Where? (어디서)	
Relevant (적실성을 가질 것)	관리자, 정책관리능력, 정책관리능력향상과정	Why? (왜)	
Time-based (시간 기준 목표일 것)	2009년 11월까지	How? (어떻게)	

(2) 기간단계와 하위목표

기간을 설정하며 적실하게 기간을 구분하여 분할한다. 예컨대 시작 시점

에서부터 종료 시점 즉 목표 달성 시점에 이르기까지의 기간을 분할한다.

각 분할된 기간단계에 있어서 달성해야 할 목표를 기술한다. 하위 목표들을 명확히 기술한다.

(3) 활동

계획을 집행해서 설정된 목표를 달성하기 위해서 각 단계 마다 구체적으로 취해야 할 활동들을 기술해야 한다.

(4) 책임소재와 지원

목표 달성에 책임 소재와 지원 사항을 분명히 한다. 즉 구체적인 액션러닝 활동들을 전개하기 위해서 필요한 자원을 지원할 기관 또는 부서를 기술하고 책임질 사람 또는 기관을 명시하도록 하여 지원과 조언을 받도록 한다.

(5) 결과 측정 척도

각 목표에 대한 달성을 측정할 수 있는 척도를 기술한다. 예컨대 "달성 못함 – 중도 – 달성함" 또는 "달성함 – 달성 못함" 등의 목표달성 척도를 구성한다.

〈그림 2-8-1〉에서는 실행계획의 서식을 예시하고 있다. 실행계획의 서식은 각 액션러닝 운영 부서에서 운영목적에 맞게 작성하는 것이 바람직할 것이다.

실 행 계 획

	취할 행동	요구되는 자원	책임 점검/ 책임자	시작시점	달성(종 결)시점	달성여부
목표: ─── ────── ────── ────── ────						
하위목표 1: ──── ────── ──────						
하위목표 2: ──── ────── ─────						
하위목표 3: ──── ────── ─────						

〈그림 2-8-1〉 실행계획(action plan) 서식 (예시)

제9장 질문

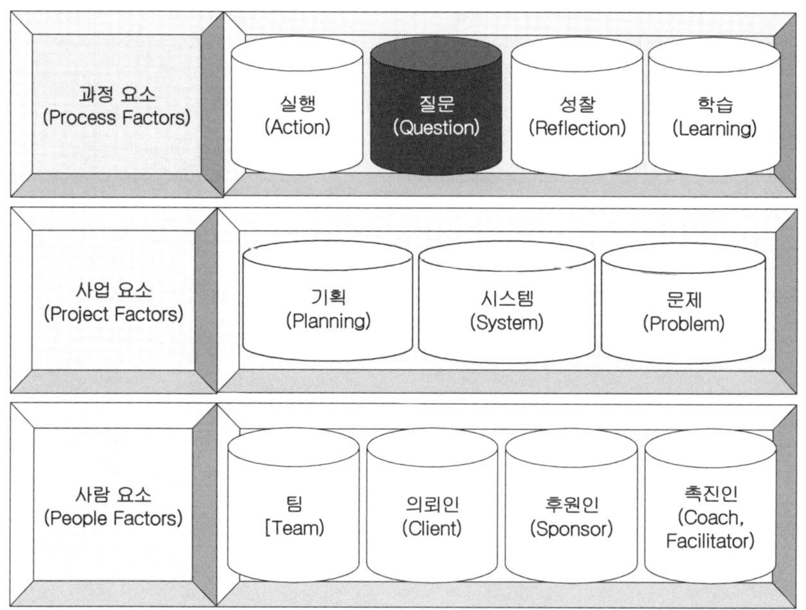

1. 질문의 의의

GE의 액션러닝에서 촉진인은 팀 구성원들에게 질문을 통해서 문제해결을 위한 대안을 찾도록 안내한다. 레반스(Revans, 1982)는 학습할 때 과거에 일어났던 결과나 지식을 검토하는 것은 뒤로 미루고 질문과 함께 시작하라고 강조한다. 즉 기존의 학습방식은 과거에 배웠던 것을 검토하는 것

부터 시작하는데 그렇게 하지 말고 "당신은 지금 무엇이 일어나고 있다고 느끼십니까?" 등과 같은 질문에서부터 시작하라고 강조한다.[108] 그렇게 해야만 새로운 교육과 학습이 일어난다는 것이다. 이처럼 액션러닝에서 질문이 차지하는 위상은 매우 높다.

액션러닝이 문제해결을 위한 하나의 수단이긴 해도 액션러닝에서는 해결책 자체보다 질문에 초점을 두고 진행된다. 이것이 GE의 액션러닝이 Work-Out과 차별화 되는 점이다. Work-out(워크아웃)은 해결책 도출이 목적이지 액션러닝처럼 학습이 목적이 아니다. 워크아웃에서 해결책이 도출되면 후원인 CEO가 그 자리에서 의사결정을 내려 주어야 한다. 액션러닝에서는 질문을 통해서 문제의 근본 원인을 파악하고 바람직한 해결책을 찾는 것이다.

따라서 액션러닝은 단지 해결책이나 응답 또는 진술만을 위해 전개되는 것은 아니다. 기존의 가정이나 가치들을 변화시켜 새로운 해결책을 창조적으로 찾아가게 하는 통찰력을 자극하는 참신한 성찰적 질문들을 촉진하는 과정을 통해서 액션러닝이 진행되고 학습이 일어난다. 대답이나 자신의 주장을 늘어놓기 보다는 참신하고 통찰력을 불러일으킬 수 있는 성찰적 질문들을 통하여 자신과 상대방이 이에 응답하고 새로운 질문을 하게 되어 학습이 더 한층 바람직한 방향으로 진행되는 것이다.

여기서 성찰적이며 참신한 질문들이란 기존의 틀에 박힌 질문들이 아니라 참여자가 당연시 하고 있는 참여자 자신의 기본적 가정이나 문제해결방식에 대해서 성찰하고 새로운 통찰력을 가지게 될 수 있는 질문들이다. 이러한 질문들은 참여자가 자기 자신에게 던져주는 것은 물론이고 다른 구성원이나 촉진인 역할을 맡은 사람이 그 참여자에게 던져 주는 것이 좋다. 이렇게 함으로써 참여자 자신은 기존 방식으로는 전혀 생각하지 못했던 새로운 것을 찾게 되는 통찰력을 가지게 될 수 있고 이는 학습을 더 한층 증진시키는 효과를 낳는다(Yorks, O' Neil, and Marsick, 2002).[109]

---

108) Revans, R. W. (1982). *The Origins and Growth of Action Learning.* London: Chartwell Bratt.
109) (pp. 19-29). Palgrave MacmiYorks, L., O' Neil, J, and Marsick, V. (2002).

레반스(Revans, 1982)는 학습은 프로그램에 의한 교수와 통찰력이 있는 질문으로 이루어진다고 본다.[110] 즉 "L = P + Q" 이다. 여기서 L은 학습(learning), P는 프로그램 학습법에 의한 교수(programmed instruction)로 일반적인 전통적인 학습이다. Q는 통찰력이 있는 질문(questioning insight 또는 insightful questions)으로 통찰력을 불러일으킬 수 있는 질문 또는 그러한 질문을 할 수 있는 능력을 뜻한다.

프로그램 학습법에 의한 학습이란 전문지식, 교과서 지식, 수십 년 동안 내려오는 당연히 그러하다고 되어 있는 지식 등 전통적인 지식을 말한다. 일반적으로 기존의 전통적인 교실수업, 주입식의 강의방식에 의한 지식 전달 방식이 여기에 해당한다. 이러한 전통적인 지식전달 방식으로는 학습 증진에 한계가 있다.

통찰력이 있는 질문이란 차별적이고 식별력을 키워줄 수 있는 질문으로 직관적이고 마음을 꿰뚫을 수 있는 질문이다. 그러한 질문을 필요한 때에 제때에 올바르게 할 수 있는 능력이 있어야 하며 경험에 근거해서 질문이 주어져야 한다. 질문은 기존의 경험들을 새롭게 해석하게 하는 기능을 가지고 있다.

레반스에 따르면 문제를 해결하고자 할 때 그 출발선 상에서 통찰력이 있는 질문(Q)은 큰 질문과 작은 질문 형태로 구성된다.

큰 질문 형태에는 "무엇을(What), 누가(Who), 언제(When), 어디서(Where)" 등이 포함된다. 작은 질문 형태에는 "왜(Why) 어느 정도(How much) 얼마나 많이(How many)" 등이 포함된다(Boshyk, 2002; Yorks, O' Neil, & Marsick, 1999a).[111]

Action reflection learning and critical reflection approaches. In Y. Boshyk (Ed.), *Action Learning Worldwide: Experiences of Leadership and Organizational Development* llan.

110) Revans, R. W. (1982). *The Origin and Growth of Action Learning*. London: Chartwell Bratt.

111) ① Boshyk, Y. (2002). Why business driven action learning? In Y. Boshyk (Ed.), *Action Learning Worldwide: Experiences of Leadership and Organizational Development*(pp. 30-52). Palgrave Macmillan.

"What"과 같은 큰 질문들도 작은 질문의 지원이 있어야 그 유용성이 높아질 수 있는 경우가 많다. 예컨대 "무엇(What)을 새로 생산해야 합니까?" 질문에 대한 대답이 해결된다면 그 다음엔 "어떻게(How) 그것을 만들 것입니까?" "어떻게(How) 온라인상에서 판매할 것입니까?" 등과 같은 질문이 필요하게 될 것이다.

"Why"와 같은 작은 질문들은 중요한 질문이긴 하나 질문을 받아들이는 상대방으로 하여금 방어적인 자세를 견지하게 할 가능성이 높으므로 사용을 자제하도록 하는 것이 좋다. 예컨대 "왜 그렇게 했어요?"와 같은 질문을 강한 억양으로 하게 되면 검사가 피의자에게 취조하는 식의 질문이 되어 상대방이 방어적인 자세를 취하게 될 수 있다. 따라서 "왜 그와 같은 사건이 발생했습니까?" "얼마나 많은 사상자가 그 사건으로 발생했습니까?" 등과 같이 어떤 사실에 대한 확인을 위한 질문과 같은 꼭 필요한 상황이외에는 사용을 피하는 것이 좋다.

그리고 이러한 큰 질문과 작은 질문으로 분류하는 것은 상대적일 수 있다. 주어진 상황에 적합하게 사용하는 것이 바람직할 것이다.

〈표 2-9-1〉에서 큰 질문과 작은 질문을 정리하고 있다.

〈표 2-9-1〉 Revans의 통찰력 질문 (예시)

종류	형태
큰 질문 (Major Q)	• What? (무엇을/이?) • Who? (누가?) • When? (언제?) • Where? (어디서?)
작은 질문 (Minor Q)	• Why? (왜?) • How? (어떻게?) • How much? (어느 정도?) • How many? (얼마나 많이?)

② Yorks, L., O' Neil, J., & Marsick, V. J. (Eds). (1999a). *Action Learning: Successful Strategies for Individual, Team, and Organizational Development.* Baton Rounge, LA: AHRD.

③ Wikipedia Encyclopedia. (2008).

2. 질문의 필요성

　액션러닝이 문제해결을 위한 수단이라면 문제의 원인을 찾고 해결 대안을 마련하며 최선의 대안을 찾아서 집행해야 할 것이다. 최선의 해결책을 마련하기 위해서는 문제의 근본 원인이 무엇인가를 찾아내야 할 것이다. 문제의 근본원인을 잘 못 짚으면 해결책도 잘 못 짚게 된다.

　마쿼드(Michael J. Marquardt)는 액션러닝에 있어서 정확하게 문제의 원인을 찾는 것이 중요함을 "코끼리와 장님들" 우화를 예로 들면서 강조하고 있다.

　어느 날 한 마을에 거대한 코끼리 한 마리가 나타났다. 그런데 그 마을에 태어날 때부터 앞을 보지 못하는 장님들도 살고 있었다. 태어나서 코끼리를 한 번도 본직이 없었던 장님들이었으므로 코끼리가 어떻게 생겼는지 전혀 알 길이 없다. 마을에 코끼리가 나타났다는 말을 들은 장님들은 코끼리가 무엇인지를 알기 위해서 그곳에 갔다. 장님들은 자신들의 마을에 나타난 코끼리가 무엇과 같은지를 알아 맞춰보고자 했던 것이다.

　코끼리의 엄니 상아 표면을 더듬은 장님은 코끼리는 날카롭고 단단한 파이프 창과 같다고 주장했다. 코를 더듬은 장님은 코끼리는 두터운 나무 가지 닮은 뱀과 같다고 주장했다. 머리를 더듬은 장님은 코끼리가 항아리 같다고 주장했다. 퍼덕거리는 귀를 더듬은 장님은 코끼리는 큰 살아있는 커다란 부채와 같다고 주장했다. 코끼리의 옆구리를 더듬은 장님은 코끼리는 거대한 벽과 같다고 주장했다. 다리를 더듬은 장님은 코끼리는 기둥과 같다고 주장했다. 꼬리를 더듬은 장님은 코끼리는 닳아빠진 밧줄과 같다고 주장했다. 이들은 서로 자신의 주장이 옳다며, 각 자의 주장을 관철시키기 위해 서로 싸우기 시작했다.

　이 우화는 어떤 현상의 어느 한 부분만을 보아서는 문제의 근본원인을 찾을 수 없다는 것을 암시하고 있다. 각자 자신의 관점만을 주장해서는 문

제의 근본원인을 찾을 수 없다. 문제의 근본원인을 찾은 것이 문제해결과 정에 있어서 매우 중요한데, 그 근본 원인을 찾는데 도움을 주는 것이 질문이다.

3. 질문의 형태

액션러닝에서 사용될 수 있는 질문은 다양한 형태가 있다. 즉 열린 질문, 탐색적 질문, 성찰적 질문, 정서적 질문, 탐구적 질문, 사실적 질문, 분석적 질문, 점검 질문, 닫힌 질문 등 다양한 형태의 질문이 있을 수 있다.[112]

1) 열린 질문

개방성의 유무에 따라 열린 질문(open-ended questions)과 닫힌 질문(closed questions)이 있다. 열린 질문은 상대방이 응답이 다양한 형태로 나타날 수 있도록 하는 질문이다. 주로 'What~?' 'Why~?' 'How~?' 등에 의해서 질문이 이루어진다. 예컨대, 다음 질문들은 열린 질문의 범주에 해당된다고 할 수 있다.

- 왜 이런 결과가 나타난다고 생각하십니까? / 생각하시는지요?
- 이 문제의 원인은 어떻게 도출 되었습니까? / 되었는지요?
- 무엇을 원하십니까? / 원하시는지요?

---

112) ① Marquardt, M. J. (2004). *Optimizing the Power of Action Learning: Solving Problems and Building Leaders in Real Time*. Palo Alto, California: Davies-Black Publishing.

② McGill, I., and Beaty, L. (2002). *Action Learning: A Guide for Professional, Management & Educational Development*. London: Kogan Page Limited.

2) 탐구적 질문

탐구적 질문(exploratory questions)은 문제 제시자로 하여금 새로운 탐구를 유도하는 열린 질문이다. 예컨대, 다음 질문들은 탐구적 질문의 범주에 해당된다고 할 수 있다.

- 무엇이 한국의 IMF를 야기했습니까? / 야기했는지요?
- 지금 말씀하신 그 내용은 무엇을 의미합니까? / 의미하는지요?
- 어떻게 하면 현 상황을 개선할 수 있습니까? / 있는지요?

3) 성찰적 질문

성찰적 질문(reflective questions)은 응답자로 하여금 더 많이 묻고 생각하게 하는 질문이다. 예컨대, 다음 질문들은 성찰적 질문의 범주에 해당된다고 할 수 있다.

- 지금 이러이러한 문제가 발생했다고 말씀하였는데, 그 발생의 원인은 무엇이라고 생각하고 계십니까? / 계시는지요?
- 우리는 지금 무엇을 하고자 시도하고 있는가? / 있는지요?
- 이 사업을 추진하는 것을 하지 못하게 가로막고 있는 것은 무엇입니까? / 무엇인지요?
- 그 장애물들을 제거하기 위해서 우리는 무엇을 할 수 있습니까? / 있는지요?

4) 정서적 질문

정서적 질문(affective questions)은 특정 이슈와 관련하여 응답자의 정서나 감정을 함께 공유하고자 하는 질문이다. 예컨대, 다음 질문들은 정서적 질문의 범주에 해당된다고 할 수 있다.

- 이 과제를 수행할 때 어떤 생각을 갖고 계셨습니까? / 계셨는지요?

- 이것을 보았을 때 어떤 느낌을 가지고 계셨습니까? / 계셨는지요?
- 이 과제를 수행할 때 어떤 행동을 취하셨습니까? / 취하셨는지요?
- 지금 수행하는 사업을 중지하는 것에 대해서 찬성하는 주장들이 있는데 선생님은 어떻게 생각하십니까? / 생각하시는지요?

응답자는 다양한 형태의 정서적 반응으로 응답할 수 있을 것이다. 예컨대, 제한된 정서, 맥 빠진 정서, 또는 무딘 정서 등과 같은 다양한 형태로 응답이 이루어질 수 있을 것이다.

- 저도 그렇게 생각합니다(제한된 정서)
- 저는 모릅니다(맥 빠진 정서)
- 저는 확실하지 않습니다(무딘 정서)

5) 참신한 질문

참신한 질문(fresh questions)은 문제 소유자로 하여금 그 문제에 대해 통찰력을 높여 주는 질문이다. 참신한 질문은 기본 가정이나 신념 또는 고정관념을 도전하며 깨는 질문이다. "What if ~?" "How would~?" "How could ~?" "Why ~?" 등 다양한 형태로 가능하다. 예컨대, 다음 질문들은 참한 질문의 범주에 해당된다고 할 수 있다.

- 만약 지하철이 없다면 어떻게 될까요?
- 만약 직원들에게 교육훈련 예산을 지원한다면 어떻게 될까요?
- 무엇이 그것의 동기가 되었습니까? / 되었나요?
- 혼합학습(blended learning)은 어떻게 실시할 수 있나요?
- 왜 꼭 그것을 해야만 되나요?
- 홍길동이라면 혼합학습을 어떻게 실시할까요?
- 대법원이라면 그것을 어떻게 할까요?
- 사람들이 교육훈련을 필요로 하는지를 어떻게 알 수 있나요?

6) 연계적 질문

연계적 질문(Connecting questions)은 어떤 앞선 현상에 대한 연계를 창조하는 질문이다. 예컨대, 다음 질문들은 연계적 질문의 범주에 해당된다고 할 수 있다.

- 그래서, 이 사업은 어떤 영향을 초래하였는지요?
- 사실이 그렇다면, 우리는 이제 무엇을 해야 하나요?
- 그것을 해야 한다고 말씀하였는데, 왜 우리가 그것을 해야 하나요?

7) 사실적 질문

사실적 질문(Factual questions)은 사실에 입각한 질문으로 질문에 상응한 진실을 찾기 위해 필요한 사실에 관한 정보를 얻기 위한 것이다. 주로 "What" 과 관련된 질문이다. 이러한 질문에 대한 대답은 일반적으로 한 개의 올바른 대답만이 존재하게 된다. 예컨대, 다음 질문들은 사실적 질문의 범주에 해당된다고 할 수 있다.

- 한국은 몇 개의 도(道)로 이루어져 있습니까?
- 한국 수영 선수들 중 처음으로 세계 수영 선수권 대회에서 금메달을 딴 선수는 누구입니까?

8) 분석적 질문

분석적 질문(analytical questions)은 현상의 원인을 분석하기 위한 질문이다. 단순한 사실적 정보를 찾는 "What" 차원을 넘어서 현상의 이유와 원인을 찾는 "How" "Why" 차원에 해당하는 질문이다. 일반적으로 한 개의 올바른 대답만이 존재하는 사실적 질문과는 달리 분석적 질문에는 여러 개의 가능한 대답이 존재할 수 있다. 예컨대, 다음 질문들은 분석적 질문의 범주에 해당된다고 할 수 있다.

- 이러한 사태를 야기한 원인은 무엇입니까? / 무엇인지요?
- 어떻게 그 사건이 우리의 정책에 영향을 미칩니까? / 미치는지요?
- 정부가 왜 그러한 의사결정을 하였다고 생각하십니까? / 생각하시는지요?

9) 명료화 질문

명료화 질문(clarifying questions)은 문제 제시자의 문제를 명료화하여 질문자가 제시자의 상황을 더 잘 이해하기 위한 질문이다. 명료화 질문엔 간단한 사실적 응답이 뒤따라야 한다. "Who" "What" "Where" "When" "How" 등에 관한 질문이 된다. 그러나 탐색적 질문과 달리 "Why" "What else" 등과 같은 질문은 하지 않는다. 예컨대, 다음 질문들은 명료화 질문의 범주에 해당된다고 할 수 있다.

- 이 사업은 시작한지 얼마나 되었습니까? / 되었는지요?
- 이 사업을 완수하는데 얼마나 많은 시간이 소요됩니까? / 소요되는지요?
- 이 사업에 관련된 이해당사자들은 어떻게 분류되었습니까? / 분류되었는지요?
- 이 사업을 수행하는데 필요한 자원들 가운데 얼마나 많은 자원을 가지고 있습니까? / 있는지요?

10) 탐색적 질문

탐색적 질문(probing questions)은 문제 제시자로 하여금 내용을 더 통찰력이 있고 심도 있는 방식으로 음미하고 조사하게 하기 위한 것이다. 탐색적 질문은 "Why" "What else" 등의 질문이다. 예컨대, 탐색적 질문의 범주에 해당된다고 할 수 있다.

- 이 상황에선 어떤 행동이 바람직하다고 생각하십니까? / 생각하시는지요?
- 또 다른 접근법을 생각하고 계시나요? / 계시는지요?

- 왜 그러한 사건이 일어났다고 생각하십니까? / 생각하시는지요?
- 그 사건 전에 무엇이 일어났다고 생각하십니까? / 생각하시는지요?
- 왜 그것이 중요한지 설명하실 수 있습니까? / 있으신지요?
- 무엇을 원하십니까? / 원하시는지요?
- 왜죠? / 왜 그렇다고 생각하시나요?

11) 닫힌 질문

닫힌 질문(closed questions)은 상대방의 응답이 '예' 또는 '아니오' 등과 질문자의 질문에 응답이 포함되어 있는 질문이다. 예컨대, 다음 질문들은 닫힌 질문의 범주에 해당된다고 할 수 있다.

- 당신은 이번 정책과제에 대해서 찬성하십니까?
- 이 정책 집행으로 얼마나 많은 이해관계집단이 직접적으로 영향을 받습니까?

12) 점검 질문

닫힌 질문의 한 형태이자 닫힌 질문을 도와주는 질문으로 점검 질문(checking questions)이 있다. 어떤 상황까지의 상태를 점검하고자 할 때 사용하면 좋은 질문이다. 예컨대, 다음 질문들은 점검 질문의 범주에 해당된다고 할 수 있다.

- 여러분의 팀이 수행하고자 하는 과제는 'ㅇㅇㅇㅇㅇㅇㅇ'이라고 생각되는데, 맞습니까?
- 여러분의 팀이 성취하고자 하는 것은 'ㅇㅇㅇㅇㅇ'이라고 생각되는데, 맞습니까?

이러한 질문의 형태를 〈표 2-9-2〉처럼 요약할 할 수 있을 것이다.

〈표 2-9-2〉 질문의 형태

질문형태	예시
열린 질문	• 상대방의 응답이 다양한 형태로 나타날 수 있는 질문 • "이 정책의 영향은 무엇이라고 생각하십니까?"
탐구적 질문	• 새로운 탐구를 유도하는 열린 질문 • "무엇이 한국의 IMF를 야기했습니까?"
성찰적 질문	• 응답자로 하여금 더 많이 생각하게 하는 질문 • "우리는 지금 무엇을 하고자 시도하고 있는가?"
정서적 질문	• 응답자의 정서나 감정을 공유하고자 하는 질문 • "이 과제 수행 시 어떤 생각을 하고 계셨습니까?"
참신한 질문	• 기본 가정이나 고정관념을 도전하며 깨는 질문 • "왜 꼭 그것을 해야만 되나요?"
연계적 질문	• 어떤 앞선 현상에 대한 연계를 창조하는 질문 • "그렇다면, 우리는 이제 무엇을 해야 하나요?"
사실적 질문	• 필요한 사실에 관한 정보를 얻기 위한 질문 • "한국은 몇 개의 도(道)로 이루어져 있습니까?"
분석적 질문	• 현상의 원인을 분석하기 위한 질문 • "이러한 사태를 야기한 원인은 무엇입니까?"
명료화 질문	• 문제 제시자의 문제를 명료화하여 질문자가 제시자의 상황을 더 잘 이해하기 위한 질문 • "이 사업을 완수하는데 얼마나 많은 시간이 소요됩니까?"
탐색적 질문	• 더 심도 있게 음미하고 조사하게 하기 위한 질문 • "이 상황에선 어떤 행동이 바람직하다고 생각하십니까?"
닫힌 질문	• 주로 'Yes' 또는 'No'로 응답되어지는 질문 • "이 정책에 동의하십니까?"
점검 질문	• 어떤 상태를 점검하고자 하는 닫힌 질문 • "이 팀이 수행하고자 하는 과제는 'ㅇㅇㅇㅇㅇㅇㅇ'이라고 생각되는데, 맞습니까?"

제10장 성찰

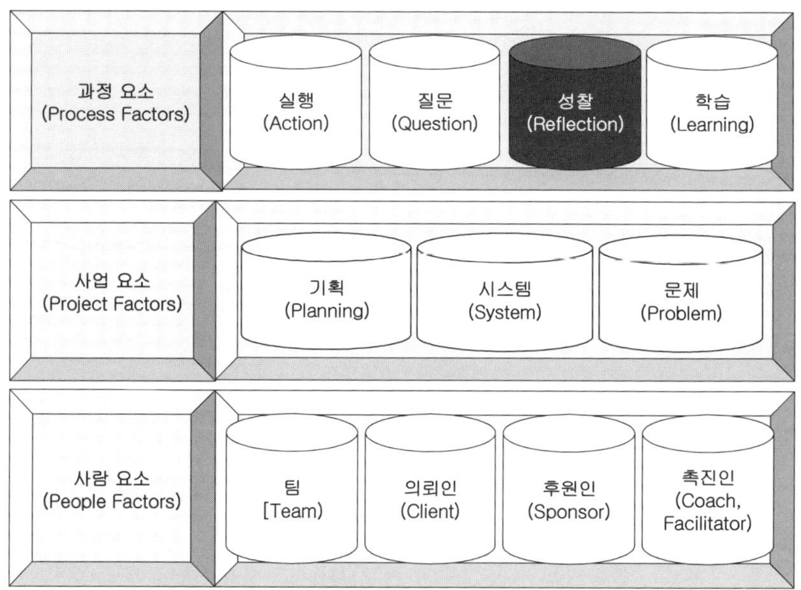

1. 성찰의 의의

액션러닝에서 성찰(reflection)은 자기 자신과의 대화이다. 자기 자신의 내적 감정을 느끼고 반성하고 미래 계획을 구상하는 것이다. 액션러닝 팀 자신은 물론이고 구성원 개개인의 자신과의 대화이다. 이는 매우 중요한 요소이다. 액션러닝에서 성찰이 없으면 학습도 없다고 해도 과언이 아니

다. 액션러닝에서의 진정한 학습은 성찰과 함께 이루어진다는 것을 강조하고자 한다.

일반적으로 성찰이란 과거를 회고하고 반성하는 것을 의미한다. 그러나 액션러닝에서 성찰이란 자신 및 팀의 마음, 행동, 경험 등의 과거를 돌아보고, 반성하며, 앞으로의 발전계획을 수립하고 실천해 나가는 과정이다. 따라서 자기 자신과의 대화인 성찰에는 ① 과거를 돌아보고, ② 반성하고, ③ 이의 개선을 위한 발전계획을 세우고, ④ 이를 실천해 나가는 과정을 거치는 단계들이 포함되어 있다. 이를 비판적 성찰(critical reflection)이라고도 할 수 있을 것이다.

그런데 성찰은 행동이 끝난 이후에만 이루어지는 것이 아니다. 행동 이전 또는 실행하기 이전에 성찰하고, 행동 중 또는 실행 중에도 성찰하고, 행동 이후 또는 실행 이후에도 성찰해야 한다.

예컨대 학습과 행동변화에 있어서 성찰이 차지하는 중요성은 학습사회 이론의 거장인 도널드 숀(Donald Schon)[113]에 의해서도 강조되었는데, 도널드 숀은 학습과 성찰은 변화를 위해서 매우 중요한 것이며 행동한 후에만 성찰하는 것이 아니라 행동하기 이전에도 성찰하고 행동하면서도 성찰해야 한다고 강조했다.

〈그림 2-10-1〉에서 성찰주기를 보여주고 있다. 이처럼 성찰은 행동이나 실행의 모든 단계에서 끊임없이 지속되는 것이다.

이는 변화혁신 리더십을 발휘하려는 리더들에게 액션러닝 학습에 있어서 성찰이 차지하는 중요성을 함축적으로 나타내 주는 말이라고 할 수 있다. 바람직한 방향으로 변화하고자 하는 개인, 조직, 사회는 학습과 활동을 시작하기 이전에 성찰하고, 활동 중에도 성찰하고, 활동이 끝난 후에도 성찰해야 한다.

---

113) Donald Alan Schon(1930-1997), 바람직한 변화를 위해서는 조직은 학습조직, 사회는 학습사회가 되어야 함을 강조했다. 또한 성찰적 학습, 성찰적 실습, 성찰적 행동을 강조했다.

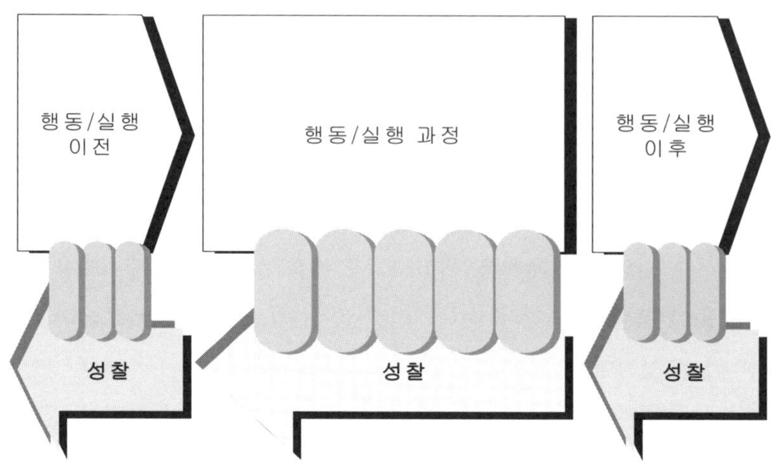

〈그림 2-10-1〉 성찰 주기

2. 성찰의 필요성

액션러닝 팀의 구성원들은 자신들이 취한 생각, 행동, 경험 등에 대한 성찰이 필요하다. 개별적으로 그리고 팀원들과 함께 성찰이 필요하다. 따라서 성찰일지를 기록하는 경우엔 개인별 성찰일지와 팀별 성찰일지가 필요할 것이다. 이를 공식적인 기관에 제출하지 않다고 하더라도 성찰일지를 기록해 보는 습관을 가지는 것이 좋다.

이러한 특징의 성찰은 액션러닝의 모든 과정에서 이루어져야 한다. 이는 학습을 위해서 매우 중요하며, 성찰(reflection)과 실행(action)을 통한 학습(learning)이 이루어지게 된다(McGill & Beaty, 2002).[114]

따라서 액션러닝의 팀 및 팀 구성원들은 특정 행동이나 경험이 이루어진

---

114) McGill, I., and Beaty, L. (2002). *Action Learning: A Guide for Professional, Management & Educational Development.* London: Kogan Page Limited.

뒤에 이에 대한 성찰하는 과정이 반드시 이루어져야 할 것이다. 성찰의 과정을 통해서 액션러닝의 학습이 이루어진다. 액션러닝의 모든 팀 및 팀원은 각각의 활동을 주기적으로 성찰하고 그 성찰 내용에 따라 새로운 활동을 계획하고 실천해야 한다. 팀 및 팀원은 성찰한 내용을 정리하는 성찰일지를 작성하고 보관해야 한다. 촉진인은 팀 및 팀원의 성찰을 도와야 하며 자기 자신의 활동에 대해서도 성찰하고 자신의 성찰일지는 물론이고 팀 및 팀원의 성찰일지도 관리해야 한다.

일반적으로 액션러닝에서 성찰은 질문과정을 통해서 깊은 성찰이 이루어지고 이 성찰을 통해서 새로운 질문을 유발하는 것이다. 자신의 기본 가치, 신념, 철학에 의문을 제기하고 새로운 가치, 신념, 철학을 받아들이고, 참신한 질문을 제시할 수 있고, 적합한 해결책을 제시하는 것이다. 이를 위해서 타인의 질문이나 진술을 성찰적으로 경청하는 자세가 중요하다.

3. 성찰의 특성과 형태

1) 정직과 진실

성찰의 기본은 정직이며 진실이다. 만약 성찰하는 사람 또는 팀이 자신의 과오를 인정하지 않고 미화하려고 한다면 진정한 성찰은 일어나지 않게 되기 때문이다. 자신의 잘못된 점은 들추어 내지 못하고 잘된 점만 나열하면서 다른 사람들의 눈길을 끌려고 하는 것에는 성찰의 효과가 미미할 것이다. 특히 여러 사람이 함께 동일한 장소에서 성찰시간을 가지게 될 때 자신의 성찰내용을 타인이 볼까봐 제대로 성찰이 일어나지 않는 경우가 있다.

2) 성찰의 전 과정 주기

앞에서 언급했듯이 성찰은 액션러닝의 전 과정에서 필요한 것이다. 마음, 행동이 결정되고 집행되고 그 결과가 나타나는 모든 과정에서 성찰이 필요할 것이다. 행동하기 이전과 행동과정, 행동 이후에도 성찰이 필요한 것이다. 실행에 들어가기 전에 성찰하고, 실행에 옮기면서 성찰하고, 실행이 끝난 다음에도 성찰해야 한다.

3) 성찰의 수준

성찰에도 수준이 있다. 여기서는 단일 루프 성찰, 2중 루프 성찰, 3중 루프 성찰을 중심으로 살펴본다.

(1) 단일 루프 성찰

단일 루프 성찰(single loop reflection)이란 단순히 자신이 수행한 행동에 대해서 검토하고 반성하는 것이다. 단순히 "무엇(What)이 일어났는가?"를 인식하고 반성하는 정도에 불과하다. 여기에는 도전정신이 없고 진솔한 대화도 없는 일방적인 것이다.

액션러닝 활동 중에 문제가 발생했을 때 기존의 수단, 기술, 전략을 약간 수정하여 목표를 달성하고자 하는 활동에 그친다. 성찰은 자신이 기존에 가지고 있던 패러다임, 가치 안에서만 일어난다.

이는 아지리스(Chris Argyris)가 말하는 단일 루프 학습을 위한 것이다. 이러한 성질의 단일 루프 성찰은 자신의 기존의 사고의 틀의 범위 내에서 점증적으로 변화하고자 하는 점증적 성찰(incremental reflection)에 해당된다고 할 수 있다.

(2) 2중 루프 성찰

2중 루프 성찰이란 단일 루프 성찰보다 좀 더 깊이 성찰하는 것이다. 단순 성찰에서 더 깊이 들어가서 그 문제의 원인을 캐고자 하는 것이다. 예컨대 "왜(Why) 그것이 그렇게 발생했나, 그 이유는 무엇인가?"와 같은 질문에 응답하는 수준이 될 것이다.

 이 단계에서는 대화와 의사소통이 활발하게 되고 조직 학습이 일어날 수 있는 수준이다. 액션러닝 활동 중에 문제가 발생했을 때 구성원들이 모두 참여하여 조직 또는 팀을 지배하고 있는 기존의 목적, 가치, 기본 가정, 틀 자체를 검토하고 상황맥락을 개선하려고 한다. 새로운 틀이 생성된다.

 이는 아지리스가 말하는 2중 루프 학습을 위한 것이다. 아지리스에 의하면 조직이 변화하기 위해서 2중 루프 학습이 필요하다는 것이다. 이러한 성질의 2중 루프 성찰은 새로운 가치, 규칙, 패러다임 등을 생성하는 생성적 성찰(generative reflection)에 해당된다고 할 수 있다.

(3) 3중 루프 성찰

 3중 루프 성찰(triple loop reflection)이란 현상 개선을 위한 성찰이며 현상 변혁을 위한 성찰이다. 이를 위해 자신이 수행한 활동에 대해서 되돌아보고, 반성하는 것은 물론 더 나아가 이를 문제를 발견하고 이를 개선할 해결책을 만들고 집행계획을 세워서 변혁을 위한 실천을 집행하는 일련의 활동들이 일어나야 한다. 이는 비판적 성찰에 기초를 두고 있다고 할 수 있다.

 이러한 비판적 성찰은 당연하다고 여기는 기존의 가정이나 준거 틀 또는 사고 틀에 대해서 의문을 품고 이를 검증하여 변혁을 실현하고자 하는 것이다. 왜냐하면 기존에 성공한 사례라도 기존에 문제해결에 적합했던 해결책이라도 시간이 흐르고 상황이 변화하면 재검토할 필요성이 있기 때문이다. 만약 왜곡이나 문제가 발견되면 현상을 개선하여 더 높은 발전의 차원으로 개인과 팀을 끌어올리려고 노력한다.

 이러한 현상개선과 체질 전환의 변혁적 성질을 가진 비판적 성찰을 바티선(Gregory Bateson) 등이 주장하는 3중 루프 학습을 위한 것이다. 이는 "Why of Why" 라고 할 수 있으며 2중 루프 성찰에서 성찰한 것 자체를 다시 성찰하는 것이다. 이러한 성찰은 이전과는 근본적으로 다른 총체적 변혁을 위한 학습이 일어나게 하는 변혁적 성찰(transformational reflection)에 해당된다고 할 수 있다.

이러한 비판적 성찰, 변혁적 성찰은 매우 당연시 여겨지는 것이면서도 잘 이행되지는 않는 경향이 있다. 왜냐하면 기득권에 안착한 사람들은 현상 그대로가 좋으며 개선의 필요성을 느끼지 않고 있기 때문이며, 또한 기존의 사고 틀에 갇힌 사람들은 자신들의 기존에 갖고 있던 동일한 틀로 세상을 보기 때문에 세상이 변해도 변한 것처럼 보이지 않아서 현상을 변화시킬 필요성을 느끼지 못하기 때문이다.

〈그림 2-10-2〉에서는 액션러닝에서의 단일 루프 성찰, 2중 루프 성찰, 3중 루프 성찰의 성찰수준을 예시적으로 보여주고 있다.

〈그림 2-10-2〉 성찰 수준 (예시)

4) 개인 성찰과 팀 성찰

성찰은 개인별로 할 수 있고 팀별로 할 수도 있고 팀과 개인 모두가 할 수도 있다. 각 구성원 개인별로 보면 각 개인이 발표하고 나면 이에 대한 성찰이 개인별 및 팀 차원에서 진행되어야 할 것이다. 또한 팀의 활동이나

결과가 산출되면 이에 대한 성찰이 팀 차원에서 진행되어야 할 것이다. 팀의 회의가 끝나기 전에 그날 회의한 내용이나 결과에 대해서 성찰하는 습관도 바람직한 것이다.

주기적으로 개인 활동이나 팀 활동의 진행상황 또는 결과 등을 점검할 때 그 점검이 있은 후에 성찰을 하는 것도 필요할 것이다.

5) 성찰과 환류

각 과정에서 성찰이 있으며, 그 결과에 대한 평가가 있어야 할 것이며, 평가가 있으면 그 평가결과에 대한 피드백이 있어야 할 것이다. 이는 공히 개인이나 팀의 발표 후에 진행되는 것이 바람직할 것이다.

성찰을 하는 동안에 팀 구성원들은 서로의 말을 경청하고 존중하는 태도를 견지해야 하며 촉진인은 이러한 문화를 장려하도록 해야 한다. 또한 서로의 정보를 공유하고 상대방의 입장에서 나를 보고 상대방을 배려하는 감정이입(empathy)의 자세를 유지해야 할 것이다. 따라서 상대방으로부터 자신에게 오는 정보가 자신에게 쓰든 달든 자신의 발전을 위한 환류(feedback)로 삼아야 할 것이다.

4. 성찰의 방식

그렇다면 어떤 방식으로 성찰하는 것이 성찰하고자 하는 목적을 달성할 수 있을 것인가?

성찰하는 방식으로 일정하게 준비되어 정해진 것은 없다. 성찰은 정신적 정서적으로 자신의 마음, 행동, 과업 등을 되돌아보는 것이기 때문에, 자기 자신 또는 자신의 팀의 내면을 깊이 있게 들여다 볼 수 있는 것이면 무난할 것이다.

다양한 성찰방식들이 사용되고 있으나, 토의나 토론, 읽기, 작문, 사진 관찰, 동영상 시청, 편지쓰기, 명상 등이 많이 사용되고 있다.

예컨대 액션러닝 현장탐방에서 찍은 현장사진을 들여다보면서 성찰하는 방식, 활동했던 내용을 직접 자신이 기록해 보면서 성찰하는 방식, 액션러닝 활동의 기록물을 읽으면서 성찰하는 방식, 액션러닝 활동 이전과 이후로 나누어서 아무개를 수신인으로 하여 편지를 써 보는 방식, 토의 또는 토론을 해 보는 방식, 질문을 해 보는 방식 등 다양한 방식이 사용될 수 있다.

다양한 성찰방식들을 사용해서 성찰할 때 적절한 질문도 함께 사용하는 것이 좋다. 예컨대 "Now what~?" "So what~?" "What~?" "How~?" "How much~?" "Why~?" "Where~?" 등의 질문들을 여타 성찰방식들과 함께 사용하는 것이 성찰에 도움이 될 것이다.

예컨대 "지금 어떤 느낌인가?" "왜 그런가?" "오늘 어떤 느낌을 받았는가?" "오늘 기분은 어떠했는가?" "무엇을 성취했는가?" "무슨 일이 일어났는가?" "무엇을 했는가?" "왜 그것을 했는가?" "왜 그렇게 했는가?" "기대한 것과 실제 발생한 것과의 차이는 무엇인가?" "왜 그런 차이가 발생했는가?" "그래서 어떠하겠다는 것인가?" "꼭 그것이어야만 하는가?" "다른 대안은 없는가?" 등의 질문들은 도움이 될 것이다.

성찰의 한 수단으로 명상이 있다. 명상을 엄숙한 성찰(solemn reflection)이라고도 한다.

액션러닝에서 명상(meditation)은 자신과 액션러닝과의 관계를 자연스럽게 조화시켜 이질감과 부담감을 제거시켜 줄 것이다. 명상 수행의 자세는 서 있든, 앉아 있든, 누워있든, 움직이는 자세든 어떠한 형태든 관계치 않으나 팀 단위로 명상을 할 때는 서로에게 방해가 되지 않게 앉아서 하는 것이 바람직할 것이다.

마음을 자연스럽게 하고 자기 자신의 내면세계의 어느 한 곳에 의식을 집중시켜서 온갖 잡음을 자연스럽게 제거하도록 한다. 호흡을 자연스럽게 한다. 천천히 들이 마시고 천천히 내 쉬는 것을 자연스럽게 하도록 한다.

액션러닝 수행과정에서 발생하는 심리적 부담이나 스트레스를 풀어주어

서 마음의 평온을 가져오게 한다. 또한 육체적 피로를 덜어주어서 정신과 육체 모두를 평화롭고 온화하게 하는 것이 바람직하다. 명상을 통해서 액션러닝에 대한 부정적인 생각을 버리고 적극적으로 참여하게 하는 효과를 얻을 수 있을 것이다.

5. 성찰과 학습

문제해결에 있어서 현장 체험이 가장 좋은 스승이다. 그러나 현장에 가서 장님이 되어서는 문제 현상을 정확히 진단할 수 없다. "코끼리와 장님들" 이야기에서 나오는 장님들처럼 현장에 있더라도 현장의 목소리에 귀를 기울이지 않으면 문제를 정확히 파악할 수 없다. 즉 현장에 가더라도 자신의 가치관, 경험, 편견 등에 사로잡혀서 현상을 보게 되면 시민 또는 고객의 목소리를 들을 수 없게 된다는 것이다.

앞에서 언급했던 "코끼리와 장님들" 우화에서처럼 그곳에서 장님들은 모두 코끼리를 만졌지만 그 진단은 각각 모두 달랐다. 그리고 각자는 자신의 주장만이 옳다고 우기면서 서로 다투기 시작했던 것이다.

지나가던 사람이 이 광경을 보고 왜 싸우는지를 물었다. 장님들의 주장과 하소연을 듣고 난후, 장님들에게 자신의 주장을 굽히고 전체적인 관점에서 접근할 것을 주문했다. 즉, 장님들의 주장은 자신의 관점에서는 모두 옳다. 왜냐하면 서로 다른 관점에서 접근했기 때문이다. 그러나 전체적인 관점에서 접근하기 위해서는 장님들 모두의 주장을 합쳐야 한다고 말했다.

이처럼 각자가 모두 자신의 경험과 관점에서만 접근하게 되면 문제를 정확하게 진단할 수 없게 된다. 그렇게 되면 문제에 대한 정확한 해결책도 도출할 수 없게 된다. 자신의 생각, 행동 등에 대한 성찰이 필요하며 팀원들과 함께 성찰이 필요하다. 성찰을 통해서 필요한 행동을 실행에 옮겨야 한다. 따라서 액션러닝에서는 성찰을 통한 학습을 강조한다. 성찰이 없으면 학습도 없다고 해도 지나친 말은 아니다. 이 성찰은 액션러닝의 모든 과정에서 이루어져야 한다. 따라서 액션러닝에서의 학습은 성찰과 실행을 통한 학습이 이루어지게 된다(McGill & Beaty, 2002).[115] 이 학습은 팀과 팀 구성원 개인의 학습이며 현재의 학습과 미래의 학습능력을 향상시키는 것이어야 한다.

---

115) McGill, I., and Beaty, L. (2002). *Action Learning: A Guide for Professional, Management & Educational Development.* London: Kogan Page Limited.

제11장 학습

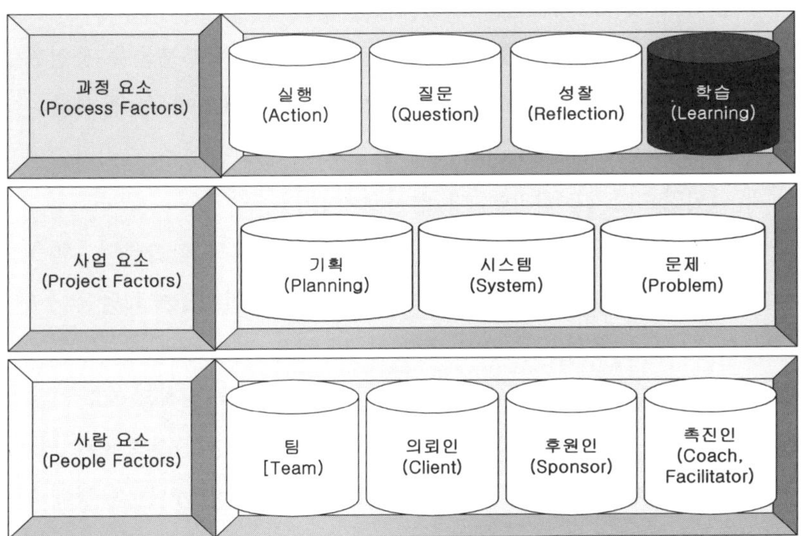

1. 학습의 의의

기본적으로 액션러닝에서 학습이란 현장 중심적 성찰학습이다. 즉 액션러닝에서 학습이란 실행을 통한 학습, 체험학습, 경험학습, 또는 성찰을 통한 학습을 의미한다.[116) 액션러닝의 팀 구성원들은 각자의 이슈 또는 팀의

---

116) 여기서 실행을 통한 학습(learning through action), 체험학습 또는 경험학습 (experiential learning)이란 학습이 실행하는 과정에서 체험하고 경험하는 과정에서 이루어진다는 것을 의미하고 성찰을 통한 학습(learning through

이슈에 대해서 어떤 행동을 결정하고 실행에 옮겨야 한다. 실행이 이루어지는 곳은 현장이다. 예컨대 특정 상품에 대한 유럽국가 시장 개방을 위해서 직접 유럽국가의 시장이라는 현장에 나가서 문제를 분석하고 대안을 개발하고 선택하여 집행하는 실행과정을 거쳐야 한다. 현장의 목소리가 사업 또는 정책의 수립과 집행에 반영되지 않을 때 사업수행 또는 정책집행에 큰 문제가 발생할 수 있다.

1986년 1월 28일 미국 우주 왕복선 챌린저(Challenger)호가 발사 직후 70여초 후에 공중에서 폭발했다. 승무원 7명 전원이 그 폭발로 사망했다. 폭발의 원인은 챌린저호 로켓의 보조 추진 장치의 접합부분들을 봉인한 오링(O-rings)의 손상이었다. 그 손상된 오링은 챌린저호에 큰 문제를 야기시킬 수 있다는 현장의 목소리가 상부에 보고되었으나 상부 관리자층에 의해서 무시되었으며 그 결과는 대 참사로 이어졌다.

개인이든 조직이든 학습한다. 다양한 경로를 통해서 학습한다. 책을 통해서, 전문가를 통해서, 지인을 통해서, 경험을 통해서, 또는 교육을 통해서 학습한다. 학습의 목적은 시간을 절약하고, 일을 편리하게 하고, 더 나은 성과를 창출하고자 하는 데 있을 것이다. 이를 위해서 조직은 모든 프로세스를 표준화한다. 문제는 이러한 표준화가 시간이 갈수록 부작용과 역효과를 나타낼 수 있다는 것이다. 왜냐하면 그 표준화가 변화하는 환경에 적응을 제대로 하지 못하기 때문이다. 새로운 환경에는 새로운 지식이 필요한 것이다. 이를 위해서 액션러닝(action learning)이 필요하며 액션러닝은 현장 중심적 지식을 강조하고 변화하는 환경에 필요한 지식을 필요로 하는 학습을 성찰을 통해서 증진시켜야 함을 강조한다.

액션러닝은 현장, 현재의 문제를 해결하기 위한 학습뿐만 아니라 미래에 닥칠 문제에 대한 해결 능력을 증진시키는 학습이다. 조직이 성장하기 위해서 그 조직은 학습조직이 되어야 하며, 학습조직이 위해서는 그 조직의

---

reflection)이란 학습이 과거의 마음, 행동, 경험, 체험 등을 반성하고 이를 통해서 학습이 이루어지는 것을 의미하는 것으로 사용하고자 한다.

구성원들이 학습조직원이 되어야 한다. CEO는 조직 구성원들의 학습을 조직의 학습으로 승화시켜서 조직의 성장과 번영에 기여하도록 해야 한다.

그렇다면 학습이란 무엇인가?

학습(learning)이란 기술, 지식, 이해, 가치, 지혜, 행동변화 등을 습득하고 발전시키는 과정이다.[117] 또한 학습이란 더 깊은 이해를 통한 지식과 기술의 습득과정이며 새로운 사고방식으로 행태변화와 성과창출을 위해서 시간을 두고 지속되는 하나의 과정(a process)이라고 정의될 수 있다(Garvin, 2000).[118]

이러한 학습은 현장에서 직접 경험을 통해서 가장 잘 습득될 수 있다. 이를 위해서 액션러닝이 필요하다. 액션러닝은 참가자들로 하여금 문제해결과정을 체험하고 학습하게 한다. 즉각적인 문제해결은 조직에 단기적인 이익을 가져다주지만 장기적인 관점에서 볼 때 학습은 조직의 변화와 적응에 큰 이익을 가져다준다. 따라서 액션러닝은 문제해결도 중요하지만 학습도 그에 못지않게 중요하다.

2. 학습등식

액션러닝은 여러 중요 요소들이 합체하여 이루어지는 학습과정이다. 예컨대 액션러닝은 지식, 질문, 성찰, 집행 등으로 이루어진 학습과정이다(Marquardt, 2000a & b).[119] 액션러닝학습과정은 "L= K + Q + R + I" 등식

---

117) Wikipedia Encyclopedia. (2008).

118) Garvin, David A. (2000). *Learning in Action: A Guide to Putting the Learning Organization to Work*. Boston, Massachusetts: Harvard Business School Press.

119) ① Marquardt, M. J. (2000a). Action learning and leadership. *The Learning Organization*, 7(5), pp. 233-240.

② Marquardt, M. J. (2000b). *Action Learning in Action: Transforming Problems and People for World-Class Organizational Learning*. Palo

모형으로 표현될 수 있다. 이는 레반스(Revans, 1982)의 "L = P + Q" 등식 모형을 발전시킨 것이라고 볼 수 있다.[120] 여기서 L은 학습을, P는 프로그램화된 교육을, Q는 통찰력 있는 질문을 의미한다. 액션러닝 "L= K + Q + R + I" 등식모형에서, L은 학습 즉 액션러닝, K는 프로그램화된 지식, Q는 질문, R은 성찰, I는 집행을 의미한다. 이들의 내용에 대해서는 "액션러닝 수준과 학파"의 장에서 이미 구체적으로 설명하였으므로 여기서는 생략한다. 〈그림 2-11-1〉에서는 액션러닝 학습등식의 형태를 예시하고 있다.

학습	=	교육 +	지식 +	질문 +	성찰 +	집행
L	=	P +		Q		
L	=		K +	Q +	R +	I

〈그림 2-11-1〉 액션러닝 학습등식의 형태 (예시)

이 레반스의 "L = P + Q" 학습등식 모형에서 중요한 것은 질문(Q)이다. 즉 보통사람들은 수업을 시작할 때 기존에 나왔던 결과나 배웠던 것을 검토하는 것에서부터 시작하는데. 레반스에 의하면 그렇게 하지 말고 수업을

Alto, California: Davies-Black Publishing.
120) Revans, R. W. (1982). *The Origins and Growth of Action Learning*. London: Chartwell Bratt.

시작할 때 질문을 함으로써 시작하라는 것이다. "당신은 지금 현재 여기서 무엇이 일어나고 있다고 느끼고 있습니까?" 와 같은 질문에서부터 시작하라는 것이다. 이렇게 해야만 변화를 추구하는 새로운 학습이 일어날 수 있다는 것이다.

3. 학습단계

학습단계는 관점에 따라서 여러 단계로 다양하게 제시될 수 있다. 콜브(Kolb, 1974)는 구체적 경험, 관찰과 성찰, 개념적 추상화와 일반화, 개념 검증 등의 4단계를 학습단계로 제시하고 있다.[121] 〈그림 2-11-2〉에서는 Kolb의 경험적 학습모형을 보여주고 있다. 각 학습 단계에는 학습자에게 요구되는 능력이 있다. 구체적 경험단계에서는 구체적 경험 능력이 요구되고, 관찰과 성찰단계에서는 성찰적 관찰능력이 요구되고, 추상적 개념형성

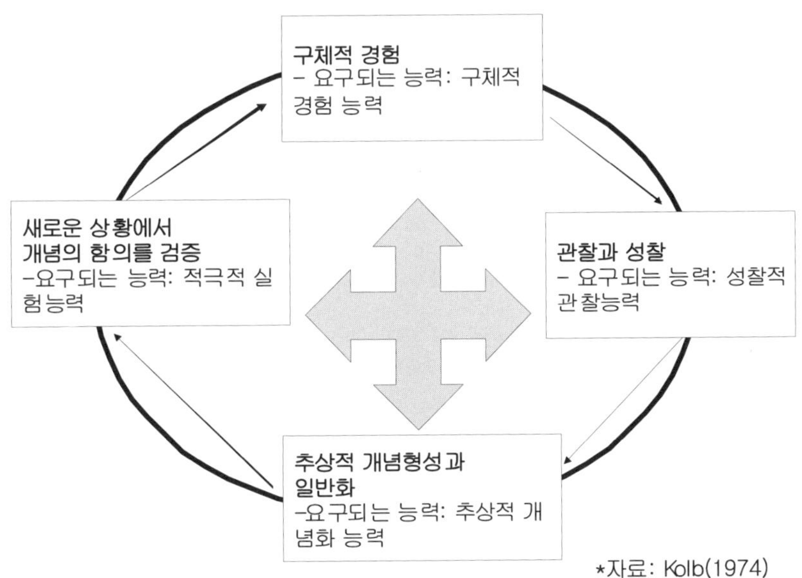

〈그림 2-11-2〉 Kolb의 경험적 학습모형

과 일반화단계에서는 추상적 개념화 능력이 요구되며, 새로운 상황에서 개념의 함의를 검증하는 단계에서는 적극적 실험 능력이 각각 요구된다.

한편, 하링 등(Haring, Lovitt, Eaton, & Hansen, 1978)은 학생들의 학습화 과정의 단계를 습득, 유창, 일반화, 적응 등의 학습 4단계를 제시하고 있다.

습득단계(acquisition)는 목표를 달성하기 위한 방법 등을 정확하게 습득하고자 하는 과정이다. 유창단계(fluency)는 신속하고 유창하게 목표를 달성하려고 하는 과정이다. 일반화단계(generalization)는 다른 유사 상황에 일반화해 보려고 시도해 보는 과정이다. 적응단계(adaptation)는 새로운 상황에 잘 적용해 보는 것을 목표로 삼는 과정이다.[122]

가빈(Garvin, 2000)은 조직학습화 과정의 단계를 획득, 해석, 응용의 3단계를 제시하고 있다.

획득단계(acquircment)는 정보를 획득하는 활동과 관련된 단계로써 필요한 정보를 어떻게, 어떤 형태로, 어디에서, 누구로부터, 어떻게 수집할 것인가 등과 관련된 과정이다. 해석단계(interpretation)는 획득된 정보의 의미, 범주, 인과관계 등을 분석하고 해석하는 단계이다. 응용단계(application)는 획득되고 해석된 정보를 현실에 적용하기 위해서 어떤 새로운 활동이 적합하며, 어떤 행동이 수정되어야 하며, 어떤 필요한 행동 조치가 취해져야 하는 가 등과 관련된 과정이다.[123]

이러한 학습단계와 관련하여 볼 때 액션러닝의 학습단계는 현장 중심적

---

121) Kolb, D. A. (1974). On management and the learning process. In D. A. Kolb, I. M. Rubin, and J. M. McIntyre(Eds.). *Organizational Psychology* (2nd ed., pp. 27-42). Englewood Cliffs, New Jersey: Prentice-Hall, Inc.

122) Haring, N. G., Lovitt, T. C., Eaton, M. D., & Hansen, C. L. (1978). The Fourth R: Research in the Classroom. Columbus, OH: Charles E. Merrill Publishing Co.

123) Garvin, David A. (2000). Learning in Action: A Guide to Putting the Learning Organization to Work. Boston, Massachusetts: Harvard Business School Press.

문제해결을 강조하는 학습으로써 현장에서 고객 또는 시민의 소리에 기반을 두고 현장으로부터 직접 정보를 습득하고(acquisition), 습득된 정보를 분석하고 해석하며(interpretation), 다양한 해결대안을 개발하여 최선의 대안을 선택하고(solution), 해당 문제는 물론이고 유사 문제에 적용해 보며 일반화를 시도하고(generalization), 당해 문제에 대한 해결능력뿐만 아니라 미래의 문제에 대한 해결 능력을 키우기 위한(application) 지속적으로 실천하는 과정이다.

이러한 액션러닝의 학습 단계를 액션러닝의 경험, 성찰, 학습 활동과 연계시켜볼 때 정보를 습득하는 단계는 체험과 경험(experience)의 단계에 해당된다. 습득된 정보를 해석하는 단계는 과거의 마음, 의사결정, 행동에 대한 반성하고 이해하는 성찰(reflection)의 단계에 해당된다. 대안개발과 선택의 단계는 문제해결을 위해 계획을 수립하는 기획(planning) 단계에 해당된다. 일반화와 응용단계는 수립된 계획을 집행하는 실행(action) 단계에 해당된다. 이를 액션러닝 학습 사이클이라고 할 수 있다. 이 학습 사이클은 문제가 해결될 때까지 지속된다. 〈표 2-11-1〉에서는 액션러닝 학습 단계를 요약하고 있다. 〈그림 2-11-3〉에서는 액션러닝 학습 사이클을 보여주고 있다.

〈표 2-11-1〉 액션러닝 학습 단계

단계	내용
습득	현장의 고객 또는 시민으로부터 문제에 대한 정보 습득
해석	습득된 정보를 분석, 해석
대안개발과 선택	다양한 해결대안 개발과 최적 대안 선택
일반화	해당 문제 및 유사 문제에 적용
응용	현장 중심적 문제해결 능력 향상

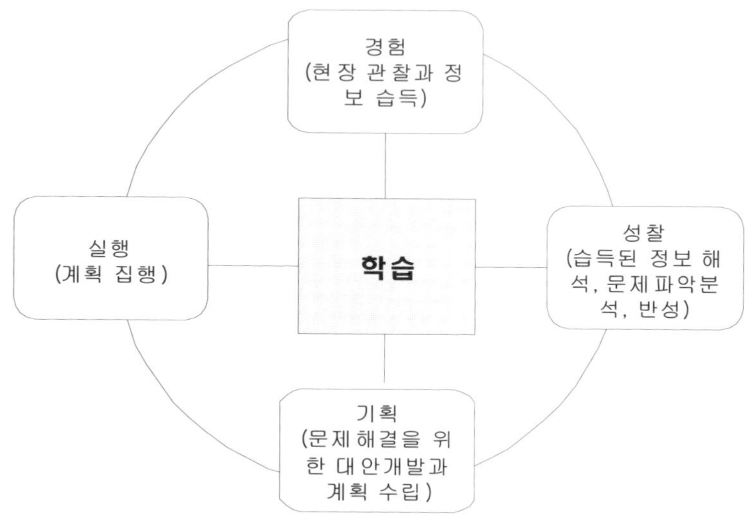

〈그림 2-11-3〉 액션러닝 학습 사이클

　앞에서 예를 든 1986년 1월 28일 미국 우주 왕복선 챌린저(Challenger)호가 참사 사고에서 로켓의 보조 추진 장치의 접합부분들을 봉인한 오링(O-rings)의 손상이 상부에 보고되었을 때 이 보고는 상부 관리자층에 의해서 무시되었다. 왜냐하면 그 조그마한 오링이 문제를 야기 시킬 수 없으며 또한 그러한 현상은 과거에도 있었는데 문제가 발생하지 않았다는 상부 관리자층의 의사결정에 의해서 현장직원의 의견이 무시되었기 때문이다. 그러나 이러한 상부 관리자층의 의사결정은 잘못 되었고 그 결과는 대 참사로 끝났으며, 미국 전 역을 슬픔에 잠기게 한 사건이 되고 말았다. 그 후 6년이 지난 뒤에야 새로운 우주탐사로켓을 발사할 수 있었다.

　동일한 정보를 수집하고도 현장의 기술자와 상부 관리자층이 서로 다른 해석(interpretation)을 통해서 의사결정이 내려졌다. 현장의 목소리가 무시되었을 때 큰 재앙을 가져올 수 있다는 반면교사의 역할을 수행할 수 있는 사건이 된다. 액션러닝은 현장의 목소리를 중히 여기고 현장의 목소리에 귀를 기울려 문제를 해결하는 능력을 키워주는 학습수단이다.

4. 학습목표

액션러닝에서 학습목표는 현장중심의 문제해결 능력의 향상과 학습능력을 향상하여 미래 문제에 대처할 수 있는 대응능력의 향상이 주된 목표가 될 것이다.

개인적 차원에서 학습은 더 나은 지식과 이해로 현재적 및 잠재적 행동과 문제해결능력을 개선하는 것이 목표가 될 수 있다. 탁상공론의 문제해결과정을 거치는 것이 아니라 현장에서 습득된 정보를 기반으로 문제를 정확히 발견하여 정의하고 해결하는 능력이 향상되어야 할 것이다.

어제의 성공적인 해결책이 오늘의 문제해결에 맞지 않을 수 있다. 그것은 현장의 환경이 매우 급박하게 변화하기 때문이다. 따라서 현장의 목소리를 잘 이해하고 현장으로부터 통찰력을 쌓고 지식을 쌓으며 문제해결 역량과 능력을 키우는 것은 매우 중요하다.

조직차원에서는 향상된 구성원들의 역량과 능력이 조직의 능력을 향상시키는 것이 되어야 할 것이다. 즉 개인의 능력은 향상되었는데도 조직의 능력은 향상되지 못한다면 진정한 액션러닝의 효과가 있다고 할 수 없을 것이다. 액션러닝의 궁극적 목표는 액션러닝을 통한 조직 구성원들의 문제해결능력과 학습능력이 조직의 성장과 번영에 연결되어서 시너지 효과를 낳아야 한다는 것이다.

5. 학습 장애요인과 촉진인의 역할

액션러닝 학습과정에서 학습자는 다양한 요인에 의해서 학습장애를 받게 된다. 가빈(Garvin, 2000)에 의하면 정보획득 단계에서 정보공유의 문제, 정보 여과의 문제, 조사가 되지 않거나 보지하지 못하는 맹점의 문제 등이 학습에 장애요인으로 작용한다.[124]

---

124) Garvin, David A. (2000). Learning in Action: A Guide to Putting the

맹점(blind spots)의 문제는 조사의 범위를 좁게 잡거나 방향을 잘못 잡았을 때 발생한다. 스트레스나 위기 상황에서 많이 발생한다. 조사대상의 시장이나 고객 또는 이해관계집단의 범위를 잘 못 잡아서 조사되어야 할 조사대상이 포함되지 못할 때 발생한다.

정보를 해석단계에서 현상이 복잡하거나 현상을 잘 못 이해할 때 해석의 문제가 발생한다. 복잡한 현상을 너무 단순하게 간주하여 상관관계나 인과관계를 잘못 해석하거나, 자기 자신의 지식을 너무 과신하여 타당성이 보증되지 않는 해석을 하거나, 잠재적 손실은 고려하지 않고 이익만 계산에 넣는 문제, 고정관념을 가지고 해석하는 문제, 과거 사실에만 초점을 맞추고 마치 그 현상에 대해서 모든 것을 아는 것처럼 자만하여 미래를 예측하여 해석하지 못하는 문제 등이 발생할 수 있다.

응용단계에서는 학습자의 마지못해하는 태도나 수동적인 태도가 학습에 장애가 된다. 변화에 적응하기 싫어하고 무사안일에 빠진 학습지에게 많이 발생하는 문제이다. 이러한 학습장애 요인들을 극복하도록 촉진인은 적합한 도구나 기술을 사용하여 학습자가 학습효과를 높일 수 있도록 촉진하기 위한 적극적인 역할을 수행해야 할 것이다. 〈표 2-11-2〉에서는 학습장애를 극복하기 위한 촉진인의 역할을 정리하고 있다.

Learning Organization to Work. Boston, Massachusetts: Harvard Business School Press.

<표 2-11-2> 학습장애를 극복하기 위한 촉진인의 역할

학습 단계	학습 장애요인	촉진인의 역할	
		촉진 전략	촉진 기술
획득 (acquire ment)	• 편향된 정보 - 소수의 전통적인 자료 공급원에 의존 - 잡음으로부터 징후 구별의 어려움 - 편견으로 여과된 자료 수집 - 이용 가능한 정보의 제한	• 서로 다름을 용인 - 자료 공급원 기반의 확대 - 다양한 관점과 견해를 공유 가능한 프로세스 마련 - 모순되고 예기치 않은 발견물을 받아들일 수 있는 의지 증대	• 질문 • 다름의 갈등과 토론 • 브레인스토밍 • 새 아이디어 창출을 위한 공개 토론 • 창조적 사고 자극을 위한 공개 토론 • 주기적인 벤치마킹 • 동료 비교
해석 (interpr etation)	• 흠 있는 해석 - 편견으로 인한 부정확한 추정 - 부적절한 인과관계 추론 - 자만된 판단	• 적시의 검증과 피드백 - 널리 보급된 일반적인 견해를 검증하기 위한 갈등과 토론 프로세스 - 제때에 정확한 피드백 제공	• 정밀한 재탐색 • 변증법적 탐구 • 반대 입장에서 주장하는 프로세스 • 감사, 평가 팀
응용 (applica tion)	• 행동하지 않음 - 행동변화를 주저함 - 새 스킬 실행에 시간 부족 - 실패의 두려움	• 새 아이디어의 자극과 심리적 안정감 증대 - 장려 인센티브 제공 - 학습위한 공간 창조 - 잘못이나 실수에 대한 관용	• 새 아이디어나 스킬 개발을 승진, 보수 등과 연계 • 새 과업 추가될 때 기존의 소용없는 것 제거 • 시스템 문제나 예기치 못한 사건 또는 무경험으로 인한 실수를 수용함 • 실수를 보고할 때 부분적인 책임 면제

* 자료: Garvin(2000). pp. 20~43

액션러닝의 실제

변화혁신 리더십과
액션러닝의 이해
맺음말 :
함의 및 성공요인
현장중심 액션러닝
변화혁신 리더십
액션러닝
구성요소와 스킬
액션러닝의 실제

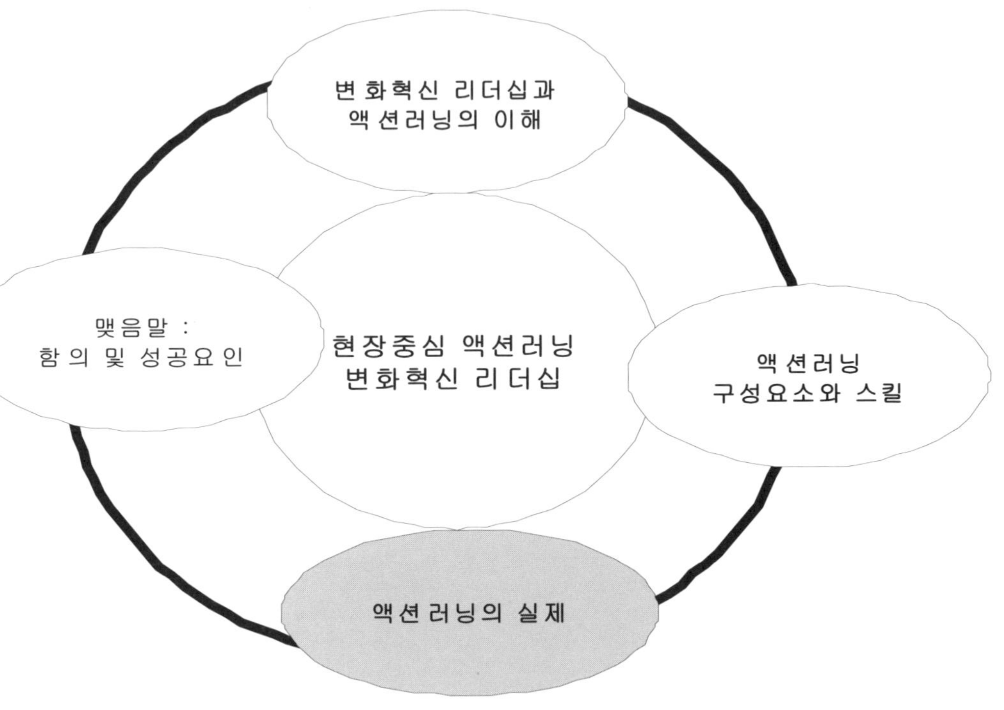

제1장 액션러닝 사례

1. 액션러닝 적용분야

기업 및 공공기관에서 다양한 형태로 실시되어온 액션러닝은 다양한 방식으로 다양한 분야에 적용되어 왔다. 다양한 형태로 다양한 조직에서 추진 되어온 액션러닝의 주된 목적은 문제해결 및 학습역량 증진이나 구체적목적은 조금씩 달리하고 있다.

예컨대 어떤 조직은 결과(results)를 중시하는 결과 지향적 액션러닝을 목적으로 액션러닝 프로그램을 운영할 수 있다. 다른 조직은 관리자의 문제해결(problem-solving) 역량 증진에 초점을 두고 액션러닝을 운영할 수 있다. 또 다른 조직은 글로벌 환경에 적응하기 위한 변화혁신의 학습(learning) 역량을 증진하는 것에 초점을 두고 액션러닝 프로그램을 운영할 수 있다.

따라서 구체적인 액션러닝 목적은 각 조직의 목적과 그 조직이 처한 상황 등에 따라 달라질 수 있다. 스미스 등(Smith and O'Neil, 2003a)은 액션러닝이 빈번히 적용되고 있는 분야로 관리자 및 경영진 개발, 조직발전, 학습조직, 교육훈련, 성인교육, 리더십, 잠재능력 개발, 지식관리, 역량(competencies), 팀 개발, 전사적인 총체적 질(quality) 향상, 실천공동체(community of practice) 육성, 협동 및 화합 등을 들고 있다.

액션러닝은 관리자 및 경영진 개발을 위해서 지속적으로 활용될 수 있다. 변화하는 환경에 적응하기 위해서 관리자들의 역량을 개발하는데 액션러닝이 활용될 수 있다. 조직발전을 위해서 전략적 기획은 액션러닝으로 간주 될 수 있으며, 조직 및 관리자의 변화를 위해서 액션러닝이 도움을 줄 수 있다. 액션러닝 접근방식들을 통해서 미래 리더들을 육성할 수 있으며 이들의 잠재능력을 개발할 수 있다.

액션러닝을 통해서 관리자들을 교육하고 이를 통해서 학습조직을 발전시킬 수 있다. 액션러닝을 통해서 글로벌 환경에 적응하기 위한 팀의 역량을 증진할 수 있다. 이론적 교육과 실무적 현장사이에 존재하는 격차를 해소하기 위해서 액션러닝이 이용될 수 있다.

액션러닝과 성찰들을 통해서 학습된 것을 전파할 수 있다. 작업장을 중심으로 하는 액션러닝을 실시하여 학습을 증진시키며 실천공동체를 활성화할 수 있다. 또한 조직 전체적으로 질을 향상시키기 위해서 액션러닝이 사용될 수 있다(Smith & O' Neil, 2003b).[125)]

〈표 3-1-1〉에서 액션러닝의 주요 적용분야 및 주요 목적을 보여주고 있다.

〈표 3-1-1〉 액션러닝의 주요 적용분야 및 목적

주요 적용 분야	주요 목적
관리자 및 경영진 개발	관리자, 임원진, 경영진 개발
교육훈련 및 성인교육	관리자, 임원진 교육훈련
조직발전	변화관리, 조직발전
학습조직	조직변화, 학습조직 개발
리더십	리더십 역량 개발
지식관리	지식 축적 및 관리
역량	관리자 역량개발
질	조직 차원의 총체적 질 향상
높은 잠재능력 개발	경력개발, 잠재능력 개발
열린 영역 탐색	관리자 개발 영역 탐색
실천 공동체	작업장 기반 실천공동체 육성
팀 개발	글로벌 역량 갖춘 팀 개발
협동 및 화합	집합적 협동, 화합, 단결력 증진

＊자료 : Smith and O' Neil (2003a, b)

---

125) Smith, P. A. C., and O' Neil, J. (2003b). A review of action learning literature 1994-2000: Part 2 - Signposts into the literature. *Journal of Workplace Learning*. 15(4), pp. 154-166.

　일반적으로 관리자 및 경영진 개발을 위한 액션러닝은 가장 빈번히 적용되는 액션러닝 분야이다. 임원진이나 경영진 또는 고위관리자들을 위한 액션러닝 프로그램을 운영할 때 고려해야 할 중요한 목표들로는 비전 및 목표 공유, 조직 정체성 형성, 리더십 역량 증진, 조직 전략 공유 및 집행, 팀워크 형성, 네트워크 형성, 핵심 사업 쟁점, 지식 및 기술 개발, 태도 변화, 조직 문화 형성 및 변화, 의사소통 등이 될 수 있다(Boshyk, 2002).[126]

　따라서 액션러닝 프로그램을 운영하고자 하는 조직은 '왜 액션러닝 프로그램을 운영하려고 하는가?' '목적은 무엇인가?' 등에 대해서 분명한 방향의식을 가지고 액션러닝 프로그램을 기획하고 집행해야 할 것이다. 즉, 당위적인 목표와 현실의 목표 사이의 괴리를 분석하고, 그 이유를 밝히어 액션러닝을 운영하고자 하는 목적을 분명히 해야 할 것이다.

　분명한 목적의식을 가지고 프로그램을 철저히 기획하고, 전략을 짜고, 집행해야 할 것이다. 즉 액션러닝이 소기의 성과를 나타낼 수 있도록 액션러닝 프로그램을 사전에 철저히 잘 준비하고, 설계하며, 집행하고, 평가하고, 피드백 해야 할 것이다.[127]

2. 액션러닝 구체적 사례

　액션러닝 운영사례는 이미 다양한 형태로 발견되고 있다. 예컨대, GE, DuPont, Dow, IBM 등의 외국기업들이 액션러닝의 효과를 입증하고 있다(Mercer, 2000)[128]. 국내에서도 SK, 효성, LG, 현대, 기아, CJ 등의 기업에

---

126) Boshyk, Y. (2002). Why business driven action learning? In Y. Boshyk (Ed.), *Action Learning Worldwide: Experiences of Leadership and Organizational Development*(pp. 30-52). Palgrave Macmillan.

127) Smith, P. A. C., and O' Neil, J. (2003a). A review of action learning literature 1994-2000: Part 1 - Bibliography and comments. *Journal of Workplace Learning.* 15(2), pp. 63-69.

128) Mercer, S. (2000). "General Electric's Executive Action Learning

서 리더양성과 같은 인적자원개발(HRD : Human Resources Development) 분야 등에서 액션러닝의 효과를 입증하고 있다(김종인, 2003; 김영원·봉현철, 2002; 오명진, 2001).[129] 정부 공무원교육기관으로는 중앙공무원교육원이 액션러닝을 성공적으로 운영한 사례가 있다(천대윤, 2006).[130]

중앙공무원교육원의 운영사례는 액션러닝의 절차와 방법의 장에서 실질적으로 운영되었던 구체적인 절차와 방법을 중심으로 소개하고 있기 때문에 여기서는 몇몇 기업 및 외국정부, 단기교육과정에 응용한 사례 등을 중심으로 소개하고자 한다.

1) CJ 리더십 개발 사례

제일제당(CJ)이 2000년에 운영했던 "리더십개발 시스템"[131]과 2001년에 시작했던 "CJ 매니저 되기" 프로그램들은 액션러닝 방식으로 운영된 성공적인 사례로 보고되고 있다(김미정, 2001).[132]

CJ의 액션러닝의 목적은 사업장 또는 사업본부 단위로 변화를 촉발시켜 그 효과를 조직 전체로 확산시켜 전 조직차원에서 성과향상을 증진하자는

Programmes," In Yury Boshyk(ed.), *Business Driven Action Learning: Global Best Practices, 42-54.* New York: St. Martin's Press.

129) ① 김종인. (2003. 5). "리더양성과 Action Learning 실천사례," 「산업교육연구」, 9, pp. 3-17.

② 김영원·봉현철. (2002. 12). "Action Learning 프로그램의 효과평가에 관한 연구," 「인적자원개발연구」, 4(2), pp. 29-60.

③ 오명진. (2001, 가을호). "LG전자의 핵심인재육성을 통한 인적자원개발," 「임금연구」, pp. 129-139.

130) 천대윤. (2006). "정책 효율성 제고를 위한 Action Learning 모형 탐색: 효율적인 공무원 사회갈등사례교육을 제고하기 위한 PSCL모형의 설계, 적용, 분석을 중심으로," 「한국정책학회보」, 15(1), pp. 63-89.

131) 제일제당(CJ)의 리더십개발시스템(Leadership Development System)이라고 하여 "CJ LDS"라고 불린다.

132) 김미정. (2001. 5). 워크 플레이스 혁신을 꾀하는 Action Learning 프로그램 실시. 『인사관리』. pp. 52-56.

것이다.

CJ 매니저 되기 교육프로그램은 9개월 동안 운영되었는데 주된 내용은 CJ 가치 및 CJ 리더십 모델, 팀 개발과 팀 리더십, CJ PMDS[133], 리더십 모델의 각 요소에 대한 자기학습 키트, 프로젝트 매니지먼트, 재무관리 기초, 커뮤니케이션, 고객만족 프로그램들로 구성되었다(김미정, 2001).

〈그림 3-1-1〉에서는 "CJ 매니저 되기" 프로그램의 교육운영 프로세스와 교육내용을 보여주고 있다.

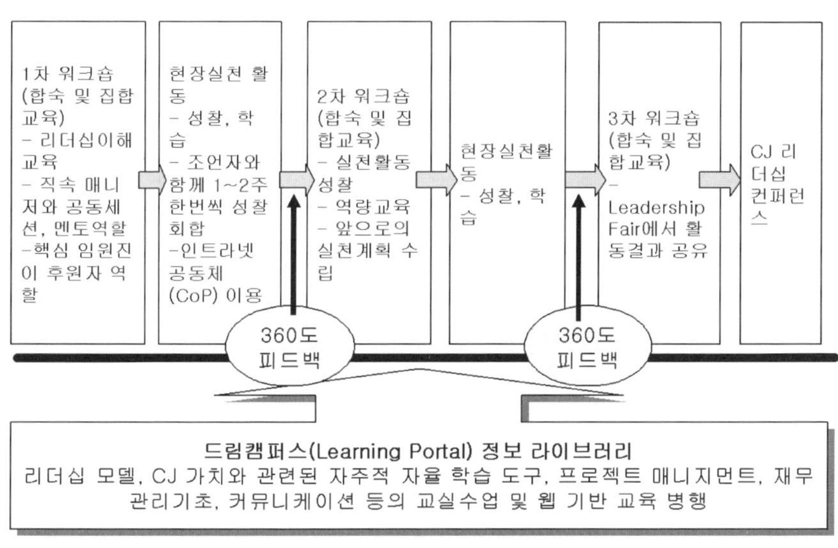

*자료: 김미정(2001)

〈그림 3-1-1〉 "CJ 매니저 되기" 교육 프로세스와 교육내용

2) Walsall 지방정부의 사례

영국 Walsall 지방정부는 지방정부가 통할하고 있는 지역사회전체의 변화와 혁신을 위해서 액션러닝 프로그램을 운영했다. 즉 개인의 인식, 기술,

---

133) PMDS 성과관리시스템으로 Performance Management & Development System의 약어이다.

능력을 증대시켜 개인의 발전을 통한 팀, 조직, 지역발전을 가져오게 하고 나아가 지역사회를 포함하여 지방정부 전체의 변화와 혁신을 추진할 목적으로 운영된 프로그램이다.

이 발전 프로그램의 계획과 운영에 고려되어야 할 사항에는 (1) 매 몇 주 마다 새로운 것을 학습할 것, (2) 홍미, 불안, 심한 변동을 느끼게 하는 것을 학습할 것, (3) 개인의 발전을 가져오게 할 것, (4) 발전과정을 선도할 것, (5) 분명한 목적의식을 가질 것 등이 포함된다. 〈표 3-1-2〉에서 Walsall 지방정부가 지역사회발전을 위해서 운영한 액션러닝 프로그램을 보여주고 있다.

〈표 3-1-2〉 영국 Walsall 지방정부의 지역사회발전 액션러닝 프로그램 (예시)

월일	내용

6월 5~6일	• 교육훈련의 필요성 인식
	    - 대체 무슨 일이 일어나고 있는가?
	    - 나는 무슨 일을 당하고 있는가?
	    - 개선이 필요한가?
	    - 나에게 교육훈련이 필요하다.

6월 17일	• 액션러닝 팀 구성
	    - 무슨 일이 일어났는가?
	    - 팀 설계가 필요한가?
	    - 중요한 큰 사건인가?

7월 1일	• 지속적인 학습
	    - 능력 이상을 약속하지 말자.
	    - 교육훈련과 학습

7월 31일	• 핵심가치: 발전과업 수행
	    - 내부와 외부초점의 소집단 응집력 증대
	    - 타 전문가들과 협동

8월 19일	• 핵심가치: 지역사회발전과업 수행 - 이웃 지역사회 주민들 및 위원들에게 권한을 부여하고 이들과 함께 행동을 취함

월일	내용
9월 17일~18일	• 리더십의 큰 그림 그리기 　- 발전을 선도하는 기업 이사진과 회합을 가짐 　- 나의 발전을 위해서 부족한 것을 발견함 　- 새 Facilitators 채용 　- 지역발전을 선거과정과 연계함

＊자료: Action Learning 도입방안 설계. (2004. 12). 한국행정학회

3) GE 액션러닝

액션러닝의 확산에 큰 공헌을 한 것은 GE(General Electric Company)이기 때문에 그 운영사례를 여기에 소개하고자 한다.

기업혁신과 성장에 액션러닝을 성공적으로 활용한 대표적 기업인 GE는 뉴욕의 크로톤빌(Crotonville)에 있는 경영자개발원을 통해서 액션러닝을 실천적으로 확산해왔다. 현안 문제해결 능력과 학습효과 증대라는 효과를 동시에 달성하는 효과를 산출하여 왔다(Mercer, 2000).[134] 그 결과 GE는 관리자 및 임원진들을 대상으로 지난 10년 이상 액션러닝을 실시하고 있다. 구체적인 운영 내용은 다음과 같다. 〈표 3-1-3〉에서는 GE의 액션러닝 프로그램들 가운데 하나를 예시하고 있다.[135]

---

134) Mercer, S. (2000). "General Electric's Executive Action Learning Programmes," In Yury Boshyk(ed.), *Business Driven Action Learning: Global Best Practices, 42-54.* New York: St. Martin's Press.

135) 천대윤. (2006). "정책 효율성 제고를 위한 Action Learning 모형 탐색: 효율적인 공무원 사회갈등사례교육을 제고하기 위한 PSCL모형의 설계, 적용, 분석을 중심으로," 「한국정책학회보」, 15(1), pp. 63-89.

<표 3-1-3> GE의 액션러닝 프로그램 (예시)

□ 프로그램 이름: 글로벌 기업 경영자 코스						
□ 프로그램 주제: 신흥 유럽 시장들						
일요일	월요일	화요일	수요일	목요일	금요일	토요일
□ 프로그램 1주차 목표: 프로그램 소개, 글로벌 환경, 리더십 효과성 조사연구, 팀 형성, 현재의 기업 이슈들 및 과정 주제와 관련된 교육시간						
2월23일, 브뤼셀	2월24일, 브뤼셀	2월25일, 브뤼셀	2월26일, 브뤼셀	2월27일, 브뤼셀	2월28일, 브뤼셀	3월1일, 노르망디
• 벨기에의 브뤼셀 도착 • 프로그램 소개	• 글로벌 기업환경 • 유럽에서의 GE 위상	• 유로(Euro) 상업 • 최우수 유로기업들 • 혁신 리더들	• 유럽연합과 유로통화 • 부처방문 • 방문보고서 작성	• 기타 유럽 국가들(중앙/동유럽, 체코와 러시아) • 중앙/동유럽 소재 GE	• 기타 유럽 국가들(지중해, 북 아프리카, 터키) • 프랑스의 노르망디로 이동	• 리더십과 전략 • 노르망디 간부 동승
□ 프로그램 2주차 목표: 주제 교육 계속, 팀 및 프로젝트 과정, 프로젝트 요약보고, 프로젝트 기획 및 코치						
3월2일, 노르망디	3월3일, 북유럽국가로 이동	3월4일, 북유럽국가	3월5일, 플로렌스로 이동	3월6일, 플로렌스	3월7일, 플로렌스	3월8일, 플로렌스
• 노르망디 간부동승. • 유타, 오마하에서 파리 공항호텔로 이동	• 1개 팀 1 국가 (노르웨이, 스웨덴, 덴마크, 핀란드) • 기업 방문	• 북유럽국가들의 기업방문	• 방문 보고서 • 프로젝트 예비 요약보고서 • 성장 프로젝트	• 프로젝트 배경 • 프로젝트 요약 보고서	• 프로젝트 요약 보고서 • 프로젝트 기획	• 프로젝트 기획 • 자유시간
□ 프로그램 3주차 목표: 현장 자료 수집						
3월9일	3월10일	3월11일	3월12일	3월13일	3월14일	3월15일
• 글로벌 인터뷰준비			← 글로벌 인터뷰 →			• 크로톤빌로 이동
□ 프로그램 4주차 목표: 보고서 준비, 보고서 예행연습 및 코치, 보고서 발표, 환류시간						
3월16일, 크로톤빌	3월17일, 크로톤빌	3월18일, 크로톤빌	3월19일, 크로톤빌			
• 프로젝트 보고서 준비	• 보고서 (건의사항 포함) 준비 • 보고서 예행연습	• 화상회의 • 보고서 수정 • 졸업만찬	• 자유시간 • CEO에게 보고 • 환류시간 • 집으로.			

* 자료: Mercer, S.(2000)

　　GE의 액션러닝에서 주로 다루어진 주제들에는 신흥동유럽시장들, 신흥 산업 국가들, 시장과 파트너로서 일본 등 현안 문제를 직접해결하면서 학습효과도 증진시키는 주제들을 중심으로 진행되어 문제해결능력향상과 학습효과증대라는 액션러닝의 목적을 달성한다. GE의 액션러닝은 주로 관리자 및 임원진들을 대상으로 장기교육과정(1개월 이상 소요)으로 운영한다. 각 주제에는 이론과 실제의 융합, 글로벌 시각, 문화 횡단적 접근, 시장초점, 개인 리더십, 팀 형성, 최고 기술의 전이, 학습으로서의 프로젝트 등의 원칙들이 포함되도록 한다. 따라서 프로젝트를 선정할 때는 전략적 이슈를 포함할 것, 기능 횡단적 이슈를 포함할 것, 단순히 내부보다 외부적 이슈에 초점을 맞출 것, 시장 지향적일 것, 고객과 공급자 등과 상호작용할 것, 실제적인 살아 있는 이슈일 것, 의사결정을 필요로 하는 것일 것 등의 기준들이 적용되어 선택된다.

　　일반적으로 4주 정도 기간을 필요로 하는 프로그램일 경우에, 첫 번째 주는 이론중심으로 프로그램 소개, 글로벌 환경, 리더십, 팀 형성 등이 학습에 포함된다. 두 번째 주에는 팀과 프로젝트 과정, 프로젝트 요약보고, 프로젝트 기획 및 코치 등이 포함된다. 셋째 주에는 주로 현장학습으로 현장자료수집 시간을 갖는다. 그리고 마지막 넷째 주에는 보고서를 작성하고, 예행연습을 하고, 보고서 발표, 피드백 시간 등이 포함된다.

　　GE의 관리자 및 임원진을 위한 액션러닝 프로그램은 많은 효과를 보아 왔다. 즉, 개인의 리더십 역량 증진, 개인의 경영 기술, 성찰과 태도 변화, 팀 협동력 증진, 기업의 성과 증진 등에 있어서 큰 효과를 보아 왔다. 이러한 효과는 액션러닝 프로그램의 전 과정에서 CEO를 비롯한 최고 경영진의 든든한 후원인 자격으로서의 가시적인 역할, 교실 중심의 교육이 아닌 현장 중심의 학습, 개인의 학습 기회와 기업의 성과 산출에 도움이 될 살아 있는 현실적인 프로젝트의 선정, 프로그램의 유동적인 기획과 집행 과정 등의 도움이 컸다. 특히 형식적인 자료수집이 아니라 기업 내부 사람들과의 상호작용하여 정보를 수집함은 물론이고, 현장에 나가서 고객, 공급자, 산업전문가, 동업자들과 상호 접촉하면서 정보를 수집했으며, 보고서에는 전략적 의사결정, 마케팅 이슈, 건의사항 등을 포함시켰다(Mercer, 2000).

4) 단기교육에 액션러닝 응용

교육훈련에 있어서 교육생들 스스로 사건이 발생한 현장을 탐방하고, 사건 당사자들을 만나서 이야기를 나누고, 주요 쟁점들을 분석하고, 해결책을 모색하는 과정은 교육의 효과성을 높일 수 있다(McGill & Beaty, 2002; Yorks, O' Neil, & Marsick, 1999a).[136]

이처럼, 현안 문제를 해결하기 위해서 교육생이 자발적으로 그 현안 문제를 사례를 선정하고, 현장탐방, 이해관계자, 전문가 면담 등을 통해서 조사하고 분석하고 연구하여, 문제해결을 위한 대안을 개발하고 집행하는 일련의 행동과 학습지향적인 액션러닝을 운영할 수 있을 것이다. 이러한 과정을 거치면서 문제해결과 학습역량을 힘께 증진하게 될 수 있을 것이다.

이러한 학습효과를 위한 액션러닝 프로그램을 5일 이내의 단기교육과정에 응용하여 적용할 수 있을 것이다. 〈표 3-1-4〉에서는 1주 35시간의 전문교육과정에 응용할 것을 가정하여 프로그램을 예시하고 있다.

---

136) ① McGill, I., and Beaty, L. (2002). *Action Learning: A Guide for Professional, Management & Educational Development.* London: Kogan Page Limited.

② Yorks, L., O' Neil, J., and Marsick, V. J. (Eds). (1999a). *Action Learning: Successful Strategies for Individual, Team, and Organizational Development.* Baton Rounge, LA: AHRD.

〈표 3-1-4〉 액션러닝활용 단기간 프로그램 (예시)

구 분	09:00 ~ 09:50	10:00 ~ 10:50	11:00 ~ 11:50	12:00 ~ 12:50	13:00 ~ 13:50	14:00 ~ 14:50	15:00 ~ 15:50	16:00 ~ 16:50
1일차	오리엔테이션 -과정안내 -역량진단	교실수업(I) 강의			팀 활동 - 주제선정 -팀 구성 -팀 액션 플랜 작성	교실수업(II): 강의		
2일차	교실수업(III): 강의		팀 활동 - 역량진단결과를 교육생들에게 피드백 -Facilitators 선정		교실수업(IV): 강의			팀활동 -주제 관련 부처의 후원확보
3일차	현장학습과 정보수집 -주제관련 전문가 면담 및 토론 -주제 관련 정책 실제 담당자들과 인터뷰 및 토론 -정보수집과 정리			점심식사	현장학습과 정보수집 -주제 관련 이해관계집단들(주민, NGO 등)과 인터뷰 및 토론 -정보수집과 정리			
4일차	팀별 미팅 -정보수집상의 문제점, 보완점, 개선방안 등 토론 및 성찰	전체 미팅 -팀 상호간 정보수집과정상의 에피소드 발표, 질문 및 성찰			현장학습과 정보수집 -보강 인터뷰 및 토론 -보강 정보수집과 정리		보고서작성 - 건의사항 포함 -예행연습	
5일차	팀별 관계기관 방문 -교육생들은 후원 기관(장)에게 보고 -후원 기관(장)은 보고서 건의 사항에 대한 액션(의사결정)을 취함	보고서 수정			최종보고서 - 총체적 점검 - 예행 연습	Conference (종합발표 및 토론)	성 찰 -성과진단 -개인별 액션 플랜 작성	

필자가 운영해 본 경험으로 미루어볼 때, 1주 35시간 이하의 단기교육과정에 액션러닝을 도입하여 성공적으로 운영하기 위해서는 다음 요인들이 지켜져야 할 것이다(천대윤, 2006, 2007).[137]

첫째, 교육생들에게 과제로 주어지는 문제가 교육생들의 흥미를 자아 낼 수 있는 것이어야 한다. 너무 복잡하거나 너무 단순한 것이어서는 안 되고 현장에 직접 나가서 도전적으로 추진해 볼만한 것이어야 할 것이다.

둘째, 교육생들의 자발적이고 적극적인 참여가 있어야 한다. 그냥 교육 받으러 왔으니까 시간만 때우다 가자라는 생각을 가지고 있으면 액션러닝 은 결코 성공할 수 없다. 교육생 자신들이 자율적으로 참여하여 해결해야 할 과제를 선정하고 토론하고 현장 방문하는 활동에 관심과 흥미를 보이며 열정적으로 참여해야 한다.

셋째, 단기교육이기 때문에 현장학습은 문제해결을 위한 해결방안개발과 현장학습을 통한 학습효과가 모두 나타나도록 교실수업에서 학습한 것을 적용해 보는 시간이 되도록 하는 것이 바람직할 것이다. 교육생들은 현장 사례를 통해서 교실에서 학습한 이론을 확인하고 현장을 방문하고 토론하 는 활동에 내해서 매우 만족하고 적극적으로 참여하여 활동하는 것이 바람 직하다.

예컨대, 현장 활동을 통해서 수업시간에 학습한 이론을 확인하여 적용해 보고, 해당 문제 사례에 대해서 찬성과 반대의 이해관계집단을 만나서 의 견을 청취하고, 관련 부처를 방문하고, 현장을 탐방하여 학습하는 등 교육 생들이 해당 문제 사례의 중심에 서서 문제를 다각적으로 접근하여 해결방 안을 모색하는 과정에서 교육생 스스로 학습하고 문제해결 역량을 증진시 키고 있다는 자부심을 느껴야 한다.

넷째, 교직원들의 참신한 준비와 적극적인 운영을 위한 열성적 노력이 중요하다. 해당 과정을 운영하고 있는 교직원들의 열의와 정성으로 사전준 비를 철저히 하여 사용할 역량진단지나 액션플랜 서식을 확정하는 등의 활 동들은 매우 유용하다.

---

137) ① 천대윤. (2007). 「액션러닝(Action Learning) 매뉴얼」. 중앙공무원교육원.
   ② 천대윤. (2006). "정책 효율성 제고를 위한 Action Learning 모형 탐색: 효율적인 공무원 사회갈등사례교육을 제고하기 위한 PSCL모형의 설계, 적용, 분석을 중심으로," 「한국정책학회보」, 15(1), pp. 63-89.

다섯째, 기업교육과 정부교육간의 차이 및 장기교육과정과 단기교육과정 액션러닝의 시행상의 차이가 현실적으로 존재하기 때문에 해당과정의 특성에 따라 프로그램을 차별화하여 계획하고 운영해야 한다. 무조건 남의 것을 모방하기 보다는 벤치마킹하여 자신의 교육과정의 특성에 적합하도록 프로그램을 계획하고 집행해야 할 것이다.

여섯째, 액션러닝의 성공을 위해서 CEO와 같은 후원인(sponsor)의 확고한 지원은 매우 중요하나, 단기교육과정에서 스폰서의 선택은 해당 프로그램의 성격에 적합하도록 해야 한다. 예컨대 해당 사업의 담당자나 과장급 또는 국장급 선에서 후원인의 역할을 맡도록 하는 선에서 만족하면 될 것이다. 그럼에도 불구하고 확보된 후원인의 적극적인 지지가 중요하다.

일곱째, 단기교육과정이기 때문에 현장학습은 사전에 구체적으로 계획해서 실천해야 한다. 다양한 이해관계자 해당 사업부처 등을 탐방해서 학습하는 현장학습은 그 성공을 보장하기 위해서 사전에 구체적인 팀 행동계획에서 만날 시간, 만날 사람, 만날 장소 등이 전화 등을 통해서 구체적으로 사전에 협의를 거쳐서 확보되어 있어야 한다. 그렇게 되어야만 문제해결을 위한 현장조사와 대안개발 분석 등이 순조롭게 진행된다.

여덟째, 매뉴얼을 활용하는 것이 교육효과를 높일 수 있다. 예컨대, 필자는 사회갈등관리과정의 운영과정에서는 각종 갈등관리기법, 갈등예방프로세스, 처방프로세스 등을 집약하여 설명하고 있는 '갈등관리매뉴얼'을 포켓용 소책자형식으로 특별히 제작하여 교육생들에게 배포하여 사용하여 액션러닝의 학습효과를 높였다.

아홉째, 기관장의 적극적 지원이 중요하다. 정부부처나 지방자치단체가 주민참여나 이해관계자들의 협조를 구하고자 하는 정책을 추진하는데 있어서 공무원들에게 각종 정책 때문에 야기되는 각종 문제들을 해결하기 위한 역량을 배양시켜 주는 매우 유용한 수단으로 자리 잡을 수 있도록 해당 교육기관들의 기관장들은 열과 성으로 지원해야 할 것이다. 이는 궁극적으로 교육을 받은 공무원이 정책품질을 높이고 시민이 만족하는 정책을 수립하고 집행하여 사회갈등비용을 최소화하여 정책 효율성을 제고하는 길이기 때문이다.

열번째, 최종 컨퍼런스를 통한 성찰시간은 모든 교육생들이 함께하는 시간이 되어야 한다. 다른 팀(분임)에서 발표한 활동 내용을 듣고 서로 토론하는 등 전체적인 성찰과 학습기회를 가져야만 한다. 그리고 개인별로 자신의 향후활동에 대한 계획인 액션플랜을 작성하도록 하면 더욱 효과가 상승할 것이다.

제2장　액션러닝 절차와 방법

　액션러닝의 운영 절차와 방법은 실제적 또는 이론적 관점에서 다양한 형
태로 제시될 수 있을 것이다. 예컨대 문제파악, 팀 형성, 실시 등과 같이
제시될 수 있고,[138] 문제 이해와 재구성, 목표설정, 전략, 행동 등과 같은
절차를 제시할 수도 있을 것이다.[139]

　중요한 것은 자신의 조직이 처한 상황, 해결하고자 하는 문제의 성격, 액

---

138) 예컨대, Johnson & King(2003)은 액션러닝 운영 절차를 ① 구체적 문제 파악,
　　② 그 문제를 해결하기 위한 4~8명으로 된 팀 형성, ③ 코치의 인도에 의해서
　　액션러닝 팀의 성찰적 질문과 경청 과정 실시 등의 단계들로 구성된다고 보고
　　있다. Johnson, K., and King, S. (2003, July/August). Solving Complex
　　Issues and Challenges with Action Learning. *Sbusiness*.

139) 예컨대, Marquardt(2004)는 액션러닝 문제의 검증과 전략의 집행까지의 단계를
　　① 문제에 대한 이해와 재구성, ② 목표 설정, ③ 전략 개발과 검증, ④ 행동
　　및 성찰 등으로 구분하고 있다. 그리고 액션러닝의 도입과 집행단계를 ① 최고
　　경영진의 지원 획득, ② 예비적 워크숍실시, ③ 문제 또는 과제 선정, ④ 액션
　　러닝 코치의 선정 및 준비시킴, ⑤ 액션러닝 그룹의 구성원 수의 결정과 액션
　　러닝 그룹 형성, ⑥ 액션러닝그룹 지도 및 준비시킴, ⑦ 액션러닝 모임 개최,
　　⑧ 문제 재구성 및 행동전략 개발, ⑨ 예비 검증 및 행동 추천, ⑩ 행동전략
　　집행, ⑪ 액션러닝그룹의 행동완결 및 최종 학습 포착, ⑫ 액션러닝의 효과평
　　가 및 전체 조직에 확산방법 찾음 등으로 제시하고 있다. Marquardt, M. J.
　　(2004). 이태복 역. 「액션러닝의 힘」. 서울 : 패러다임 컨설팅. *Optimizing
　　the Power of Action Learning: Solving Problems and Building Leaders in
　　Real Time*. Palo Alto, California: Davies-Black Publishing. 2004. Marquardt,
　　M. J. (2004). *Optimizing the Power of Action Learning: Solving Problems
　　and Building Leaders in Real Time*. Palo Alto, California: Davies-Black
　　Publishing.

션러닝 학습에 참여하는 사람들의 특성 등의 다양한 요인들을 신중하게 고려하여 그에 합당한 절차와 방법을 채택해서 운영해야 할 것이다.

여기서는 중앙공무원교육원이 실행했던 것과 기업에서 실행했던 것들을 중심으로 살펴보되, 그 전개순서는 중앙공무원교육원이 실행했던 절차와 방법인 기획, 사전워크숍실시, 팀 과제 선정, 팀 형성 및 실행계획 수립, 과제기술서 작성 및 과제 조인식, 현장체험 중심의 사례조사, 문제해결 프로세스: 기법과 도구 활용, 보고서 완료 및 제출, 액션러닝 컨퍼런스 개최 등의 순서가 된다. 또한 본 장에 이용된 그림들이나 표들의 대부분은 중앙공무원교육원의 액션러닝 자료들에서 발췌한 것임을 밝혀둔다(천대윤, 2007).[140]

기업 및 정부, 공공기관의 액션러닝 프로그램 개발과 운영 담당부서에서는 자신의 조직의 목적과 과제의 성격에 적합한 형태로 변형하여 운영하면 될 것이다.

1. 기획

액션러닝에서 기획이란 무엇이며, 왜 중요하며, 어떤 요소가 포함되어야 하며, 어떤 절차로 진행되는지 등에 대해서는 이미 이 책의 '제2부 액션러닝 구성요소와 스킬'의 '제1장 기획'의 장에서 구체적으로 설명했다.

여기서는 중앙공무원교육원과 기업들이 실시했던 액션러닝 프로그램들을 중심으로 액션러닝 기획의 실제를 살펴본다.

기업에서 임원진급 리더십 개발을 위한 액션러닝 프로그램이 성공을 거두기 위해서는 보쉭(Boshyk, 2000)에 따르면 사업 이슈(issues), 고위임원진의 적극적인 후원인 역할, 액션리서치와 학습의 조직, 내부 및 외부 주제 투입, 팀워크와 코칭과 촉진활동, 개인별 리더십 스킬, 고부가가치의 결과

---

140) 천대윤. (2007). 『액션러닝(Action Learning) 매뉴얼』. 중앙공무원교육원.

창출 등의 구성요소들이 잘 조직되고, 동원되고, 고부가가치 성과를 산출해야 한다고 강조했다.[141]

특히 고위임원진과 액션러닝 프로그램 운영 담당부서에서는 외부 전문가의 조언을 받아서 액션러닝 참가자들이 해결해야할 사업 이슈, 액션러닝을 지원하기 위해서 동원 가능한 자원, 액션러닝 실시 장소, 액션러닝 프로그램의 참여대상, 조직 전체 차원에서 지원 방법, 누가 운영의 책임을 질 것이며, 누가 필요한 자원을 공급할 것이며, 어떻게 운영할 것인가 등의 요소들에 대해서 액션러닝 프로그램을 기획할 때 고려해야 한다. 따라서 액션러닝 프로그램을 기획할 때 이러한 요소들이 종합적으로 고려되어야 할 것이다.

〈그림 3-2-1〉에서는 기업의 임원진급 리더십 개발을 위한 액션러닝 프

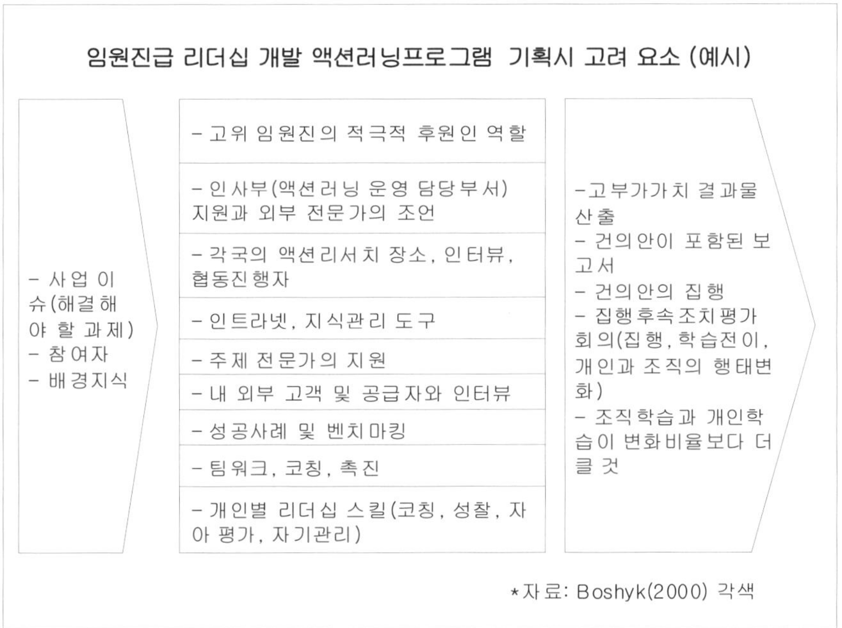

〈그림 3-2-1〉 액션러닝 프로그램 기획시 고려 요소 (예시)

---

141) Boshyk., Yury (Ed.) (2000). *Business Driven Action Learning: Global Best Practices.* New York: St. Martin's Press.

로그램을 기획할 때에 고려해야할 요소들에 관하여 보쉭(Boshyk, 2000)의 견해를 재구성하여 보여주고 있다.

한편, 중앙공무원교육원에서는 국장급 교육생들을 대상으로 하는 고위정책과정, 고위공무원단에 진입할 공무원들을 대상으로 하는 고위공무원단후보자과정, 4급 관리자들을 대상으로 하는 4급 핵심인재과정, 5급 관리자를 대상으로 하는 5급(신임)리더과정, 그리고 전문교육과정으로 사회갈등관리과정 등에 액션러닝 프로그램들을 도입하여 운영한 경험이 있다.[142]

여기서는 기존에 운영했던 중앙공무원교육원의 액션러닝 프로그램들을 중심으로 설명하되, 필요하다고 판단되는 부분에 여타 기업 또는 정부의 운영방식의 일부 내용도 곁들어서 소개하고자 한다.

〈그림 3-2-2〉에서는 2006년도에 실시했던 고위공무원단후보자과정의

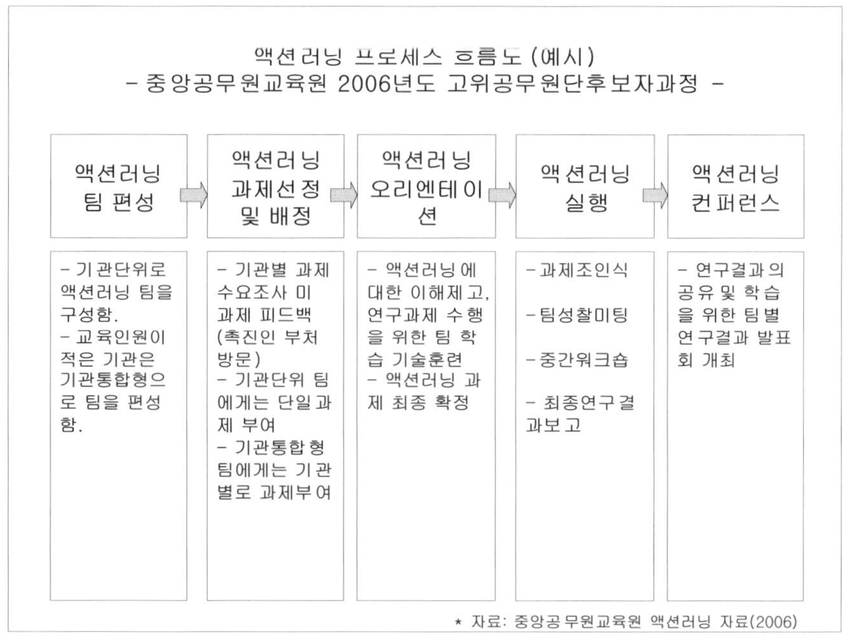

〈그림 3-2-2〉 액션러닝 프로세스 흐름도 (예시)

---

142) 중앙공무원교육원의 각 과정의 명칭은 교육 방침에 따라 변경되기도 한다. 예컨대 '5급신임리더과정'은 '신임관리자과정'으로 변경되기도 한다.

액션러닝 프로세스를 예시적으로 보여주고 있고, 〈그림 3-2-3〉에서는 2006년도에 실시했던 고위정책과정의 팀별 액션러닝 진행 흐름도를 예시적으로 보여주고 있다.

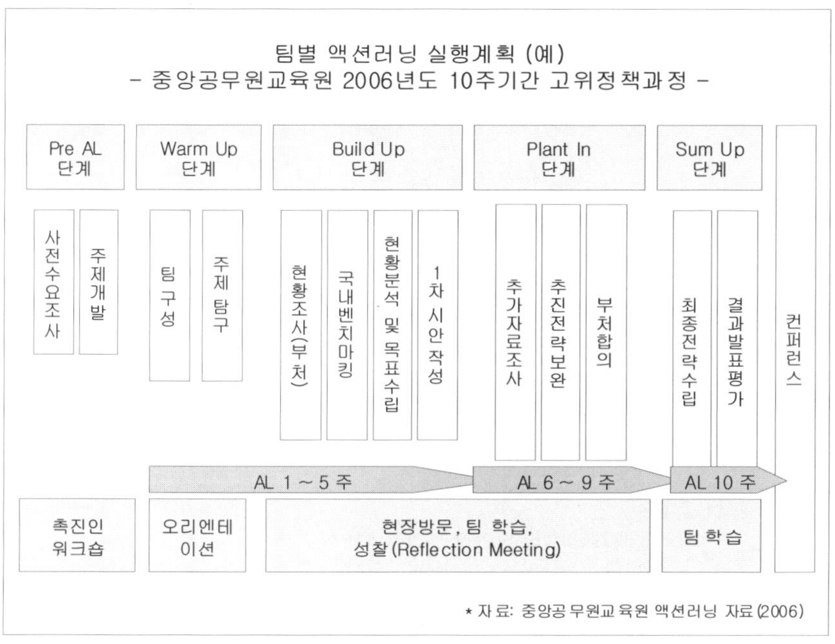

〈그림 3-2-3〉 팀별 액션러닝 진행 흐름도 (예시)

중앙공무원교육원은 2005년부터 고위정책과정에 액션러닝 프로그램을 도입하여 운영했다. 고위정책과정의 액션러닝은 2005년 4월 8일 사전 워크숍에서 출발하여 2005년 7월 22일 국무총리를 비롯한 관계부처 장·차관 등 스폰서들의 참여하에 실시된 컨퍼런스(conference)까지 약 3개월에 걸쳐 실시되었다. 전체적인 액션러닝 흐름은 학습지원팀 구성과 주제개발을 위한 사전 워크숍, 주제별 연구팀 구성과 주제탐구를 위한 팀 빌딩, 액션러닝 실행을 위한 팀별 과제선정, 문제점 도출과 개선방안 마련을 위한 현장방문, 팀별 성찰을 위한 팀별 성찰 미팅, 액션러닝 결과발표를 위한 스폰서 발표회 및 최종 컨퍼런스 개최 등으로 진행되었다.

이러한 운영 프로세스의 기본절차는 고위공무원단후보자 과정의 액션러닝 운영에도 응용되었다. 즉 오리엔테이션, 과제조인식, 성찰미팅, 중간점검, 결과발표회, 컨퍼런스 등의 활동들이 포함된다.

〈그림 3-2-4〉에서는 구체적인 액션러닝 운영 프로세스를 예시적으로 보여주고 있고, 〈표 3-2-1〉에서는 액션러닝 일정표를 예시적으로 보여주고 있다.

〈그림 3-2-4〉 액션러닝 구체적 운영 프로세스 (예시)

〈표 3-2-1〉 액션러닝 일정표 (예시)
-중앙공무원교육원 제2기 고위공무원단 후보자과정-

교육일정	교육 분야	교육장소	주요 내용
7. 27. ~ 8. 3.	과제수요조사	각 부처	• 액션러닝 공식기간 이전에 기관별로 팀 수의 2배수 과제 제출
8. 16. ~ 8. 22.	과제 피드백 (촉진인 부처방문)	각 부처	• 각 팀의 촉진인은 각 부처를 방문하여 액션러닝 소개 및 과제 재조정 실시
8. 24. ~ 8. 25.	액션러닝 오리엔테이션	코엑스 (장보고홀)	• 액션러닝의 이해, 팀 빌딩, 과제기술서의 이해, 과제기술서 수정 및 보완 등
8. 28. ~ 10. 27.	액션러닝 실행	각 부처 및 중앙공무원 교육원	• 후원인, 자문관, 촉진인 및 액션러닝 팀 간의 과제조인식 실시(9. 4. ~ 9. 8) • 현황조사·분석, 현장방문, 팀 성찰미팅 등을 통해 해결대안 모색 • 2주 1회(4시간), 총 4회 팀 미팅 및 1회 중간 워크숍 실시 • 해당기관 스폰서에게 액션러닝 연구결과 발표(10.23. ~ 10.27.) ※ 중간 워크숍(9. 28 ~ 29)만 중앙공무원교육원에서 실시
10. 31.	액션러닝 컨퍼런스	세종문화회관	• 우수 팀 발표를 통한 상호학습 기회 제공 및 액션러닝 과정 성찰

* 중앙공무원교육원 제2기 고위공무원단 후보자과정 액션러닝 팀의 공식 활동기간은 2006년 8월 24일부터 10월 30일까지였다. 이 공식기간 이전의 활동은 사전활동기간에 해당한다.

액션러닝의 성공을 위해서 참여하는 참여자는 액션러닝의 프로그램 성격에 따라 상이할 수 있다. 예컨대 중앙공무원교육원 2006년도 고위공무원단후보자과정 액션러닝에서는 액션러닝 팀(교육생), 후원인, 자문관, 멘토, 촉진인, 외부(주제)전문가, 행정 지원 및 운영팀 등이 주된 참여자였다.

이 과정에서 후원인은 학습 활동을 정책적으로 지원하고 액션러닝 결과물을 적극 활용할 수 있으며 액션러닝 팀에게 동기부여를 할 수 있는 지위에 있는 차관급으로 하였다. 자문관은 액션러닝 과제 해결과정 및 해결대안의 조언자로서 액션러닝 과제 관련 국장급으로 하였다. 멘토(mentor)는 액션러닝 과정의 시행착오 최소화 및 원활한 액션러닝 수행의 지원자로서 이전 기수의 우수 교육생으로 하였다. 촉진인(coach, facilitator)은 액션러닝의 원활한 진행을 지원하는 액션러닝 프로세스 및 방법론의 전문가로 하였다. 외부 (주제) 전문가(external subject matter experts)는 액션러닝 과제에 대해 전문적인 자문을 담당하는 과제 관련 전문가들이었다.

〈그림 3-2-5〉에서는 2006년도 중앙공무원교육원 고위공무원단 후보자 과정의 액션러닝 참여자들을 예시하고 있다.

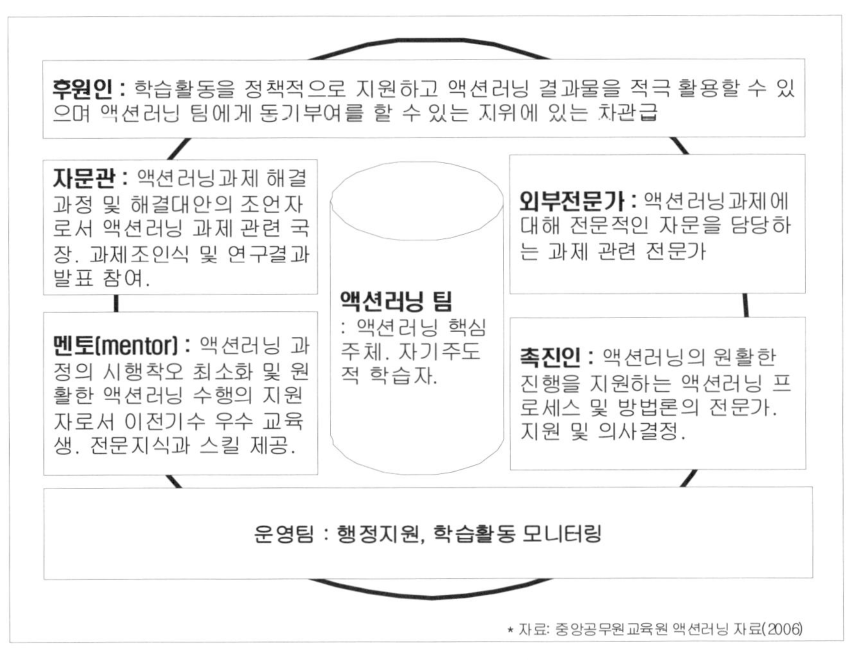

〈그림 3-2-5〉 액션러닝 참여자 (예시)

2. 사전 워크숍 실시

액션러닝을 실시하기 전에 워크숍(workshop)을 실시하는 것이 필요한 가? 결론적으로 필요하다고 할 것이다. 액션러닝 학습자 또는 교육생들은 한 번도 접해 보지 않은 액션러닝에 대해서 기대 반 우려 반의 심정을 가지고 있게 된다. 또 과거에 접해 본 사람이라도 새로운 환경에서 접하게 되는 만큼 이 역시 유사한 감정을 가지고 있게 된다. 따라서 교육생들의 액션러닝에 대한 막연히 느끼는 부담감을 해소하는 것은 물론 과제수행에 필요한 문제해결기법 등과 같은 정보를 교류하기 위해서 사전 워크숍이 필요하다. 이 워크숍과정에서 팀을 구성하며, 팀 활동 수행계획의 마스터플랜을 수립하며, 팀 학습을 지원하고 촉진할 촉진인, 팀 과제 수행의 후원인 등을 선정한다.

예컨대, 중앙공무원교육원은 고위정책과정의 액션러닝에서 2005년 4월 초에 사전 워크숍을 개최하여 액션러닝 관련당사자 및 교육생들의 액션러닝에 대한 이해를 도왔다. 이러한 사전워크숍은 2006년에도 실시되었으며, 고위공무원단후보자과정, 4급인재핵심과정 등에도 실시되었다.

사전워크숍의 장소로 기관 내부의 장소를 선정할 수도 있고 기관 외부의 장소를 선택하여 실시할 수도 있다. 기관외부의 장소를 선택할 때에는 비용관계, 소음, 주변 환경 등과 같은 워크숍진행에 영향을 미치는 요소들을 고려해서 신중하게 결정해야 한다.

또한 사전 워크숍의 기간을 얼마로 하는 것이 바람직한 것인가의 문제가 발생할 수 있다. 액션러닝 사전워크숍의 기간은 액션러닝 프로그램의 목적, 과제 성격, 교육생의 특성, 교육운영 비용 등을 고려하여 결정하도록 한다. 일반적으로 액션러닝 프로그램 운영기간 또는 액션러닝 과제수행기간이 1개월 이상 소요되는 액션러닝 프로그램의 경우엔 1~2일 정도의 기간을 할당하는 것이 바람직할 것이다. 그리고 필요하다면 장소와 비용이 허락된다면 교육생들이 합숙을 하면서 워크숍에 참가하는 것도 고려해 볼 수 있다.

사전워크숍에서는 해당 액션러닝 프로그램의 실시취지, 액션러닝이란 무엇인가, 액션러닝의 적용사례, 액션러닝의 기본원리와 효과, 액션러닝의 구성요소, 액션러닝의 효과적 수행방법 등에 관해서 설명하고 토론을 거치게 된다. 이러한 사전워크숍은 교육생들의 심리적 부담감을 덜어주고 해당 액션러닝 프로그램에 대한 긍정적인 생각과 태도로 전환하게 하는 계기가 된다.

〈그림 3-2-6〉은 듀퐁사가 상층부 임원진의 리더십을 개발하기 위한 것인 "성장을 위한 리더십" 개발 프로그램의 주별과 요일별 활동할 내용을 보여주고 있다.[143] 프로그램 총 운영기간은 3주간이고 제2주의 날들은 전부

제1주	월	화	수	목	금
오전	- 오리엔테이션 - 듀퐁 변혁 이야기	-리더십과 딜레마 - 문의, 창도 -추론의 사다리	- 대화, 문답	-시나리오 기획 - 체제사고	-프로젝트 팀 - 후원인 회합
오후	- 360도 피드백 - 프로젝트 팀	- 프로젝트 팀	-시나리오 기획 - 체제사고	- 주주들을 위한 가치 창출	- 주주들을 위한 가치 창출

제2주	월	화	수	목	금
			프로젝트 작업		

제3주	월	화	수	목	금
오전	-프로젝트 업데이트 - 성장 이야기: 패널 토론	- 고객을 위한 가치 창출	-모든 이해관계자들을 위한 가치 창출 Ex) Nylon, India 이야기	- 프로젝트 팀	-프로젝트 발표 *타임 슬롯 A *타임 슬롯 B - 축하 점심
오후	- 프로젝트 팀	- 프로젝트 팀	- 프로젝트 팀	- 프로젝트 팀	-프로젝트 팀 최종 보고회 - 전원 출석 최종 보고회

* 자료: LeGros & Topolosky(2000), Wiesendanger(2000)

〈그림 3-2-6〉 듀퐁사의 '성장을 위한 리더십' 개발 프로그램

---

143) ① LeGros, Victroia M. & Topolosky, Paula S. (2000). Dupont: Business Driven Action Learning to Shift Company In Boshyk., Yury (Ed.). *Business Driven Action Learning: Global Best Practices*(pp. 29-41). New York: St. Martin's Press. ② Wiesendanger, Betsy. (2000, September). To Grow Your Company, Leverage Your Leaders. *Fast Company*, 39, p. 68.

프로젝트 팀의 프로젝트 작업을 위해서 배려되어 있다. 첫째 주의 첫째 시간에는 오리엔테이션이 있고 듀퐁사의 변혁이야기가 제공된다. 마지막 주 점심시간에는 수료 축하 점심이 제공되고, 오후 마지막 시간에는 전원이 참석하는 전체 발표회가 개최된다.

〈그림 3-2-7〉, 〈그림 3-2-8〉에서는 중앙공무원교육원이 실시했던 프로그램의 사전워크숍 시간계획을 예시적으로 보여주고 있다.

사전 워크숍 시간계획(1일차)

시간	세션 및 명칭	세부진행계획
10:00 ~10: 50	Section I: 오리엔테이션 및 친목	• 기관장 인사말씀, • 본 프로그램의 목적, 진행 내용 및 일정, • 참가자간 상호인사, • 촉진인(facilitators) 소개
휴식 및 다과시간		
11:00 ~ 12:00	Section II: 팀 빌딩	• 팀장, 팀 명칭, 슬로건, • 기본규칙(Ground Rules) 제정
점심식사 (12:00 ~ 14:00) : 점심식사 및 산책		
14:00 ~ 14:50	Section III: 액션러닝 이해	• 액션러닝 정의, 기본원리, 구성요소, • 액션러닝 성공사례
휴식 및 다과시간		
15:00 ~ 16:50	Section IV: 액션러닝 공유	• 액션러닝 운영프로세스, 효과적 수행방법, • 팀별 과제기술서 공유 및 토론
휴식 및 다과시간		
17:00 ~ 18:00	Section V: 성찰 및 마무리	• 전체 회합, 질의 및 토론, • 배운 것, 느낀 것, 실행다짐 • 마무리

* 자료: 중앙공무원교육원 액션러닝 자료(2006)

〈그림 3-2-7〉 사전워크숍 시간계획: 1일차 (예시)

<table>
<tr><td colspan="3" align="center">사전 워크숍 시간계획(2일차)</td></tr>
<tr><td align="center">시간</td><td align="center">세션 및 명칭</td><td align="center">세부진행계획</td></tr>
<tr><td>09:00 ~09: 50</td><td>Section VI: 과제수행계획</td><td>• 팀별 과제수행 Master Plan 작성
• 팀별 제1차 학습미팅 및 과제조인식 계획</td></tr>
<tr><td colspan="3">휴식 및 다과시간</td></tr>
<tr><td>10:00 ~ 12:00</td><td>Section VII: 문제해결 기법</td><td>• 액션러닝 문제해결 프로세스
• 문제해결 기법 및 실습</td></tr>
<tr><td colspan="3">점심식사 (12:00 ~ 14:00) : 점심식사 및 산책</td></tr>
<tr><td>14:00 ~ 14:50</td><td>Section VIII: 팀 학습 기술 :
회의 진행 및 경청</td><td>• 회의 진행 기술
• 경청기술</td></tr>
<tr><td colspan="3">휴식 및 다과시간</td></tr>
<tr><td>15:00 ~ 16:50</td><td>Section IX: 팀 학습 기술 :
칭찬 및 기타 도구 활용</td><td>• 칭찬기술
• 기타 도구(Post-It 등) 활용 기술</td></tr>
<tr><td colspan="3">휴식 및 다과시간</td></tr>
<tr><td>17:00 ~ 18:00</td><td>Section X: 성찰 및 종합 마
무리</td><td>• 전체 회합, 질의 및 토론,
• 배운 것, 느낀 것, 실행다짐
• 종합 마무리</td></tr>
</table>

★ 자료: 중앙공무원교육원 액션러닝 자료(2006)

〈그림 3-2-8〉 사전워크숍 시간계획: 2일차 (예시)

3. 팀 과제 선정

1) 과제 선정 기준

과제를 선정하기 전에 과제선정기준을 마련해 두어야 한다. 과제선정기준은 해당 액션러닝 프로그램의 목적, 과제의 성격, 교육생들의 특성 등을 고려하여 결정할 사항이다.

또한 바람직한 과제와 피해야 할 과제의 기준을 사전에 설정해 놓은 것이 바람직할 것이다. 물론 이러한 기준은 액션러닝을 운영하는 목적, 조직의 특성 등을 고려하여 결정할 사항이다.

예컨대 중앙공무원교육원의 액션러닝 프로그램은 액션러닝 과정에서 바람직한 과제의 기준으로 다음과 같은 사항들을 고려할 수 있었다.[144]

① CEO, 후원인 또는 부처장이 조직 차원에서 가장 시급히 해결하고자 하는 과제로서, 이러한 과제는 조직차원에서 액션러닝 팀에게 부여되며, 그 수행에 있어서는 조직차원에서 공식적인 지원이 있게 된다.

② 교육기간 중 구체적인 해결대안을 도출할 수 있는 과제로서, 이는 액션러닝 팀의 학습효과를 높일 수 있을 것이다.

③ 몇 개의 팀, 부서, 부처 등에 공통으로 연관된 과제로서, 이는 액션러닝 팀의 구성원들이 여러 부서, 부처에서 온 사람들로 구성되어 있을 때 매우 학습효과를 높일 수 있는 계기가 된다.

④ 과제 해결을 위해 민원인, 관련부처 방문 등 현장 활동이 필요한 과제로서, 이는 액션러닝의 현장 중심적 문제해결의 기본 철학을 학습하게 하는 기능을 가지게 될 것이다.

⑤ 해결대안을 실행에 옮겼을 경우 1년 내에 성과가 나타날 수 있는 과제로서, 성과가 보장 되지 않는 과제는 학습자들에게 학습의욕을 상실하게 하기 때문에 성과가 보장되는 과제를 선정하는 것이 바람직하다.

⑥ 해결을 위해 가급적 다양한 관점에서 접근이 필요한 과제로서, 이는 성찰적이고 통찰력 있는 질문과 접근, 그리고 행동변화의 가능성을 높게 하는 과제가 될 것이다.

⑦ 기존의 생각과 전혀 다른 아이디어를 필요로 하는 과제로서, 이는 액션러닝 팀 구성원들의 생각과 행동 변화를 수반할 수 있는 과제가 될 것이다.

⑧ 현재 조직 내에 과제해결을 위한 전담 조직 또는 책임자가 불분명한 과제로서, 이는 해결하기는 해결해야 하나 전담 책임자가 없는 과제의 경우에 해당되는 것으로 액션러닝 팀을 구성하여 협동적 문제해결 능력과 학습능력을 증진할 수 있을 것이다.

⑨ 해결대안을 실행하기 위해 별도의 많은 예산의 투입과 조직의 신설이 필요하지 않은 과제로서, 이는 많은 재정이 필요로 하지 않고 액션러

---

144) 중앙공무원교육원 액션러닝 자료 (2006)

닝의 목적을 달성할 수 있는 과제가 될 것이다.

⑩ 부처별 장관, 차관들의 주요 추진과제로서 태스크 포스(Task Force) 팀, 프로젝트 팀 등 별도의 조직을 중심으로 해결을 위해 많은 노력을 기울이고 있으나 현재시점에서 장애요인에 봉착하여 학습팀원들의 내부 자문이 필요한 과제로서, 이는 기존의 동일한 사람들이 기존의 동일한 관점에서 접근하게 되면 통찰력 있는 해결책 도출이 어려운 경우가 발생하게 되는데 액션러닝은 이러한 기존의 관점을 버리고 새로운 사람들로 구성되어 신선한 시각으로 문제에 접근하게 하여 해결책을 도출할 수 있는 기회가 될 것이다.

한편, 피해야 할 과제의 기준으로 중앙공무원교육원 액션러닝 프로그램은 다음과 같은 사항들을 고려할 수 있었다.[145)

① 주어진 기간 내에 해결이 불가능하거나 또는 해결책 도출이 불가능한 과제로서, 이는 액션러닝 목적인 실행, 성찰, 학습의 목적을 달성할 수 없게 만들게 될 것이다.

② 너무 전문적인 지식, 내용을 담고 있어 학습자들이 이해하기 곤란한 문제로서, 이는 학습자들로 하여금 패배의 감정을 가지게 할 수 있다.

③ 너무 단순해서 다른 사람들의 아이디어나 창의적 접근이 필요하지 않은 과제로서, 이러한 과제는 액션러닝 팀을 구성하지 않더라도 누구나 해결할 수 있는 과제에 불과할 것이다.

④ 부서간 이해관계가 얽혀 있어 접근하기 힘든 과제로서, 이러한 과제는 어느 누구도 불난 집에 부채질을 하지 않으려고 하기 때문에 괜한 시간만 낭비하게 되고, 설령 해결책을 도출하였다고 하더라도 기존이 이미 나와 있는 해결책과 다를 바가 없게 될 것이다.

⑤ 조직 내외의 환경변화에 따라 접근방식이 변화하는 과제로서, 이는 주어진 기간 내에 적절한 접근방식과 해결책을 도출하기 어렵고, 설령 도출하였다고 하여도 곧 구식으로 낙인찍힐 것이기 때문에 학습효

---

145) 중앙공무원교육원 액션러닝 자료(2006)

과가 반감될 것이다.

〈표 3-2-2〉에서는 바람직한 과제와 피해야 할 과제 선정의 기준을 예시적으로 보여 주고 있다.

〈표 3-2-2〉 과제선정기준 (예시)

바람직한 과제의 선정기준	• 그 해결의 시급성을 요하는 과제 • 주어진 기간내 해결책 도출이 가능한 과제 • 부서 공통 연관 과제 • 현장 활동이 필요한 과제 • 대안 집행 1년 내 성과를 볼 수 있는 과제 • 다양한 관점의 접근이 가능한 과제 • 새로운 아이디어를 필요로 하는 과제 • 책임자가 불분명한 과제 • 별도의 예산, 조직이 필요 없는 과제 • 장애요인 때문에 내부 자문이 필요한 과제
피해야 할 과제의 선정기준	• 기간내 해결이 불가능 한 과제 • 과도한 전문지식이 요구되는 과제 • 너무 단순한 과제 • 복잡한 이해관계로 접근이 힘든 과제 • 접근방식이 수시로 변화해야 하는 과제

* 자료: 중앙공무원교육원 액션러닝 자료 (2006)

2) 과제선정 방식

촉진인 역할을 맡은 사람에게 각 팀이 배정되면, 촉진인은 팀원들과 함께 과제수행활동을 최종 컨퍼런스(conference) 때까지 함께 진행하여야 한다. 먼저, 과제를 선정하는 활동 등을 팀원들과 함께 진행하도록 한다. 해당 액션러닝 프로그램 운영기관에서 이미 과제를 선정해 놓았다고 하더라도 해당 과제를 구체화 시키고 명확화 시키는 작업은 팀원과 촉진인 모두가 함께 협동으로 진행하도록 하며 협의와 합의에 의거한 의사결정 방식을 취하도록 한다.

해당 액션러닝 프로그램 운영기관에서는 팀을 먼저 구성할 것인가 과제를 먼저 마련할 것인가의 문제에 직면할 수 있다. 팀 구성이 먼저냐 과제 선정이 먼저냐의 문제는 액션러닝 프로그램을 운영하고자 하는 기관의 성격과 프로그램의 특성에 따라 결정될 사항이다. 따라서 팀 구성과 과제 선정간의 전후관계는 다양한 형태로 이루어질 수 있다.

(1) 방식 I

예컨대, 기관에서 특정 문제를 해결하기 위해서 액션러닝을 실시하고자 할 때는 과제가 먼저 선정되고 그 과제에 맞추어 팀이 구성될 수 있다. 즉 해당 교육기관에서 여러 부처와 사전에 협의하여 특정 주제들을 미리 선정해 놓고 입교한 교육생들로부터 이들 선정된 주제들 가운데서 하나를 선택하게 할 수 있다.[146]

(2) 방식 II

한편, 교육과정에서 액션러닝을 운영할 때에는 해당 교육생이 과제를 하나씩 가지고 오게 할 수 있다. 즉 교육생들이 입교하기 전에 각자 자신의 부처의 부처장으로부터 받은 과제를 하나씩 가지고 오게 할 수 있다. 가지고 온 과제들은 팀이 형성된 이후 토론을 거치게 되며, 최종적으로 이들 가운데서 하나가 선정될 수 있다.

(3) 방식 III

교육생들이 교육기관에 입교하여 팀을 만들어서 각 팀이 과제를 선정하

---

146) 과제의 수준은 스폰서 또는 해당 교육기관이 결정할 사항이나 일반적으로 과제의 수준은 액션러닝 팀의 학습자보다 한 직급위에서 다루어져야 하는 수준의 것을 액션러닝 팀에게 부여하는 것이 바람직할 수 있다. 예컨대 과장급 액션러닝일 경우엔 국장의 관심사항이 될 만한 과제로 하고 국장급 액션러닝일 경우엔 장관의 관심사항이 될 만한 과제로 할 수 있다.

게 할 수 있다. 즉 교육기관에 입교 후 팀을 구성하고, 소속된 팀에서 구성원들이 각기 당면한 이슈 과제를 제시하고, 제시된 과제들은 토론에 부쳐지며, 토론을 거쳐 최종적으로 하나가 선택되게 할 수 있다.

(4) 방식 Ⅳ

또는 상기의 방식들을 혼합하여 다양한 형태의 과제선정절차를 통해서 과제를 선정할 수 있다. 예컨대 교육원에서 과제를 사전에 제시하거나, 교육생들이 자신의 부처에서 과제를 갖고 오더라도 팀이 구성되어 토론하는 과정에서 새로운 과제가 도출되거나 기존의 과제가 수정되어 최종적으로 확정될 수 있다.

중앙공무원교육원 2005년도 고위정책과정 액션러닝 프로그램의 경우, 사전워크숍이 끝나면 팀이 수행할 과제를 선정했다. 과제선정 단계에서 현장방문 및 기관방문이 필요하고 이해 당사자들의 의견을 들을 필요가 있는 과제를 선정하기로 방침을 정하였다. 이에 따라 국무조정실에서 제시한 65개 과제에 대하여 관계부처와 협의 및 토론을 통하여 10개 과제를 최종 선정하였다. 정부혁신의 효율적 추진을 위한 17개 공통혁신과제 중에서 2005년도 중 각 부처별로 중점적으로 추진해야할 중점과제에 대하여 규제개혁 분야 7개 과제, 성과관리, 변화관리, 민원제도 등 3개 분야에 대한 과제를 각 1개씩 도출하였다. 〈표 3-2-3〉에서는 분야별 과제선정 현황을 예시적으로 보여주고 있다.

확정된 과제에 대하여는 공통혁신 과제별 주관부처와 협의를 통해 이슈별 테마를 도출하고 전문가 그룹과 연계하여 세부 테마(theme)에 대한 가이드라인을 개발하였다.

〈표 3-2-3〉 분야별 과제선정 현황 (예시)

분야	과제명
규제개혁	• 공장설립절차 개선 • 유사행정규제 개선 • 의무고용제도 개선 • 농수축산물 유통규제 개선 • 민간보험 활성화 • 안전과 보건관련 규제 개선 • 고등교육기관 규제 개선
성과관리	• 기관평가 및 개인성과평가의 통합
변화관리	• 정부업무관리시스템 부처확산
민원제도	• 고질반복민원의 해결을 통한 국민고충 해소

* 자료: 중앙공무원교육원 액션러닝 자료(2006)

4. 팀 형성 및 실행계획 수립

촉진인은 팀을 형성하고 팀의 실행계획을 수립하는 것을 팀원들과 함께 진행하도록 한다. 팀을 어떻게 구성할 것인가는 해당 액션러닝 프로그램의 특성과 팀을 구성하는 교육생들의 직위나 특성 등에 따라 달라질 수 있다. 이는 해당 액션러닝 프로그램을 운영하는 기관에서 액션러닝이 시작되기 전에 액션러닝 프로그램 설계단계에서 해당 프로그램 운영위원회 등을 통해서 미리 결정해 놓는 것이 프로그램 운영의 효율화를 위해서 바람직할 것이다.

중앙공무원교육원 2005년도 고위정책과정 액션러닝 프로그램의 경우, 2005년 3월, 60명의 국장 교육생들을 연구과제에 대한 본인희망(1~3개 희망) 신청을 받아 6인씩 10개 팀을 구성하였다. 경제와 비경제, 중앙과 지방 부처 등 다양한 부처의 인원들로 구성되도록 조정하여 구성하였다.

10개 팀 형성은 먼저 팀 명칭, 팀 내 역할, 팀 미션, 팀 핵심가치, 팀 기본규칙을 규정한 팀 헌장(team charter)을 작성한다. 이러한 활동을 진행하는 동안 팀 구성원 간에 화합과 신뢰관계가 형성되도록 하였다. 또한 고위 정책과정 액션러닝 프로그램의 경우 팀원 간의 상호이해와 협동을 촉진하기 위해서 성격진단 도구 에니어그램(Enneagram)을 활용하였다.[147] 이러한 도구를 통하여 자신에 대한 이해와 상대방에 대한 이해를 통하여 팀 구성원간의 상호 이해를 촉진하는 활동을 하였다.

이러한 팀 기본규칙을 포함한 팀 헌장을 작성하는 활동은 촉진인과 팀원이 함께 진행하도록 한다. 팀 헌장(team charter)이란 팀의 역할과 책임을

팀 헌장(Team Charter)

- 팀　　명 :

- 팀 과제 :

- 팀 목적, 가치, 목표 :
    - 팀 목적 :
    - 팀 가치 :
    - 팀 목표(최종 산출물) :

- 스폰서(sponsor) 및 퍼실리테이터(facilitator) :

- 팀원 및 역할 :

- 팀 활동의 기본규칙(Ground Rules) :

- 팀 활동 기간 및 시간계획 :

〈그림 3-2-9〉 팀 헌장 서식과 이에 포함될 요소 (예시)

---

147) 에니어그램(Enneagram)이란 인간의 성격 9가지 유형(類型)을 가지고 개인의 성격과 특성간의 관계를 밝히며 자신의 존재를 개선하기 위하여 활용되는 도구이다. 인간의 성격 9가지 유형에는 ① the reformer(개혁가), ② the helper(조력자), ③ the achiever(성취자), ④ the individualist(개인주의자), ⑤ the investigator(연구자), ⑥ the loyalist(충성스러운 자), ⑦ the enthusiast(열광자), ⑧ the challenger(도전자), ⑨ the peacemaker(평화추구 자) 등이 포함된다.

명확히 하기 위한 서류라고 할 수 있다. 즉 팀 헌장이란 팀이 과제를 충실히 그리고 성공적으로 수행하기 위해서 팀원의 역할, 팀의 목적, 팀의 핵심가치, 팀의 기본규칙 등의 사항들을 담은 문서라고 할 수 있다. 〈그림 3-2-9〉에서는 팀 헌장 서식과 이에 담길 요소들을 예시하고 있다.

팀 헌장 서식은 액션러닝 프로그램을 운영하는 목적에 따라 다양한 형태로 구성되어 사용될 수 있다. 예컨대 〈그림 3-2-10〉에서는 중앙공무원교육원에서 사용한 도형형식의 팀 헌장 서식을 예시적으로 보여주고 있다.

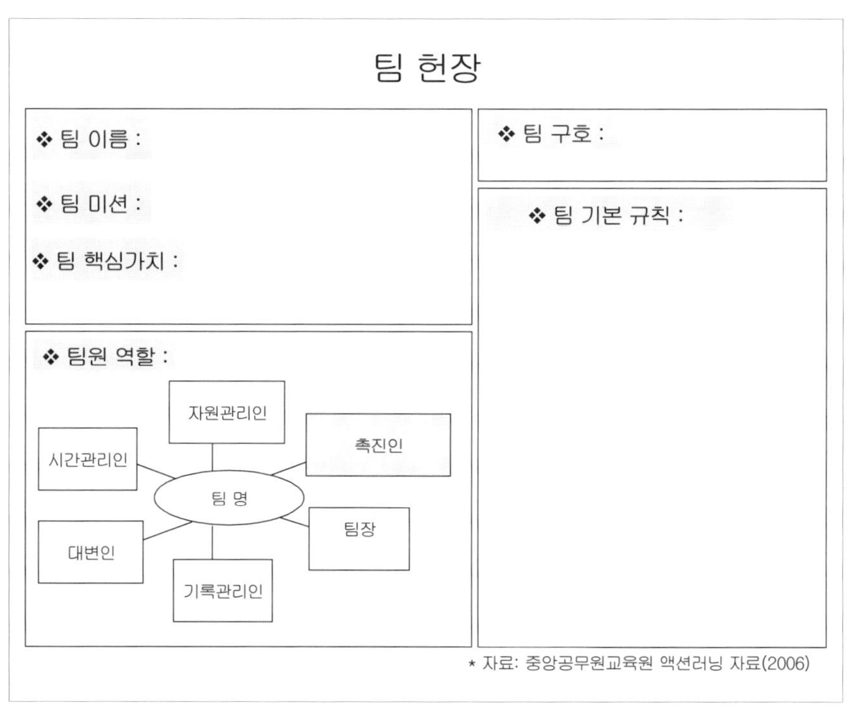

〈그림 3-2-10〉 도형형식의 팀 헌장 서식 (예시)

팀 헌장을 작성하는 활동은 교육생들 전체가 한 장소(예컨대 강의실이나 워크숍 장소)에 모여서 진행할 수도 있고, 각 팀별로 분임실에서 활동을 전개할 수도 있다. 이는 해당 프로그램이 운영되는 상황(예컨대, 분임실 이용

가능성 등)을 고려하여 결정할 사항이다.

팀 헌장에서 팀명(이름)은 각 팀이 액션러닝 활동 기간에 제1팀, 제2팀, 제3팀 등과 같은 숫자적 팀 이름 대신에 상징적으로 사용할 수 있는 명칭을 말한다. 예컨대 '열매 팀', '맑은 샘 팀', '화합 팀' 등이 그러한 팀 명칭의 사례에 해당된다.

팀 목적 또는 미션(mission)은 액션러닝 기간 동안에 해당 팀에게 주어지는 임무를 말한다. 과제 수행과 관련된 임무가 된다. 팀 핵심 가치(core values)는 팀의 활동을 수행하는 과정에서 팀원들이 팀을 중심으로 뭉치기 위한 가치를 말한다. 팀장의 자율 사회로 팀원들이 토론하여 결정하도록 한다.

팀원의 역할은 해당 액션러닝 프로그램의 성격에 따라 필요한 명칭을 부여하여 맡도록 한다. 예컨대 팀장, 자원관리인, 시간 관리인, 대변인, 기록 관리인 등으로 명칭을 부여하여 역할을 안배할 수 있다.

팀장은 팀을 인도하며 팀 사회자 등의 역할을 수행할 수 있다. 자원 관리인은 액션러닝 활동에 필요한 인적, 물적, 정보적 자원을 관리하는 역할을 수행할 수 있다. 시간 관리인은 각종 계획의 시간, 전문가나 현장탐방의 미팅 시간 등을 관리하는 역할을 수행할 수 있다. 대변인은 대내외 활동에서 팀을 대표하는 발표자 등의 역할을 수행할 수 있다. 기록 관리인은 각종 회의, 성찰시간, 후원인과의 회의 등에서 기록하고 기록된 것을 관리하는 역할을 수행할 수 있다. 이러한 역할배분은 어느 한 사람이 과도한 부담이 되지 않게 균등하게 안배되도록 해야 하다. 촉진인도 함께 참여하는 가운데서 팀장의 사회로 팀 구성원들의 자율적인 합의에 의해서 역할 배분을 결정하도록 한다.

기본규칙은 팀원들이 액션러닝 과제를 수행하는 기간 동안에 서로가 협동하여 지켜야할 기본 준칙이다. 촉진인 역할은 맡은 사람이 참여한 가운데 팀의 기본 규칙을 설정한다. 팀 규칙은 팀장의 사회로 팀별로 자율적으로 결정하되, 팀원들이 모두가 아이디어를 내고 토론하여 결정하도록 한다. 과제수행기간에 팀원들이 협동하여 자율적으로 지켜야 할 규칙에는 다양한 관점에서 접근할 수 있다.

예컨대, 회의질서존중, 적극적 과제수행, 팀원 사이의 협력 등 다양한 범주에서 기본규칙을 설정할 수 있다. 액션러닝 프로그램을 운영하다보면 팀원이 회의시간에 늦게 도착할 경우에 벌금내기, 저녁사기, 커피사기 등과 같은 것을 기본규칙의 세부항목으로 넣는 팀들도 발견할 수 있었다. 〈그림 3-2-11〉에서는 액션러닝 팀이 구성원들의 합의에 의하여 제시할 수 있는 기본규칙을 예시하고 있다.

기본규칙(Ground Rules)

제　　팀
팀명:

O 회의 질서 존중
- 휴대폰 사용 금지
- 타인 비방 금지
- 적극적으로 경청
- 발언기회 공정 배분

O 적극적 과제 수행
- 성찰미팅 때 모두 참여
- 해당 기관, 현장 방문 때 모두 참여
- 팀원간 네트워크 활용하여 과제수행에 필요한 정보 교환
- Brainstorming, Delphi 기법 등 문제해결 도구 적극적 활용

O 팀원간 협력
- 약속시간 잘 지키기, 늦는 사람 커피사기
- 매일 팀장에게 연락
- 홈페이지 이용하여 팀원간 원활한 의사소통

* 자료: 중앙공무원교육원 액션러닝 자료(2006)

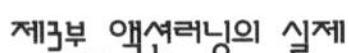

〈그림 3-2-11〉 팀 활동의 기본규칙 (예시)

팀 실행계획 수립 단계에서는 팀 구성원을 확정짓고 액션러닝에 필요한 이슈를 선정하고 실행계획을 수립하는 것이다. 이 실행계획은 일반적으로 해당 액션러닝 프로그램의 성격과 전반적인 과제수행 흐름에 따라 달라질 수 있다. 〈그림 3-2-12〉에서는 과제수행 흐름도를 예시하고 있다.

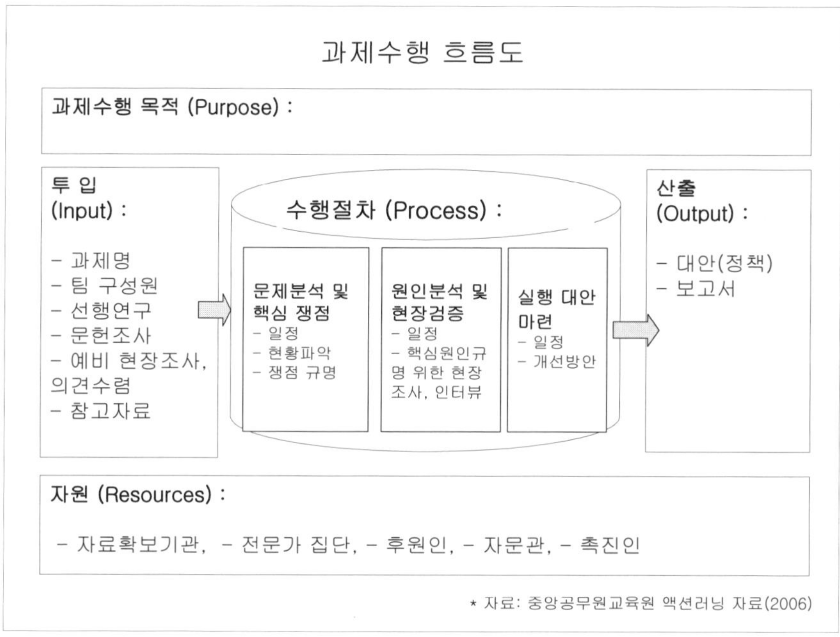

〈그림 3-2-12〉 과제수행 흐름도 (예시)

예컨대 고위정책과정 액션러닝 프로그램에서는 액션러닝 연구방법론을 기반으로 10주 동안 진행할 액션러닝 실행계획을 수립하였다. 이러한 과정은 2006년에도 실시되었다. 촉진인과 함께 과제수행 흐름도를 작성하도록 할 수 있다.

5. 과제기술서 작성 및 과제 조인식

어떤 형태로 팀과 과제가 구성되면 그 과제를 자신의 액션러닝 팀의 임무수행에 적합하도록 그 이름을 명확하게 확정지어야 한다. 즉 추상적이거나 애매한 주제를 구체적이며 명확하게 해야 한다. 과제명이 확정되면 교육생들에게 과제의 선정배경 등을 기술한 '과제기술서'를 작성하여 제출하게 할 수 있다. 이러한 활동은 촉진인과 팀 구성원들이 함께 진행하도록 한다.

각 팀은 과제기술서 초안이 작성되면 이를 해당 교육담당자에게 제출하여 확인을 받고, 확인 승낙이 있게 되면 각 팀은 자신의 과제의 후원인 역할을 맡은 분에게 가서 과제에 대해서 설명하고 과제 후원인의 협조를 구하기 위한 후원인의 서명을 받도록 한다. 후원인의 서명을 받으면 최종 과제기술서가 되고 이를 교육담당자에게 제출한다.

구체적인 절차는 〈그림 3-2-13〉에서 보듯이 과제선정워크숍, 과제선정 기준 및 과제기술서 예시, 제1차 과제기술서 초안, 제2차 과제기술서 초안, 과제조인식용 과제기술서 작성, 후원인과 과제조인식, 최종 과제기술서 제출 순서로 진행된다. 이러한 절차는 액션러닝 프로그램의 학습목적, 과제의 성격, 교육생의 특성 등에 따라서 상황에 맞게 적절히 조절하여 운영해야 할 것이다.

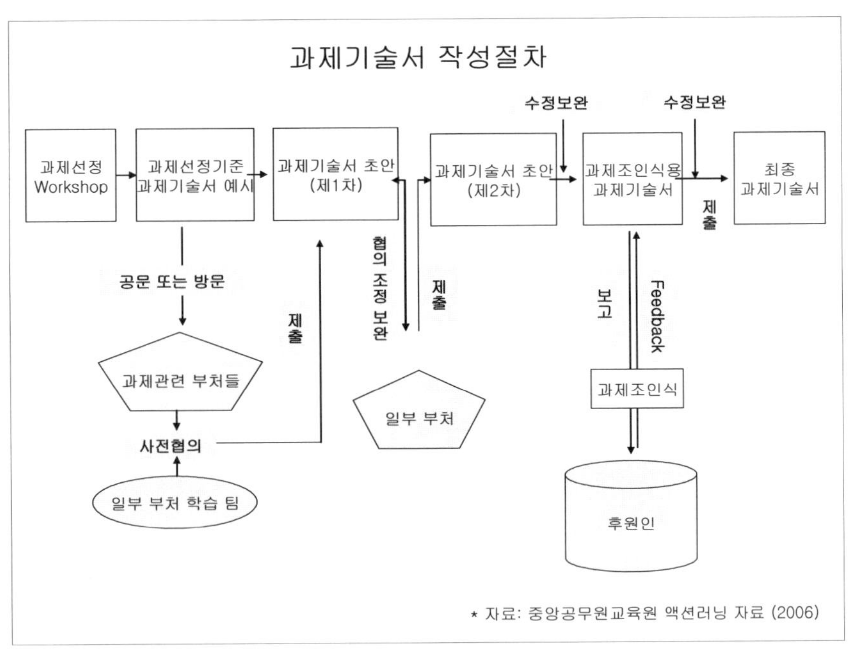

★ 자료: 중앙공무원교육원 액션러닝 자료 (2006)

〈그림 3-2-13〉 과제기술서 작성절차 (예시)

　　과제기술서의 서식은 해당 기관의 액션러닝 교육프로그램의 특성에 맞는 내용으로 만들어지도록 한다. 일반적으로 과제기술서는 서술형과 요약형 두 가지 종류로 하며, 이 서술형과 요약형에 해당되는 문서 서식들을 교육생들에게 배포하고 이를 작성하게 한 후, 제출하게 한다.

　　서술형은 과제의 내용을 서술하는 형식으로 기술하는 방식이다. 〈표 3-2-4〉에서는 과제기술서 기술형을 예시하고 있다. 요약형은 현황과 문제점, 과제의 중요성, 이해관계자의 요구, 국내·외 모범사례, 선행연구, 관련법령, 과제결과물, 과제해결 시 기대효과, 과제해결 성과지표, 과제관련 담당자, 담당부서, 연락처 등을 중심으로 유용한 정보를 요약하여 간략하게 담는 형식이다. 〈표 3-2-5〉, 〈표 3-2-6〉에서는 과제기술서 요약형을 보여주고 있다.

〈표 3-2-4〉 과제기술서 : 서술형 (작성 예시)

과제명	임대형 민자사업(BTL)의 안정적인 정착을 위한 제도개선방안 마련
내용	지난 2005년 학교, 병원, 문화시설, 복지시설 등 국민에게 필수적이지만 재정여건상 투자가 더딘 생활기반시설을 조기에 확충하기 위해 임대형 민자사업을 도입하였다. 2005년 사업고시 규모는 3.8조원, 2006년 고시예정인 사업이 8.3조원에 이르는 등 임대형 민자사업이 활성화단계에 진입하고 있다. 그러나 그동안 제도운영과정에서 민자사업으로서의 적격성 조사시점, 일부 지방의회의 사업추진 거부, 일부 복합시설에 대한 과도한 국고보조금 인센티브 등 일부 문제점도 노출되었다. 또한 일부 주무관청의 사전 준비 부족 등으로 대상사업으로 선정된 이후 사업추진이 지연되거나 취소되는 사례도 발생되고 있다. 이에 따라 무분별한 민자사업 추진을 방지하고, 민자사업 추진의 타당성을 확보하기 위해 기존 사업추진절차와 제도를 보완하고 개선하는 것이 필요한 시점이다. 임대형 민자사업의 내실 있는 추진 및 재정사업과 민자사업의 경쟁을 통한 공공부문의 효율성 제고를 위해 임대형 민자사업의 추진현황 및 기존 절차상 문제점 등을 분석하고 동 사업의 안정적이고 내실 있는 추진을 위한 제도개선방안을 마련하여 연구과제 결과물로 제출하고자 한다. 과제해결여부를 측정하기 위한 성과지표는 방안 제출 직후에는 실장의 평가의견, 6개월 이후에는 2007년 민간투자사업 기본계획(임대형 민자사업 시행지침)에 반영여부, 1년 후에는 임대형 민자사업의 집행율, 민자사업 적격성 조사 시 관련 위험에 대한 계량화 비율을 확인해야 할 것이다. 과제와 관련된 부서는 기획예산처 민간투자기획관실 민자사업관리팀이며, 담당자는 ○○○ 사무관, 연락처는 02-○○○○-○○○○이다.

＊자료: 중앙공무원교육원 4급핵심인재과정(2006) 액션러닝 과제기술서

〈표 3-2-5〉 과제기술서 : 요약형 I (작성 예시)

과 제 명		임대형 민자사업(BTL)의 안정적인 정착을 위한 제도개선방안 마련
과제 선정배경	현황 및 문제점	• 지난 2005년 임대형 민자사업을 최초로 도입한 이후 각 중앙부처 및 지자체의 관심으로 BTL 사업이 활성화 단계에 진입 　- 2005년 사업고시 규모 3.8조원, 2006년 고시예정 8.3조원 • 그동안 제도 운영과정에서 민자적격성 조사방법 및 시점, 일부 지방의회의 BTL사업 거부, 일부 시설에 대한 과도한 국고보조금 인센티브 등 문제점 대두 　- 사전 준비 부족 등으로 대상사업 선정 후 사업추진 지연 또는 취소 사례도 발생
	과제의 중요성	• 임대형 민자사업을 통해 학교, 병원, 문화, 복지시설 등 국민에게 필수적이지만 재정여건상 투자가 더딘 생활기반시설을 조기에 확충하여 국민편익 제고 필요 • 다만, 무분별한 임대형 민자사업 추진을 방지하고, 재정사업에 대한 민자사업의 타당성을 확보하기 위해 기존 일부 사업추진절차 및 제도 개선 시급 　- 2007년도 BTL 사업 요구 규모 : 13.9조원
	이해관계자 의 요구	• 임대형 민자사업 선정 후 시설사업기본계획 고시 지연 등 집행 부진 해소 • 사업의 타당성 및 민자사업으로서의 적격성 확보 선행 필요 • 재정사업과 민자사업의 추진위험 및 비용을 객관적으로 계량화하여 비교
	국내·외 모범사례	• 영국, 호주, 일본 등 주요 선진국들도 임대형 민자사업 추진 중
과제 학습 참고 자료	선행 연구	• 한국개발연구원 "사회기반시설 민간투자사업의 위험측정 및 분석연구" (2006년)
	관련 법령	• 사회기반시설에 대한 민간투자법

* 자료: 중앙공무원교육원 4급핵심인재과정(2006) 액션러닝 과제기술서

〈표 3-2-6〉 과제기술서 : 요약형 II (작성 예시)

과제 결과물 (학습팀이 과제 후원인에게 보고해야 될 내용)		1. 임대형 민자사업 추진현황 및 현행 추진절차 2. 대상사업 선정 후 집행 상 애로사항 및 절차적 문제점 분석 - 사업현장 방문, 이해관계자 면담 등 3. 임대형 민자사업의 안정적 정착을 위한 제도개선 방안 마련 - 사업추진절차, 정부재정지원 기준, 민자사업 위험 및 관련 비용 계량화 방안 등
과제해결 시 기대효과		• 임대형 민자사업의 내실 있는 추진 및 재정사업과 민자사업의 경쟁을 통한 공공부문의 효율성 제고
과제해결 성과지표	해결방안 제출직후	• 실장의 과제실행 계획 승인여부
	6개월 후	• 2007년도 민간투자기본계획(임대형 민자사업 시행지침)에 반영 여부
	1년 후	• 임대형 민자사업의 집행률, 민자사업 적격성 조사 시 위험 계량화율
과제 관련 담당 부서 및 담당자	부서	민자사업관리팀
	담당자 성명	○○○ 사무관
	연락처 및 이메일	02-○○○○-○○○○, email@mpb.go..kr

* 자료: 중앙공무원교육원 4급핵심인재과정(2006) 액션러닝 과제기술서

　과제조인식에 사용될 서식도 해당 기관의 액션러닝 교육프로그램의 특성에 맞는 내용을 중심으로 만들어서 사용하도록 한다. 후원인에게 가서 과제조인식을 실시할 때 과제조인서와 함께 과제기술서(서술형, 요약형)도 첨부하여 조인식을 진행하도록 한다. 〈그림 3-2-14〉에서는 과제조인서 서식을 예시하고 있다. 〈그림 3-2-15〉는 중앙공무원교육원이 사용했던 도형 형식의 과제조인서 서식을 예시하고 있다.

〈그림 3-2-14〉 과제 조인서 서식 (예시)

과제조인서	후원인	
	이름	
	서명	

과제명				
팀명				
팀원	교번	성명	교번	성명
촉진인				
과제자문관				
후원인 코멘트				

* 자료: 중앙공무원교육원 액션러닝 자료(2006)

〈그림 3-2-15〉 도형형식의 과제조인서 서식 (예시)

과제조인서는 과제명, 팀원, 촉진인, 과제자문관, 후원인 코멘트, 후원인 이름 및 서명 등의 사항들이 포함되도록 한다. 여기서 과제자문관이란 과제를 지원하거나 자문할 역할을 맡을 사람으로 과제관련 주무부서의 담당자가 맡도록 한다. 일반적으로 후원인 조직의 직원이 과제자문관 역할을 수행하는 것이 과제를 수행할 때 후원인과 약속계획세우기, 시간 맞추기, 과제수행에 있어서 필요한 정보수집 등에 있어서 자문을 받는데 도움이 된다.

촉진인과 팀원 모두가 과제조인식에 참여하도록 하는 것이 바람직하다. 과제조인식장은 후원인 역할을 맡은 분이 요구하는 장소로 정하는 것이 좋으며 일반적으로 후원인 역할을 맡은 분이 근무하는 직무실로 정한다. 왜냐하면 액션러닝 팀 구성원들이 후원인 사무실을 방문하는 형식절차를 취하는 경우도 있고 후원인은 자신의 업무를 보는 가운데서 학습자들을 자연스럽게 만날 수 있기 때문이다. 이를 위해 액션러닝 팀의 시간 관리자 또는 섭외 담당자는 후원인과의 과제조인식 일자와 시간을 사전에 약속을 받아

놓도록 해야 한다.

과제조인식장에서 팀장이 촉진인 및 팀원들을 후원인에게 소개 올리도록 한다. 또한 팀장 또는 연구장은 과제기술서에 기술된 내용을 중심으로 과제의 내용과 진행계획에 대해서 후원인에게 자세히 설명하고 후원인의 의견이나 코멘트를 받도록 한다.

후원인은 과제의 내용 및 진행계획에 대해서 이야기를 듣고 자신의 견해를 이야기한다. 일반적으로 중요 사항에 대해서 논의를 진행하며 질문과 응답이 오고가게 된다.

후원인과 회합이 진행되는 동안 팀원(기록원)은 후원인과 팀원 간의 회합 장면에 대해서 사진촬영을 진행해도 좋은지에 대해서 후원인의 양해를 구하고 후원인의 허락을 얻은 후에 사진촬영을 실시하며 이를 액션러닝 인터넷상의 팀 토론방에 올리도록 한다.

6. 현장체험 중심의 사례조사

액션러닝은 현장중심의 학습이다. 현장에 나가서 시민 또는 고객의 목소를 귀담아 듣고 이를 정책에 반영하는 학습과정이다. 예컨대 중앙공무원교육원 2005년도 고위정책과정 국장 교육생들이 직접 행정현장에 나가 민원인과 함께 문제를 인식하고 개선점을 찾아 낼 수 있도록 노력하였다. 현장의 자료를 구하기 위하여 이해관계 당사자들에게 설문조사 등의 방법으로 자료 조사활동을 계속 수행한 결과 총 131개 기관 205회 현장을 방문하였으며, 팀별로는 많게는 40차례, 평균 20차례 이상 현장을 방문하였다. 〈표 3-2-7〉에서는 액션러닝 현장 방문 회수를 보여주고 있다.

특히 현장을 방문하여 정보를 수집하고자할 때는 현장에 나가기 전에 현장에서 일하는 사람들의 말씀을 귀담아 듣는 경청 기술을 사전에 학습하고 익혀서 나가도록 한다. 경청기술은 현장의 사람들과 의소소통 또는 커뮤니케이션(communication)하기 위한 기본이기 때문이다.

<표 3-2-7> 액션러닝 현장 방문 회수

팀	팀별 과제명	스폰서	방문 기관	방문 회수
1팀	유사행정규제 개선방안	국무조정실	17	34
2팀	중소기업의 창업 및 공정설립절차 개선 방안	국무총리실, 산자부 등	15	12
3팀	수산물 유통제도 개선 방안	농림부, 해수부 등	12	13
4팀	장애인 의무고용제도 개선 방안	국무조정실, 노동부 등	6	10
5팀	자연재해에 대한 민간보험 활성화 방안	국무조정실, 재경부 등	14	41
6팀	가스안전 관리규제 개선 방안	국무총리실, 산자부 등	11	20
7팀	대학원대학교 설립규제 개선 방안	국무총리실, 교육부 등	17	25
8팀	통합국정평가제도 실효성 제고 방안	국무조정실	22	27
9팀	정부업무관리시스템구축 방안	대통령비서실	11	14
10팀	공동불법 행위자에 대한 구상금 채무 감면 방안	대통령비서실	6	9
합계			131	205

* 자료: 중앙공무원교육원 액션러닝 자료(2006).

7. 문제해결 프로세스: 기법과 도구 활용

액션러닝 진행은 기본적으로 자율적 토론을 통하여 계획을 정하되, 팀별로 주 단위로 활동계획을 수립하여 계획에 따라 진행한다. 역할분담, 성찰, 차후 계획 등 모든 것이 팀 중심으로 자율적으로 움직인다. 예컨대, 중앙공무원교육원 2006년도 고위공무원단후보자과정 액션러닝 연구과제의 해결대안을 개발하기 위해 2주에 1회, 총 4회 팀별 자율 성찰미팅을 실시하였다. 연구진행상황을 공유하고 여타 팀의 것을 벤치마킹하는 등의 활동을 실행하기 위해 중간워크숍도 개최하였다. 중간워크숍은 교육생 전체가 한 장

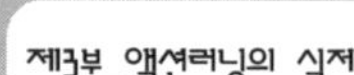

소에 집합하여 실시하였다. 〈표 3-2-8〉에서는 팀 활동을 예시하고 있다.

〈표 3-2-8〉 팀 활동 (예시)

활동구분	활동소요시간	주요 활동내용
1차 팀 회합	팀별 자율운영 (4시간)	과제구체화 및 과제조인식 준비
과제조인식	팀별 자율운영 (1시간)	연구과제, 연구결과물, 연구 진행일정에 대해 후원인 (차관)과 교육생간 협약 체결
2차 팀 회합	팀별 자율운영 (4시간)	연구과제의 현황 파악 및 해결대안 검토
중간워크숍	그룹별 진행 (4시간)	팀간 벤치마킹, 연구진행과정상 장애요인 및 극복방안 마련
3차 팀 회합	팀별 자율운영 (4시간)	연구과제 해결대안 도출 및 결과보고서 초안 작성 등
4차 팀 회합	팀별 자율운영 (4시간)	액션러닝 결과보고서 정리

* 자료: 중앙공무원교육원 액션러닝 자료(2006)

액션러닝 과제 추진 중간결과를 보고하기 위하여 워크숍을 개최할 수 있다. 이를 중간 워크숍이라고 할 수 있다. 중간워크숍에서는 지금까지 추진실적과 향후 계획에 대해서 성찰하고 보고서를 작성하여 제출하도록 한다. 보고서에 담을 내용은 해당 액션러닝 프로그램의 성격에 따라 달라질 수 있다. 과제명, 팀명, 추진경과 및 실적, 향후계획, 최상의 사례(best practices), 애로 사항 등의 내용을 보고서에 포함하도록 하는 것이 바람직할 것이다. 〈표 3-2-9〉에서는 액션러닝 중간보고서 서식을 예시하고 있다.

<표 3-2-9> 액션러닝 중간 워크숍 보고서 서식 (예시)

액션러닝 과제추진 중간결과 보고

□ 팀 명:
□ 과제명:

1. 과제 선정 배경

2. 추진 경과 및 실적

3. 성찰
 (1) 잘한 점

 (2) 장애 요인

 (3) 개선할 점

 4. 향후 계획

□ 첨부
 첨부 1. 과제관련 중간연구결과
 첨부 2. 참고자료(설문조사 내용, 현장방문, 인터뷰 자료, 사진 등)

---

 * 자료: 중앙공무원교육원 액션러닝 자료(2006)

   선정한 과제의 문제에 대한 해결대안들을 찾기 위해서 상황을 정확히 이해하고 분석해야 한다. 그리하여 문제의 원인을 정확히 진단해야 한다.

   다양한 대안들을 개발하기 위한 아이디어들을 창출하기 위해서 브레인스토밍(brainstorming) 기법, SCAMPER 기법, 5W1H 육하원칙분석기법, 인과분석 What-Why Tree 기법, 쟁점 Tree 기법 등의 다양한 분석도구들이 사용될 수 있다.

브레인스토밍(brainstorming) 기법은 팀의 구성원들이 창의적인 아이디어들을 다량으로 창출하기 위하여 사용될 수 있다. 브레인스토밍 과정에서 다다익선, 판단중지, 발상전환, 가감승제의 원칙들이 지켜져야 한다.

① 다다익선(多多益善) 원칙이란 질보다 양을 중시하며 그 양이 많으면 많을수록 좋다는 것이다. 이는 아이디어의 양이 많을수록 그 속에 좋은 대안이 포함되어 있을 수 있다는 가정에 입각하고 있다.

② 판단중지(判斷中止) 원칙이란 비판금지(批判禁止) 원칙이다. 이 원칙은 브레인스토밍의 아이디어 창출과정에선 상대방에 제시하는 아이디어에 대한 비판이나 판단을 해서는 안 된다는 원칙이다. 판단과 비판을 아이디어 창출이 모두 완료된 이후에 대안을 비교 선택하는 과정에서 필요한 것이다.

③ 발상전환(發想轉換) 원칙이란 자유분방(自由奔放) 원칙이다. 이 원칙은 형식과 격식에 얽매이지 않고 자유롭게 아이디어를 창출하는 원칙이며, 엉터리 같은 아이디어, 유치하게 보이는 아이디어 등을 환영하는 원칙이다.

④ 가감승제(加減乘除) 원칙이란 결합개선(結合改善) 원칙이다. 이 원칙은 상대방이 낸 아이디어에 더하거나 빼거나 곱하거나 나누거나 하는 등의 방식으로 생산된 아이디어를 결합하고 개선하며 아이디어들을 창출할 수 있다는 원칙이다. 〈그림 3-2-16〉에서는 아이디어 창출을 위한 Brainstorming 기본원칙을 정리하고 있다.

아이디어 창출을 위한 Brainstorming 기본 원칙

(1) 다다익선 (多多益善)
- 질(quality)보다 양(quantity)에 초점을 맞춰라. 창출되는 아이디어의 수가 많으면 많을수록 좋다.
- 최대한 많은 수의 아이디어를 창출하라. 벙어리 되기 없기.
- 창출된 아이디어의 수가 많으면 많을 수록 급진적이고 효과적인 해결책(대안)이 생산될 가능성이 높다.

(2) 판단중지(判斷中止)
- 아이디어 창출과정에서는 판단과 비판을 하지 마라.
- 판단 없고 비판 없다.
- 어떠한 아이디어든 환영하고 창출되는 분위기를 조성하라.

(3) 발상전환(發想轉換)
- 생소하고, 유별나고, 비상식적인 아이디어를 창출하라.
- 이상하고 유별난 아이디어들을 환영한다.
- 다양한 관점에서 생각하고 접근할 수 있도록 하라.

(4) 가감승제(加減乘除)
- 하나의 아이디어에 다른 하나의 아이디어를 결합하면 세 개의 아이디어가 창출된다.
- 아이디어들을 연결하거나 결합하고, 빼거나 나누거나 곱해 보고, 분할해 보고 개선해 보라.
- 다른 사람의 아이디어에 새롭게 구축하라.

〈그림 3-2-16〉 아이디어 창출을 위한 Brainstorming 기본원칙

대안창출을 위해서 SCAMPER 기법을 사용할 수 있다. SCAMPER에서 "S"는 Substitute, "C"는 결합해 보라는 의미의 Combine을 나타내며 "A"는 순응, 조정, 각색해 보라는 의미의 Adapt, Adjust를 나타낸다. 또한 "M"은 수정, 확대, 축소해 보라는 의미의 Modify, Magnify, Minify를 나타내며, "P"는 다른 용도로 사용해 보라는 의미의 Put to other uses를 나타내며, "E"는 제거해 보라는 의미의 Eliminate를 나타내며, "R"은 거꾸로 해보거나 재배열해 보라는 의미의 Reverse 또는 Rearrange를 나타내는 두문자이다. 〈그림 3-2-17〉에서는 SCAMPER 기법의 내용과 예시를 보여주고 있다.

아이디어 창출을 위한 SCAMPER 기법

기호	의미	내용	예시
S	Substitute	대체해 보라	ex) 자동차의 연료인 휘발유를 공기로 대체한다면?
C	Combine	결합해 보라	ex) 핸드폰과 TV 결합한다면?
A	Adapt, Adjust	순응, 조정, 개조해 보라	ex) 자전거를 오토바이로 개조한다면?
M	Modify, Magnify, Minify	변경, 확대, 축소해 보라	ex) 자동차를 비행기로 변경한다면? 자동차를 더 작고 견고하게 한다면?
P	Put to other uses	다른 용도로 생각해 보라	ex) 자동차를 잠수함으로 사용한다면?
E	Eliminate	제거해 보라	ex) 자동차에서 제거해도 좋은 부분은?
R	Reverse, Rearrange	거꾸로 생각해 보라, 재배열해 보라	ex) 내가 자동차로 가지 않고 자동차가 내게 오게 한다면?

* 자료: www. cct. edu(2008)

〈그림 3-2-17〉 아이디어 창출을 위한 SCAMPER 기법

〈그림 3-2-18〉에서는 문제 상황에 대한 '5W1H 육하원칙' 분석을 위한 서식을 예시하고 있다. 5W1H 육하원칙 분석기법은 무엇이 문제이며(What), 누가 관련되어 있으며, 이해관계자는 누구이며, 누가 영향을 미치고 누가 영향을 받고 있으며(Who), 언제 발생했고 그리고 어느 기간 동안 발생하고 있고(When), 어디에서 발생했고 또는 어디에서 발생하고 있으며(Where), 발생강도가 어느 정도이며 얼마나 빈발하게 발생하고(How), 문제의 원인(문제점)은 무엇인가(Why) 등을 중심으로 문제 상황을 분석하는 것이다. 〈그림 3-2-19〉에서는 도형으로 예시하고 있다.

문제상황 5W1H 분석

- 팀 명:
- 팀 과제:
- 과제 수행기간:
- 문제상황 분석

(1) WHAT: 무엇이 문제인가?
　　　　　무엇이 발생했고, 발생하고 있는가?

(2) WHO: 관련된 (이해관계)자는 누구인가?
　　　　 누가 영향을 미치고 누가 영향을 받는가?

(3) WHEN: 언제 발생했는가?
　　　　　어떤 문제가 언제 발생했으며, 어느 기간 발생하고 있는가?

(4) WHERE: 어디서 발생했고 현재는 어디서 발생하고 있는가?
　　　　　 문제의 발원지는 어디인가?

(5) HOW: 얼마나 빈번히 발생하고 있는가?
　　　　 어느 정도 발달(악화)되어 있는가?

(6) WHY: 왜 발생했는가?
　　　　 문제점(문제의 원인)은 무엇인가?

〈그림 3-2-18〉 문제 상황 5W1H 분석 내용 (예시)

문제상황에 대한 5W1H 육하원칙 분석

과제명:

팀명: ／ 후원인:

과제상황 분석의 5W1H	What 구체적으로 무엇이 문제인가?	Who 그 문제에 누가 관련되어 있으며 누가 영향을 받는가?	When 언제, 어느 기간 동안 발생하고 있는가?	Where 어디에서 발생되고 있는가?	How 얼마나 빈번하고, 어느 정도인가?	Why 문제의 근본 원인은 무엇인가?
분석내용						

★ 자료: 중앙공무원교육원 액션러닝 자료(2006)

〈그림 3-2-19〉 문제 상황 5W1H 분석 서식 (예시)

〈그림 3-2-20〉의 인과분석 What-Why Tree 기법 그림에서 '문제'란 과제가 안고 있는 해결해야 할 문제나 문제를 해결하기 위한 질문을 말한다. 무엇(what)이 일어났으며, 왜(why)일어 났으며, 어떻게(how) 실행할 것인가 등을 분석한다.

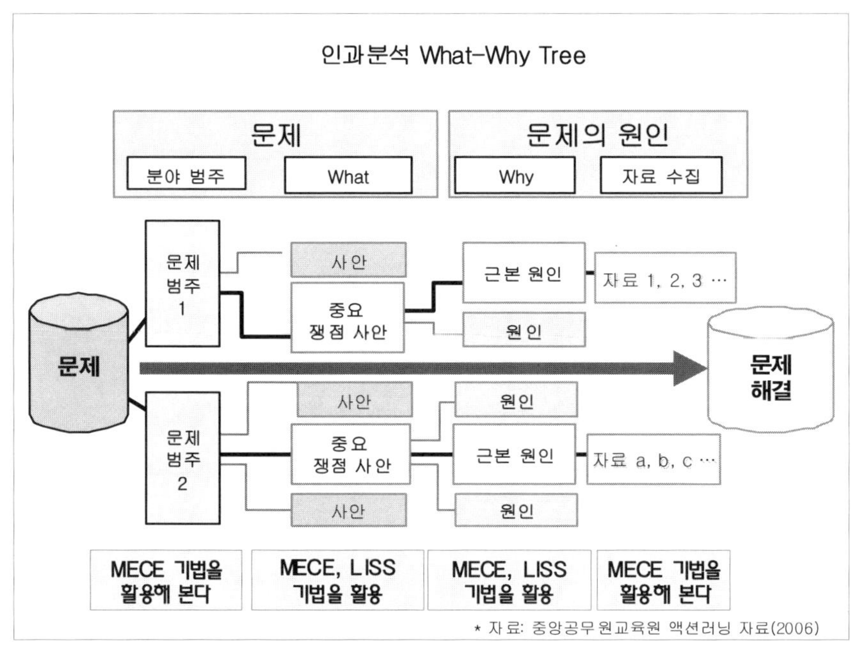

〈그림 3-2-20〉 문제관련 인과분석의 What-Why Tree (예시)

예컨대 국립경찰병원이 소방공무원에게 진료혜택을 극대화하기 위한 것을 해결하기 위한 것을 과제 수행 목적으로 삼고 있는 팀은 '국립경찰병원의 소방공무원 의료복지를 위한 Win-Win 전략'이라는 과제를 설정할 수 있다. 이때 '문제'는 '경찰병원의 소방공무원에 대한 진료혜택 부진'과 같이 서술문 형태로 제시되거나, '어떻게 하면 경찰병원이 소방공무원의 진료를 극대화할 수 있을까?'와 같이 의문문으로 형태로도 제시될 수 있다. 〈그림 3-2-21〉에서는 과제와 이를 해결하기 위한 문제 진술의 형태를 보여주고 있다.

과제수행을 위한 문제진술의 형태 (예시)

- **과제:** '국립경찰병원의 소방공무원 의료복지를 위한 Win-Win 전략'

- **문제 진술 형태**

  - **서술문 형태:** 경찰병원의 소방공무원에 대한 진료혜택 부진

  - **의문문 형태:** 어떻게 하면 경찰병원이 소방공무원의 진료를 극대화할 수 있을까?

〈그림 3-2-21〉 문제 진술의 형태 (예시)

인과분석 What-Why Tree 기법상의 '분야범주', 'What', 'Why', '자료수집' 등을 분석함에 있어서 MECE, LISS 기법들을 사용할 수 있다. MECE와 LISS는 모두 '무리를 체계적으로 분류하여 배치하는 그룹으로 나누기(grouping) 원칙' 이다. MECE는 Mutually Exclusive and Collectively Exhaustive(상호 배재와 집합적 망라)를 나타내며 LISS는 Linearly Independent Spanning Set(선형 독립 생성 집합)을 나타낸다.

MECE 원칙은 상호 배타적이면서도 전체적으로는 모두 망라되도록 분석해야 한다는 원칙이다. 즉 자료(문제, 이슈)를 분석, 정리함에 있어서 모든 자료(문제, 이슈)가 서로 배타적으로 분류되어서 중복됨이 없도록 분석, 정리되어야 함과 동시에 그러한 분류가 전체적으로는 어떤 자료(문제, 이슈)도 빠짐없이 모두 망라되도록 해야 한다는 것이다. 한편, LISS 원칙은 MECE 원칙을 적용해서 분석, 정리된 자료를 각각에서 중요한 문제 또는 쟁점(issue)을 중심으로 동일한 것끼리 서로 중복되지 않고 배타적이 되도록 그룹화 하여 분류하는 것이다.

〈그림 3-2-22〉에서는 MECE와 LISS 기법의 의미와 내용 그리고 예시를 그림으로 보여주고 있다.

기법	의미	내용	예시 그림
MECE	상호 배제와 집합적 망라 Mutually Exclusive and Collectively Exhaustive	- 모든 자료(문제, 이슈)가 서로 중복되지 않고 배타적이어야 하는 동시에 집합적으로는 전부를 남김없이 총 망라해야 함 - 부분의 합이 전체가 됨	
LISS	선형 독립 생성 집합 Linearly Independent Spanning Set	- MECE 원칙을 사용해서 분석된 자료를 중요한 문제 또는 이슈를 중심으로 동일한 것끼리 서로 중복되지 않게 배타적으로 그룹화 함 - 부분의 합이 전체가 되지 못함	

〈그림 3-2-22〉 MECE와 LISS 기법

MECE 원칙과 LISS 원칙은 모두 상호 배타적 분류 원칙을 적용한다. 그러나 MECE에서는 각각의 합이 전체가 되지만 LISS에서는 그렇지 못하다. 그렇지만 LISS에서는 각각의 부분집합이 포함하고 있는 중요한 쟁점이나 의미를 명확히 파악할 수 있다. 행정이나 경영의 실제 세계에 있어서, 문제해결을 위한 자료(문제, 이슈)의 분류, 분석은 MECE 원칙보다는 LISS 원칙에 더 가까운 원칙을 적용하고 있다고 할 수 있다.

인과분석 What-Why Tree 그림에서 '문제해결' 이란 '목표' 인데 문제를 해결하기 위한 목표이다. 예컨대 상기 문제에 대한 목표는 '경찰병원이 소방공무원 진료전담병원으로 소방공무원 진료를 극대화하여 실질적인 의료 서비스 증대'로 설정할 수 있다.

과제(문제)를 해결하기 위한 원인과 결과 분석의 틀인 '인과분석 What-Why Tree' 그림에 포함된 내용은 '과제관련 쟁점 Tree' 그림이나 '대안개발 Logic Tree' 그림으로 재현될 수 있다. 쟁점(issue) 트리나 로직(logic) 트리, 이들은 모두 나뭇가지 형태로 분해시켜 나가는 기법들이다. 쟁점 트리는 '질문' 형태로 마디(node)를 만들면서 분해해 나가고, 로직 트리는 '단어' 형태로 마디를 만들면서 연역적인 방법으로 분해해 나간다. 이들은 MECE 원칙이 적용되어서 작성되는 것이 바람직하다.

'과제관련 쟁점 Tree'는 과제(문제)와 관련하여 주요 쟁점들을 찾기 위한 것이다. 〈그림 3-2-23〉에서는 과제과련 쟁점 수형(issue tree)도를 예시하고 있다.

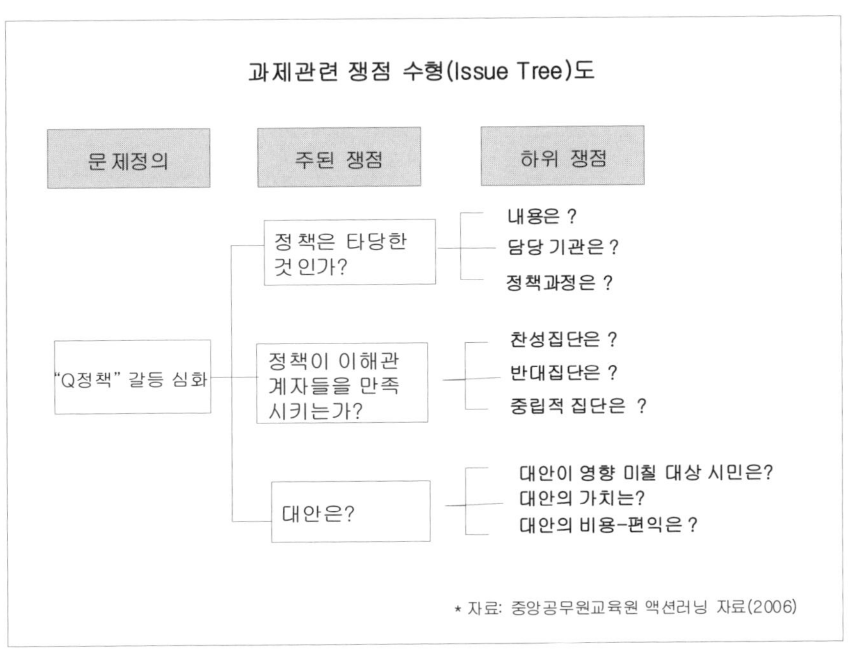

〈그림 3-2-23〉 과제(문제)관련 쟁점 수형도 (예시)

한편, '대안개발 Logic Tree'는 과제(문제)해결을 위해서 과제를 구조화시키기에 도움이 되는 분석도구이다. 문제들의 원인들을 찾고, 그 문제들을 유사한 것끼리 묶어서 큰 덩어리로 범주화한다. 각 문제에 대한 근본 원인을 찾아낸다. 그 원인에 대한 자료를 수집하여 대안을 개발한다.

〈그림 3-2-24〉에서는 개안개발을 위한 로직 트리(Logic Tree)를 예시하고 있다. 이 로직 트리에서 'Category'는 문제의 대 범주, 'What'은 대 범주 문제의 하위 문제, 'Why'는 각 문제의 원인, 'Supporting Data'는 문제의 원인을 밝히어 문제를 해결하는데 필요한 자료, 'How'는 문제해결을 위한 대안들을 개발하기 위한 것이다.

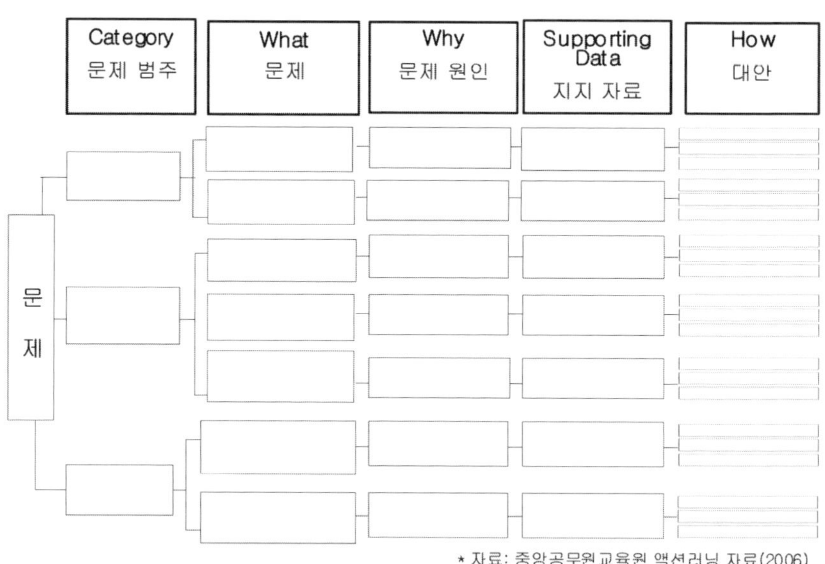

〈그림 3-2-24〉 문제에 출발한 대안개발의 Logic Tree (예시)

로직 트리는 '문제'(예컨대, 서울시 교통 체증)를 출발점으로 하여 문제, 문제의 원인 그리고 이를 해결하기 위한 대안개발을 위한 도구뿐만 아니라 '문제해결'(예컨대 서울시 도로교통 체증 문제해결)을 출발점으로 하여 대안, 하위 대안 개발을 위한 도구로도 사용될 수 있다(〈그림 3-2-25〉 참조).

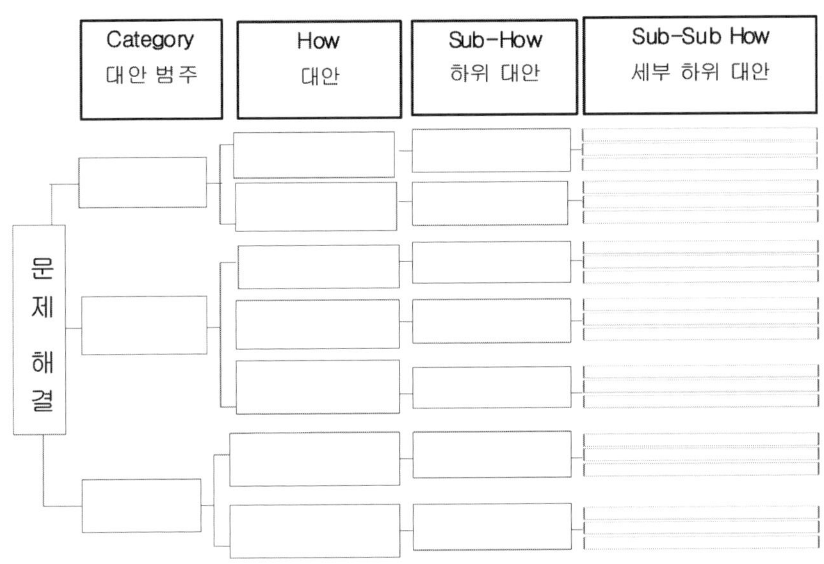

〈그림 3-2-25〉 문제해결에서 출발한 대안개발 로직 트리 (예시)

대안을 개발하여 최선의 대안을 선택하기 위해서 대안을 평가해야 하는데, 대안을 평가할 때 다양한 요소들이 평가기준으로 사용될 수 있다. 예컨대 비용-편익분석, 실현가능성, 효과성 등의 평가기준들을 사용할 수 있다.

대안들 가운데서 최선의 대안들을 선택하기 위해서 실현가능성과 효과성 기준들을 사용할 수 있다. 실현가능성과 효과성의 기준들을 사용하기 위해서 의사결정 격자(decision grid)를 활용할 수 있다. 의사결정 격자의 수직축엔 대안이 가져올 효과 즉 영향을 나타내고 수평축엔 대안의 실현가능성을 나타내도록 할 수 있다. 따라서 실현가능성과 영향을 기준으로 우선순위가 높은 순으로 몇 개의 대안을 선택할 수 있다. 〈그림 3-2-26〉에서는 대안평가표로서 의사결정격자(Decision Grid)를 예시적으로 보여주고 있다.

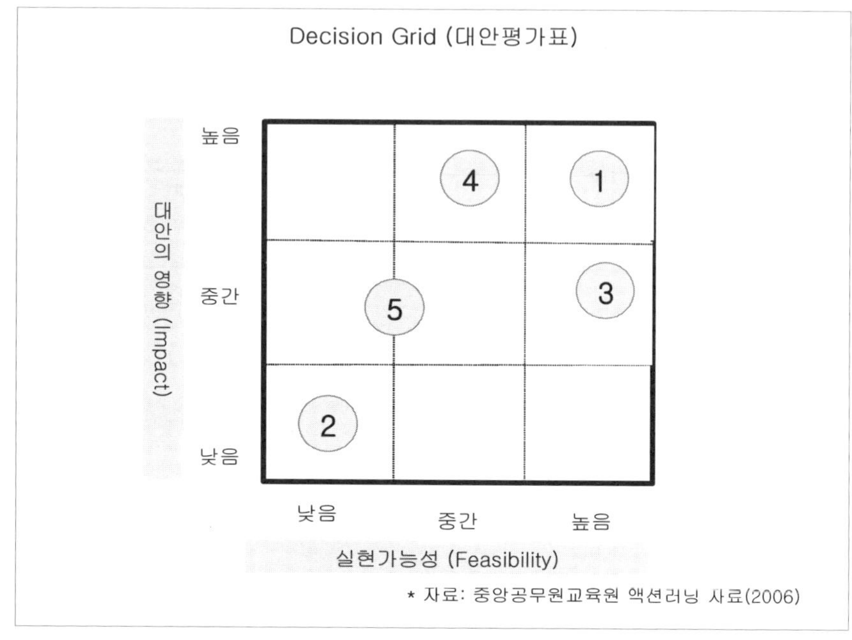

〈그림 3-2-26〉 대안평가를 위한 Decision Grid (예시)

대안 ①은 대안의 실현가능성도 높고 대안의 영향도 높다. 반면에 대안 ②는 대안의 실현가능성도 낮고 대안의 영향도 낮다. 대안 ③은 실현가능성은 높으나 대안의 영향은 중간 수준에 머물고 있다. 반면에 대안 ④는 대안의 영향은 높으나 실현가능성은 중간수준에 머물고 있다. 대안 ⑤는 대안의 영향은 중간수준이나 실현가능성은 낮은 수준에 있다.

최선의 대안이 선택되면 이 대안에 대해서 기대효과, 고려해야할 요소, 독창성 기준들을 적용하여 각 대안들을 분석할 수 있다. 이때 ALU분석 도구로 분석할 수 있다. ALU에서 'A'는 Advantages (장점, 기대이익)를 나타낸다. 각 대안이 가지고 있는 모든 장점, 기대이익들을 기록한다. 'L'은 Limitations (한계, 장애, 고려할 요인)를 나타낸다. 각 대안이 가지고 있는 한계, 장애들을 모두 기록하도록 한다. 'U'는 Unique Qualities(독창성, 특이성)를 나타낸다. 각 대안이 가지고 있는 독창성, 특이한 사항, 잠재적 이득들을 모두 기록하도록 한다.

이러한 개념들을 명심하여 ALU 분석틀을 채우는 방법은 다음과 같다 (Isaksen, Dorval, & Treffinger, 1994).[148]

(1) 먼저, Advantages (장점, 기대이익)와 관련하여, 이 대안의 장점들은 무엇인가? 브레인스토밍을 하여 모든 장점들을 기록한다.

(2) 다음, Limitations (한계, 장애, 고려할 요인)와 관련하여, 한계점 또는 장애들은 무엇이며 극복방법은 무엇인가? 모든 장애들과 그 극복방법을 기록한다.

(3) 끝으로, Unique Qualities (독창성, 특이성)와 관련하여, 독창성은 무엇인가? 잠재적 이득은 무엇인가? 모든 새롭고 특이한 사항들을 기록한다.

〈그림 3-2-27〉에서는 선택된 대안에 대한 ALU 분석의 절차와 내용을 보여주고 있다.

선택된 대안에 대한 ALU 분석의 절차와 내용

첫째, Advantages (장점, 기대 이익)를 분석한다.
이 대안의 장점들은 무엇인가?
브레인스토밍을 하여 모든 장점들을 기록한다.

둘째, Limitations (한계, 장애물)를 분석한다.
한계점 또는 장애들은 무엇이며 극복방법은 무엇인가?
모든 장애들과 그 극복방법을 기록한다.

셋째, Unique Qualities (독창성, 특이성)를 분석한다.
독창성은 무엇인가? 잠재적 이득은 무엇인가?
모든 새롭고 특이한 사항들을 기록한다.

★ 자료: Isaksen, Dorval, & Treffinger(1994)

〈그림 3-2-27〉 선택된 대안에 대한 ALU 분석의 절차와 내용

---

148) Isaksen, S. G., Dorval, K. B., & Treffinger, D. J. (1994). *Creative Approaches to Problem Solving.* Dubuque, Iowa: Kendall Hunt Publishing.

〈그림 3-2-28〉에서는 선택된 대안에 대한 ALU 분석틀 형식을 예시적으로 보여주고 있다.

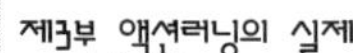

선택된 대안에 대한 ALU 분석틀

	대안 A	대안 B	대안 C
대안	경찰병원에 대한 홍보를 강화하기 위해서 경찰병원 내 홍보 팀을 만든다.	경찰병원 내 소방공무원 우대의 one-stop 진료전담센터를 만들고 각종 혜택을 제공한다.	각 기관과 협력을 강화하기 위해서 다양한 의사소통 네트워크 시스템들을 만든다.
Advantages (장점, 기대 이익)			
Limitations (한계, 장애물)			
Unique Qualities (독창성, 특이성)			

* 자료: 중앙공무원교육원 액션러닝 자료(2006); Isaksen, Dorval, & Treffinger(1994)

〈그림 3-2-28〉 선택된 대안들에 대한 ALU 분석틀 (예시)

중앙공무원교육원 2005년도 고위정책과정 액션러닝도 팀 중심으로 자율적인 토론을 통해서 계획을 구상하고 계획된 절차에 따라 자율적으로 활동한다. 또한 촉진인의 참여하에 팀 규칙을 제정하여 팀원별 역할을 공평하게 부여하여 무임승차 하는 사람(free-riders)없이 활발한 토론을 진행하였다. 상호 정보교류와 진행상황의 점검을 위하여 매주 1회 팀 학습을 실시하였다. 성과를 정리하기 위하여 팀별 10회의 성찰을 위한 회합(reflection meeting)을 실시하였다. 성찰을 수행할 경우에 성찰을 실시한 일로부터

2~3일 이내에 성찰일지를 기록하여 제출하도록 한다.

성찰일지는 해당 액션러닝 프로그램의 목적, 교육생의 특성, 과제의 성격 등에 따라서 그 내용에 차별을 둘 수 있으나 일반적으로 개인성찰보고서와 팀 성찰보고서를 작성하여 제출하도록 한다. 성찰시간에는 촉진인도 함께 참석하여 성찰활동을 지원하도록 한다.

개인성찰보고서 서식에 포함될 내용은 액션러닝 프로그램의 특성이나 목적 등을 고려하여 액션러닝 프로그램 운영기관에서 결정할 사항이다. 예컨대 개인성찰보고서에는 지난 주간에 추진한 내용과 이에 대한 성찰, 애로사항 또는 장애요인, 극복한 내용 또는 극복할 내용, 향후에 추진할 내용, 회의에 대한 성찰 등의 항목들이 포함되도록 하는 것이 바람직할 것이다. 〈그림 3-2-29〉에서는 개인성찰에 포함될 내용을 예시적으로 보여주고 있다. 〈그림 3-2-30〉에서는 중앙공무원교육원이 사용했던 도형형식의 개인성찰보고서 서식을 예시적으로 보여주고 있다.

(제 차) 개인 성찰

❖ 교번 및 성명:
❖ 팀   명 :
❖ 팀 과제 :
❖ 성찰일자 :   년 월 일

❖ **성찰내용:**

• 추진 내용:

• 잘한 점:

• 장애 요인:

• 개선할 점:

• 향후 계획:

〈그림 3-2-29〉 개인 성찰 내용 (예시)

<table>
<tr><td colspan="2">개인 성찰 보고서 (제　　차)</td><td colspan="2">팀명:
교번:　　　　　성명:</td></tr>
<tr><td>지난 주간
추진한 내용</td><td colspan="3"></td></tr>
<tr><td colspan="2">애로사항/장애요인</td><td colspan="2">극복한 내용/ 극복할 내용</td></tr>
<tr><td colspan="2"></td><td colspan="2"></td></tr>
<tr><td colspan="2">향후 2주간 추진할 내용</td><td colspan="2">회의에 대한 성찰</td></tr>
<tr><td colspan="2"></td><td colspan="2"></td></tr>
<tr><td colspan="4">★ 자료: 중앙공무원교육원 액션러닝 자료(2006)</td></tr>
</table>

〈그림 3-2-30〉 도형 형식의 개인성찰보고서 서식 (예시)

팀 성찰 보고서 서식에 포함될 내용도 액션러닝 프로그램의 성격이나 목적에 따라 해당 프로그램 운영기관에서 결정할 사항이다.

예컨대 ERRC 기법을 사용하여[149] 팀의 액션러닝 활동 가운데서 제거해야할 행동이나 태도, 감소시켜야할 행동이나 태도, 증가시켜야할 행동이나 태도, 창조해야할 행동이나 태도 등의 항목들과 관련하여 기록하게 하고 기록한 것을 제출하게 할 수 있다.

이 ERRC(Eliminate, Reduce, Raise, Create) 분석틀은 김위찬 교수가 경쟁이 없는 시장을 창조하기 위해서 사용한 분석틀의 하나이다. 경쟁이 불

---

[149] ERRC는 Eliminate, Reduce, Raise, Create 각 용어의 두문자를 조합한 것이다. Eliminate는 제거해야 할 요소, Reduce는 축소 또는 감소해야 할 요소, Raise는 증가시켜야 할 요소, Create는 새로 창조해야 할 요소를 파악하여 분석하는 것이다.

필요한 시장을 창조하기 위해서는 블루오션전략(Blue Ocean Strategy)이 중요한데, 이 전략을 성공적으로 실행하기 위해서는 가치혁신(value innovation)이 필요하다. 이 가치혁신을 위한 분석틀의 하나로 ERRC 분석틀을 사용했다(Kim & Mauborgne, 2005).[150] 〈그림 3-2-31〉에서는 ERRC의 의미와 분석틀을 보여주고 있다.

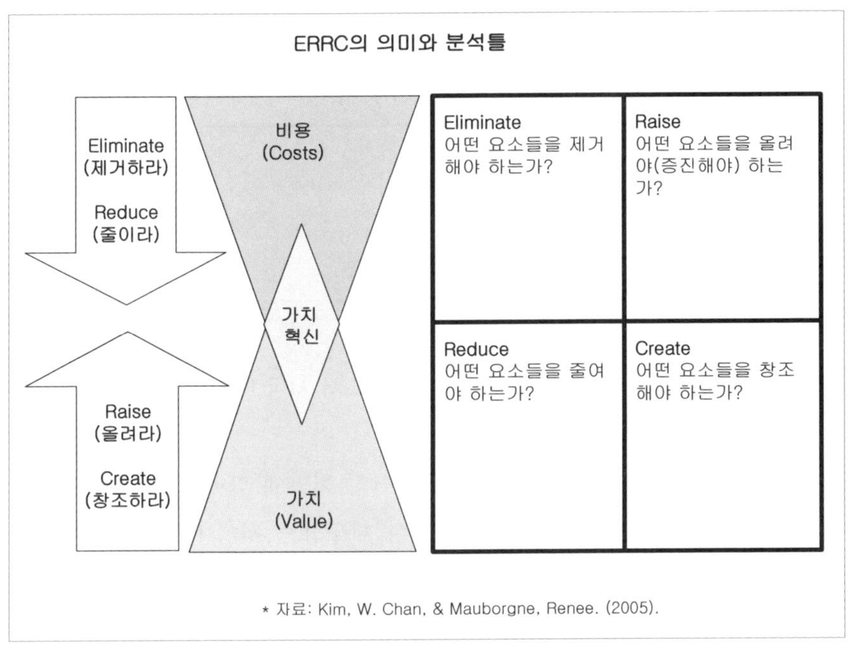

〈그림 3-2-31〉 ERRC의 의미와 분석틀

액션러닝에서도 ERRC 분석틀이 사용될 수 있는데, 개인 성찰, 팀 성찰 등의 활동에서 하나의 분석틀로 사용될 수 있다. 〈그림 3-2-32〉에서는 중앙공무원교육원에서 사용했던 ERRC 분석틀을 활용한 팀 성찰보고서 서식을 예시적으로 보여주고 있다.

---

150) Kim, W. Chan, & Mauborgne, Renée. (2005). *Blue Ocean Strategy : How to Create Uncontested Market Space and Make the Competition Irrelevant.* Harvard Business School Press.

<table>
<tr><td colspan="2">팀 성찰 보고서 (제　차)</td><td>제 _____ 팀</td><td>팀 명:</td></tr>
<tr><td colspan="2">제거해야 할 행동 / 태도 (Eliminate)</td><td colspan="2">감소시켜야 할 행동 / 태도 (Reduce)</td></tr>
<tr><td colspan="2"></td><td colspan="2"></td></tr>
<tr><td colspan="2">증가시켜야 할 행동 / 태도 (Raise)</td><td colspan="2">창조해야 할 행동 / 태도 (Create)</td></tr>
<tr><td colspan="2"></td><td colspan="2"></td></tr>
</table>

* 자료: 중앙공무원교육원 액션러닝 자료(2006)

〈그림 3-2-32〉 팀 성찰보고서 서식 (예시)

　　그리고 촉진은 자기가 담당하고 있는 팀의 회합에 참여하여 함께 활동하며, 촉진인도 성찰일지(노트)를 기록하여 제출하는 것이 바람직할 것이다. 촉진인 자신이 작성할 성찰 노트 서식에 포함될 내용도 액션러닝 프로그램의 성격이나 목적에 따라 해당 프로그램 운영기관에서 결정할 사항이다. 예컨대 금번 회의의 일시, 장소, 사회, 참석자 명단, 차기회의 일시, 장소, 사회, 회의진행 시간계획, 액션러닝 과제관련 주요 진척 사항, 차기회의까지의 팀원별 과제, 팀원들의 주요 학습 및 성찰 내용, 차기회의를 위한 촉진인의 피드백 및 기억해야할 내용 등의 사항들이 포함되게 할 수 있다. 〈그림 3-2-33〉에서는 촉진인 성철 내용을 예시하고 있다.

　　〈그림 3-2-34〉와 〈그림 3-2-35〉에서는 중앙공무원교육원이 사용했던 촉진인의 성찰노트를 예시하고 있다.

(제 차) 촉진인 성찰 노트

❖ 팀 명:
❖ 팀 과제:
❖ 팀 회합 장소, 일시: 년   월   일   시
❖ 회합 시간 스케줄:

❖ 사회자 및 참석자:

❖ **성찰내용:**
• 팀 성찰(추진 내용, 잘한 점, 장애 요인, 개선할 점 등):

• 팀원 성찰(추진 내용, 잘한 점, 장애 요인, 개선할 점 등):

• 촉진인 성찰(추진 내용, 잘한 점, 장애 요인, 개선할 점 등):

❖ 차기 회합 장소 및 일시: 년   월   일   시
❖ 차기 회합까지 팀원 활동계획:

❖ 차기 회합까지 촉진인 활동계획:

〈그림 3-2-33〉 촉진인 성찰 내용 (예시)

제 기 ○○○○○○과정
촉진인 성찰 노트 ①(제   차)

제 팀   팀명:

금번회의	일시		회의진행 시간계획	액션러닝 과제 관련 주요 진척 사항
	장소			
	사회			
	참석자 명단			

차기회의				성명	과제 내용	성명	과제 내용
	일시		차기 회의 까지의 팀원별 과제				
	장소						
	사회						

* 자료: 중앙공무원교육원 액션러닝 자료(2006)

〈그림 3-2-34〉 도형 형식의 촉진인 성찰보고서(I)

<table>
<tr><td colspan="2">제 기 OOOOOOO과정
촉진인 성찰 노트 ② (제 차)</td><td>제 팀</td><td>팀명:</td></tr>
<tr><td colspan="2">학습 팀원들의 주요 학습(성찰)내용</td><td colspan="2">차기 회의를 위한 촉진자 환류 및
기억해야 할 내용</td></tr>
<tr><td colspan="2"></td><td colspan="2"></td></tr>
</table>

★ 자료: 중앙공무원교육원 액션러닝 자료(2006)

〈그림 3-2-35〉 도형 형식의 촉진인 성찰보고서(Ⅱ)

8. 보고서 완료 및 제출

　문제해결을 위한 현장조사와 대안개발과 선택이 완료되고, 팀별로 과제 수행 활동이 완료되면 보고서 작성을 완료한다. 보고서의 형태와 종류는 해당 액션러닝 프로그램의 목적, 교육생의 특성 등을 고려하여 결정하도록 한다.

　예컨대 후원인 역할을 맡은 사람이 장차관급으로 되어 있는 경우의 국장급 교육생 수준의 액션러닝 프로그램에서는 청와대에 보고하는 문서방식의 한글서식의 보고서와 프레젠테이션을 위한 파워포인트서식의 제작물을 함께 작성하여 제출하도록 하는 것이 바람직할 것이다. 기타 과정에서는 단지 파워포인트 서식의 보고서만 제출하게 할 수도 있다.

　　보고서의 내용은 정책과제 관련 부처의 정책수행에 지대한 영향을 미칠 수 있는 요소들이 섞여 있을 가능성이 있기 때문에 최종 보고서가 만들어지기 전에 해당 과제관련 부처 및 스폰서와 보고서 내용에 대해서 상의하는 것이 바람직할 것이다. 이러한 회합절차를 거친 후 최종 보고서를 작성하여 제출하는 것이 바람직할 것이다. 완료된 최종보고서는 액션러닝 컨퍼런스(conference)가 끝난 후 액션러닝 운영기관이 과제관련 해당 부처 및 스폰서에게 직접 전달하거나 또는 우편으로 발송하도록 한다.

　　보고서에 포함될 내용물의 종류에 대해선 액션러닝 프로그램을 운영하는 담당 팀(과)에서 사전에 그 기준을 명확히 제시해 주는 것이 바람직하다. 특히 보고서가 평가와 관련된 것인 때에는 더욱 그렇다. 즉 보고서 내용에 팀 학습일지, 성찰일지, 현장체험사진, 과제기술서, 과제수행과정에서 사용된 문제해결기법들, 정책대안 도출에 사용한 기법들과 내용, 질문지, 액션러닝 성찰 및 소감 등의 내용물의 종류를 구체적으로 제시해 주어야 한다. 그렇지 않으면 팀마다 보고서에 포함될 내용 또는 결과물(자료)의 종류가 틀려지게 되고 이는 평가를 받게 되는데 영향을 미치게 된다.

9. 액션러닝 컨퍼런스 개최

　　액션러닝 과제수행이 완료되면 각 팀이 자신의 결과물들을 발표할 액션러닝 컨퍼런스(conference)를 개최한다. 액션러닝 컨퍼런스란 각 팀이 액션러닝의 결과물들(예컨대, 해당 문제에 대한 해결대안들)을 발표하는 전체 회의이다.

　　액션러닝 프로그램의 목적, 교육생의 특성, 과제의 성격 등에 따라서 액션러닝 컨퍼런스의 내용이 달라질 수 있다. 즉 스폰서 참여여부, 결과물 발표의 범위 등이 달라질 수 있다. 예컨대 원칙적으로 모든 팀이 자신의 결과물을 발표하도록 해야 하나, 팀이 너무 많아서 모든 팀이 발표하는 것이 물리적 시간적으로 문제가 발생하게 되면 사전에 결과물심사위원회를 구성하여 각 팀의 결과물을 심사하고, 심사결과 우수한 결과물로 선정된 것만 컨퍼런스 때 발표하도록 할 수 있다.

원칙적으로 액션러닝 컨퍼런스가 열리면 각 과제와 관련된 후원인은 컨퍼런스에 참석하여 해당 팀의 발표한 내용(대안)에 대해서 자신의 의견을 제시해야 한다.

예컨대, 중앙공무원교육원, 2005년 7월 22일, 고위정책과정의 국장 교육생들이 중앙공무원교육원 늘 새롬관 3층에서 국무총리와 관계부처 장관 등을 모시고 액션러닝 컨퍼런스를 개최하였다. 컨퍼런스는 1부(오전)~2부(오후)로 구분하여 실시되었으며 팀별 연구결과에 대하여 관계부처 장·차관의 의견검토를 거쳐 국무총리의 최종 총평 순으로 진행되었다. 4개월여 동안 팀별 현장방문과 실사 등을 통해서 연구한 과제별 개선방안에 대하여 국무총리와 해당 과제 스폰서인 관계 장·차관의 참여하에 연구결과를 발표함으로써 제시된 개선안을 정부 정책에 직접적으로 반영되거나 참고가 되도록 하였다.

제3장 평가

1. 평가 기준

액션러닝 팀의 활동에 대한 평가는 각 팀 및 구성원들에게 성찰과 학습, 발전의 기회를 제공하게 될 것이다.

각 액션러닝 팀이 활동한 결과를 평가하기 위해서는 액션러닝이 시작되기 전에 평가기준을 명확히 설정해서 각 팀 및 구성원들에게 알려주어야 한다. 평가기준은 각 교육기관이 운영하고자 하는 액션러닝 프로그램의 특성에 따라 달라질 것이다.

중앙공무원교육원에서는 모교육과정의 액션러닝 팀의 활동을 평가하기 위한 평가기준으로 액션러닝 연구결과의 적정도, 연구과정의 충실도, CoP 활용도 등을 제시하였다.

1) 액션러닝 연구결과의 적정도

액션러닝의 연구결과는 연구결과 보고서와 발표 형태로 나타난다. 먼저, 액션러닝 연구결과 보고서의 내용에는 현황파악 및 원인분석의 완성도, 해결대안의 참신성, 해결대안의 실현가능성 및 파급효과 등이 잘 정리되어 있어야 한다.

다음, 액션러닝 최종 연구결과 발표 때에는 발표 준비정도, 발표능력, 발표기술, 발표태도 등이 평가의 대상이 된다. 액션러닝 프로그램의 성격에 따라서는 보고서만 평가하고 우수하다고 평가된 보고서에 한해서 발표하도록 할 수도 있다.

2) 액션러닝 연구과정의 충실도

액션러닝 연구과정의 충실도는 액션러닝 성찰의 충실도와 액션러닝 활동의 적극성이 평가요소가 된다. 액션러닝 성찰의 충실도를 평가하기 위해서 액션러닝 팀 성찰보고서에 그러한 충실한 정도가 깊이 베인 성찰한 내용이 나타나 있어야 한다. 예컨대 팀 활동일지, 성찰일지, 대안분석도구 등이 내용적으로 충실하게 보고서에 들어가 있어야 한다.

액션러닝 활동의 적극성에 대한 평가는 팀원의 참여도, 스폰서 지원정도, 현장방문, 설문조사, 전문가 자문, 관계기관 의견수렴 등 활동의 다양성 등을 중심으로 평가한다.

3) 액션러닝 CoP 활용도

액션러닝 CoP(Community of Practice) 활용도에 대한 평가는 CoP를 중심으로 액션러닝 팀 구성원들에게 알리는 팀원들의 사이버상의 정보공지, 사이버게시판 활용빈도, 커뮤니티 활용도, 팀 단합의 정도 등을 중심으로 평가하게 된다.

〈표 3-3-1〉에서는 중앙공무원교육원 액션러닝 프로그램이 사용했던 액션러닝 팀의 활동을 평가하기 위한 세부 평가기준을 예시적으로 보여주고 있다.

〈표 3-3-1〉 액션러닝 팀 평가 세부기준 (예시)

평가대상		점수	평가기준	평가방법
연구결과의 적정도	액션러닝 연구결과 보고서	30	현상파악 및 원인분석의 완성도 해결대안의 참신성 해결대안의 실현가능성 및 파급효과	• 후원인과 평가위원이 평가 • 3등급으로 평가 구분 / A등급 / B등급 / C등급 비율 / 20% 이내 / 70% 이상 / 10% 이하 점수 / 25점~30점 / 20점~24점 / 20점 미만
	액션러닝 연구결과 발표	10	발표 준비정도 발표능력 및 기술 발표태도	• 후원인이 평가 • 2등급으로 평가 구분 / A등급 / B등급 점수 / 7점~10점 / 7점 미만
연구과정의 충실도	액션러닝 성찰의 충실도	20	액션러닝 팀 성찰보고서	• 각 팀 촉진인이 평가 • 성찰보고서는 총 4회 제출하며 1회당 5점 만점이며 각 보고서 평가점수를 합계하여 점수부여 구분 / A등급 / B등급 / C등급 점수 / 12.8점~20점 / 9.6점~12.7점 / 9.6점 미만
	액션러닝 활동의 적극성	20	팀원 참여도 스폰서 지원 정도 액션러닝 활동의 다양성 (현장방문, 설문조사, 전문가 자문, 관계기관 의견수렴 등)	• 각 팀 촉진인이 평가 • 3등급으로 평가 구분 / A등급 / B등급 / C등급 점수 / 15점~20점 / 10점~14점 / 10점 미만
COP 활용도	팀 소개, 정보공지	5	팀 정보내용의 완성도 (사진게시, 그라운드 룰 등 세부항목 나열 정도)	• 과정운영팀이 평가 • 2등급으로 평가 구분 / A등급 / B등급 점수 / 3점~5점 / 3점 미만
	팀별 게시판	15	팀별 게시판 활용도 (접속횟수, 게시 실적, 정보 및 일정 공유 정도)	• 과정운영팀이 평가 • 3등급으로 평가 구분 / A등급 / B등급 / C등급 점수 / 10점~15점 / 5점~9점 / 5점 미만

* 자료: 중앙공무원교육원 액션러닝 자료(2006)

2. 평가 과제물

액션러닝활동을 평가하기 위한 과제물은 일반적으로 보고서 형태로 제출되며, 특정한 서식을 사이버 상에 게시해 놓고 교육생들이 사이버 상에 등록하도록 하는 것이 바람직하다. 이를 위해 교육생들에게 과제를 할당한다. 일반적으로 개인 성찰보고서, 팀 성찰보고서, 팀 연구결과보고서 등의 과제 보고서가 작성되어지도록 한다.

개인 및 팀의 성찰 활동을 효과적으로 수행하기 위해서 다양한 방식들이 교육운영 프로그램의 목적에 맞게 사용될 수 있다. 하지만 〈그림 3-3-1〉에서와 같은 ERRC 분석틀을 사용해 개인 및 팀의 성찰보고서를 작성해보게 하는 것도 효과적일 것이다.

<table>
<tr><td colspan="2" align="center">개인 및 팀 성찰을 위한 ERRC 분석틀</td></tr>
<tr><td>Eliminate
어떤 요소들을 제거해야 하는가?</td><td>Raise
어떤 요소들을 올려야(증진해야) 하는가?</td></tr>
<tr><td>Reduce
어떤 요소들을 줄여야 하는가?</td><td>Create
어떤 요소들을 창조해야 하는가?</td></tr>
</table>

* 자료: Kim, W. Chan, & Mauborgne, Renee. (2005).

〈그림 3-3-1〉 개인 및 팀 성찰을 위한 ERRC 분석틀

1) 개인 성찰보고서

개인성찰보고서에는 해당 액션러닝 과정 운영 기관에서 미리 제작된 양식에 따라 작성하여 제출하도록 한다. 그 양식에는 학습내용, 느낀 점, 향후 학습계획 등을 기록하도록 한다. 일반적으로 교육과정 홈페이지에 양식을 게시하고 교육생들은 그 게시된 양식에 따라 계획된 성찰미팅(예컨대 2주 1번, 총 4회) 후 작성하여 사이버 상으로 제출하도록 한다. 〈그림 3-3-2〉에서는 중앙공무원교육원이 사용했던 것으로, 교육생들이 작성한 개인성찰보고서를 예시적으로 보여주고 있다.

<table>
<tr><td colspan="2">개인 성찰 보고서 (제 2 차)</td><td colspan="2">팀명: 백두대간
교번: 70　　성명:　홍길동</td></tr>
<tr><td>지난 주간(년 월
일 ~ 년 월일)
추진한 내용</td><td colspan="3">- 첨단기술실태 이해 및 전문가 연구보고서 읽기
- 외국의 첨단기술정책에 대한 사례 조사
- 과제연구와 실사방법 숙지
- 실사 Master Plan 작성</td></tr>
<tr><td colspan="2">애로사항/장애요인</td><td colspan="2">극복한 내용/극복할 내용</td></tr>
<tr><td colspan="2">- 과제의 난이도가 높고 특히 첨단기술실태의 정확한 이해를 위해서는 이에 대한 상당한 전문지식 필요

- 바쁘게 긴급한 업무를 처리하다가 바로 미팅을 하게 되어 처음에는 차분한 마음으로 참여하기 어려웠음</td><td colspan="2">- 외국 자료의 수집은 단기간에 하기 어려운 일이나 첨단기술관련 업무를 담당하고 있어서 공관의 협조를 구하기가 가능

- 팀원간 역할분담과 각자의 성실한 자세로 복잡한 과제임에도 분석적이고 체계적인 접근이 이루어지고 있음</td></tr>
<tr><td colspan="2">향후 2주간 추진할 내용</td><td colspan="2">회의에 대한 성찰</td></tr>
<tr><td colspan="2">- 일부 미진한 외국사례의 보완 조사

- 첨단기술관련 기업 및 시장을 방문하여 현장감 있게 첨단기술 유동실태를 조사

- 첨단기술 육성을 위한 다양한 대안 구상</td><td colspan="2">- 액션러닝이 진행되면서 과제해결 시 그 효과가 매우 클 것이라는 확신이 커짐

- 팀원 모두의 열의가 증가하였으며 제1차 미팅에 비해 팀원의 그라운드 룰 준수도 향상</td></tr>
</table>

＊ 자료: 중앙공무원교육원 액션러닝 자료(2006)

〈그림 3-3-2〉 개인성찰보고서 (예시)

2) 팀 성찰보고서

팀 성찰보고서에는 팀 성찰미팅의 주요내용, 향후 학습계획 등의 내용을 담도록 한다. 개인 성찰보고서와 같은 방식으로 교육과정 홈페이지에 게시된 양식에 따라 계획된 성찰미팅(예컨대 2주 1번, 총 4회) 후 작성하여 팀별로 사이버 상으로 제출하도록 한다. 〈그림 3-3-3〉에서는 중앙공무원교육원이 사용했던 것으로 팀들이 작성한 팀 성찰보고서를 예시적으로 보여주고 있다.

팀 성찰 보고서 (제 2 차)

제 _1_ 팀	팀 명: 백두대간

제거해야 할 행동 / 태도 (Eliminate)	감소시켜야 할 행동 / 태도 (Reduce)
- 의무적으로 받아야만 될 교육이라는 인식하에 형식적으로 임하는 마음 - 학습시간에 단순히 시간 때우기 식으로 접근 - 과제수행과정에서 세부실행방안만을 구상하여 이를 단순하게 종합하려는 도식적 문제해결 접근 - 나 하나 빠져도 티가 나지 않을 것이라는 소극성	- '우리'만의 논리에 빠져 객관성을 잃는 일 - 형식적이며 절차적인 과정에 몰두하는 행위 - 창의적 접근법에 골몰한 나머지 균형성을 잃는 일 - Active Rider보다 Free Rider로서 안주하려는 태도
증가시켜야 할 행동 / 태도 (Raise)	**창조해야 할 행동 / 태도 (Create)**
- 교육 및 학습에 별도의 시간을 할애하여 기여 - 혼자보다는 같이 모여 창조적인 결과를 생산해낼 수 있도록 노력하는 자세 - 과거의 유익한 사례를 잘 연구하여 과제수행에 효율적으로 적용 - 다양한 관점에서 문제를 보는 시각을 업그레이드	- 실제 성과를 도출할 수 있도록 목표지향성 제고 - 과제수행 방법론과 관련한 신선한 Idea 개발 - 원인분석보다는 대안창출에 집중 - Logic Tree 작성 등 창조적 분석기법 발굴 - 공동토론 및 협의를 통한 문제해결방식 활용

멘토 코멘트	1차 팀 성찰에 이어 2차 성찰에도 향후 팀 운영에 대한 지침적 사항을 잘 마련했다고 판단됩니다. 바쁜 업무 가운데 어렵게 시간을 내어 하는 만큼 액션러닝과정에서 주어진 과제해결을 위해 상호협력하고 지혜를 모아가는 가운데 팀원의 사고의 지평이 넓어지고 사회적 현안해결 능력이 강화될 수 있기를 바랍니다.	멘토 서명 *박상무*

* 자료: 중앙공무원교육원 액션러닝 자료(2006)

〈그림 3-3-3〉 팀 성찰보고서 (예시)

3) 연구결과보고서

연구결과보고서에는 과제선정 배경, 과제연구 추진경과, 주요 실적, 과제해결대안, 대안 적용결과로 인한 기대효과 등의 내용을 담도록 한다. 보고서를 파워포인트 형식으로 할 것인지 일반 보고서 형식으로 할 것인지, 아니면 양자 모두를 요구할 지는 교육기관에서 사전에 결정한 후 교육생들에게 공지해야 한다.

보고서 평가는 액션러닝 초기 단계에서 교육생들에게 사전에 공지된 평가기준에 의해서 공정하게 평가될 수 있도록 해야 한다. 일반적으로 내부 및 외부 평가위원들을 선발하여 평가하는 것이 공정성을 기하는데 기여할 수도 있을 것이나, 해당 액션러닝의 목적과 운영 프로세스를 잘 이해하지 못하는 사람이 평가위원으로 참여할 경우 오히려 평가의 목적을 그르칠 수 있는 문제점이 발생할 수 있다.

4) 결과 보고서와 발표의 목차와 내용

액션러닝 결과보고서와 발표의 목차를 ① 과제 개요, ② 과제선정배경과 추진배경, ③ 현상분석과 문제정의, ④ 개선방안, ⑤ 기대효과, ⑥ 결: 성찰 및 향후 계획 등으로 구성하더라도 무난하다고 할 수 있을 것이다.

〈표 3-3-2〉 논리전개 단계와 목차 관계 (예시)

논리전개 단계	실마리	주장		마무리
	기	승	전	결
	Introduction	Development	Turn	Conclusion
목차	① 과제개요 ② 과제선정배경과 추진배경	③ 현상분석과 문제정의	④ 개선방안 ⑤ 기대효과	⑥ 결: 성찰 및 향후 계획
할당(지면, 발표시간)	20~10%	30~40%	40~30%	10~20%

"기-승-전-결"의 논리전개 단계로 구분하면 기(起)에는 과제개요와 과제선정배경과 추진배경이 해당되며, 승(承)에는 현상분석과 문제정의가 해당되며, 전(轉)에는 개선방안과 기대효과가 해당되며, 결(結)에는 결: 성찰과 향후 계획이 해당된다고 할 수 있다. "실마리-주장-마무리" 논리전개 단계로 구분하면 기는 실마리, 승과 전은 주장, 결은 마무리에 해당된다. 이를 〈표 3-3-2〉에서와 같이 액션러닝 결과보고서와 발표의 목차와의 관계를 논리전개단계별로 제시해볼 수 있을 것이다.

● 과제 개요

과제 개요의 장에서는 팀이 액션러닝 기간 동안 수행했던 과제의 이름, 팀 이름과 팀원의 역할분배 등을 담은 팀 소개, 팀의 학습방법과 경과, 액션러닝 결과 보고서 또는 발표에 담긴 주요 내용의 요지들을 개괄적으로 담는 것이 바람직할 것이다.

● 과제선정배경과 추진배경

과제선정배경과 추진배경의 장에서는 현황과 문제점을 분석한 과제선정배경, 추진전략고가 추진일정 그리고 팀 회합과 그 내용을 담은 과제추진경과, 주요 추진 내용, 장애요인과 그 극복 사례 등의 내용을 구체적으로 담는 것이 바람직할 것이다.

● 현상분석과 문제정의

현상분석과 문제정의의 장에서는 현상분석과 문제정의 절들로 각각 구분하고, 현상분석의 절에서는 국내 및 국외 사례, 현장 방문, 전문가, 관계 부처 의견 조사 내용 등을 담는 것이 좋을 것이다. 문제정의의 절에서는 실태파악, 현재수준측정, 격차(gap) 원인분석, 문제정의 등의 내용을 담는 것이 바람직할 것이다.

● 개선 방안

개선방안의 장에서는 대안개발과 최적 대안을 선택하는 내용을 담는 것이 바람직하다. 대안개발에 사용된 대안개발 도구들과 이들이 구체적으로 활용된 절차와 방법들, 대안들의 비교분석 등을 기술하는 것이 바람직할 것이다.

● **기대효과**

기대효과의 장에서는 개선안 집행 시 성과로 나타날 수 있는 기대효과, 집행 시 예상되는 장애 요인 및 극복 방안 등의 내용을 담는 것이 바람직할 것이다.

● **결: 성찰 및 향후 계획**

결: 성찰과 향후 계획의 장에서는 보고의 내용을 요약하고, 학습내용과 반성 그리고 향후계획을 세우는 성찰, 그리고 향후 정책반영계획 또는 추진계획 등의 내용을 담도록 하는 것이 바람직할 것이다.

〈표 3-3-3〉에서는 액션러닝 결과보고서와 발표의 목차를 예시적으로 각 장의 제목과 각 장에 포함될 절의 제목 또는 내용 형식으로 보여주고 있다.

〈표 3-3-3〉 액션러닝 결과보고서와 발표의 목차 (예시)

장 제목	절 제목 또는 내용
I. 과제 개요	• 과제명 • 팀 소개 • 학습방법과 경과 • 주요 내용
II. 과제 선정 배경과 추진경과	• 과제선정배경: 현황과 문제점 • 과제추진경과: 추진전략, 추진일정, 팀 회합과 내용 • 주요 추진 내용, 장애요인과 그 극복 사례
III. 현상분석과 문제정의	• 현황분석: 국내 및 국외 사례, 현장 방문, 전문가, 관계부처 의견 조사 • 문제정의: 실태파악, 현재수준측정, 격차(gap) 원인분석, 문제정의
IV. 개선방안	• 대안 개발 • 대안 개발 도구 활용 • 대안들의 비교분석 • 최적 대안 선택
V. 기대효과	• 개선안 집행 시 기대효과 • 예상되는 장애 요인 및 극복 방안
VI. 결: 성찰 및 향후 계획	• 내용 요약 • 성찰: 학습내용, 반성, 활용계획 • 향후 정책반영/추진 계획

제4장 혼합학습

1. 혼합학습의 의의

기업 및 정부관련 교육기관에서는 교육훈련의 학습의 효과를 높이기 위해서 다양한 형태의 혼합학습을 실시하고 있다고 들어왔다. 혹자는 강의 기법들을 혼합하여 학습하는 것을 혼합학습이라고도 하고 또 혹자는 강의 기재들을 혼합하여 학습하는 것을 혼합학습이라고도 한다. 도대체 혼합학습이란 무엇인가?

엄격한 의미에서 혼합학습(blended learning)이란 학습에 있어서 다양한 접근방식이나 수단들을 결합하여 실시하는 학습을 의미한다. 이러한 개념정의에는 전통적인 정의와 현대적인 정의가 내려질 수 있다. 전통적인 혼합학습 정의는 정보기술이 발달되기 이전의 학습정의에 해당되고 현대적인 정의는 정보기술이 발달된 현대 시점에서의 학습정의에 해당된다고 할 수 있다.

예컨대 교실에서 강의, 시각적 그림, 오디오 도구, 비디오 도구, 집단 실습 및 활동 등 다양한 학습 접근법들을 혼합하여 학습하는 것도 혼합학습이라고 할 수 있는데, 이러한 정의는 전통적인 혼합학습의 개념정의라고 할 수 있다.

그런데, 오늘날 현대적인 의미에 있어서 혼합학습이라고 하면 일반적으로 물리현실(physical reality)인 교실에서의 학습과 가상현실(virtual reality)을[151] 이용한 온라인 학습을 결합해서 실시하는 학습을 의미한다. 즉, 오늘날 혼합교육이라고 하면 컴퓨터와 정보통신기술을 이용해서 비대

면적으로 학습하는 온라인[152] 방식과 교육생과 교수가 얼굴과 얼굴을 직접 대면하면서 교실에서 학습하는 오프라인[153] 방식의 학습을 결합해서 진행하는 학습을 의미하는 것으로 일반적으로 사용되고 있다.

따라서 여기서는 혼합학습(blended learning, hybrid learning)을 온라인과 오프라인 학습을 결합하여 대면적인 학습과 비대면적인 학습을 결합해서 액션러닝을 진행하는 것을 의미하는 것으로 사용하고자 한다. 액션러닝 과정에서 단순히 온라인을 활용한 공지사항이나 기록관리 차원을 넘어서 온라인과 오프라인의 장점을 살려서 액션러닝의 목적을 극대화하고자 온라인 학습과 오프라인 학습을 혼합하는 것을 의미한다.

각 기업 및 정부 교육기관에서 혼합교육을 실시하고 있다. 예컨대 중앙공무원교육원은 액션러닝의 성공적 운영을 위한 혼합학습을 실시해 왔다. 고위정책과정, 고위공무원단후보자과정 등에서 실시한 액션러닝은 온라인 학습과 오프라인학습을 결합한 혼합학습 시스템으로 되어 있었다.

오늘날 현장업무에 바쁜 직장인들을 대상으로 교실에 불러 모아 실시하는 집합교육만으로는 학습의 효과를 증진시킬 수 없다. 그 대안으로 온라인을 통한 교육을 실시하는 것이다.

교육생들은 현업과 학습을 함께 병행할 수 있어서 학습자 개인의 시간과 비용을 줄일 수 있다. 또한 언제 어느 곳에서고 적절한 때와 장소에서 온라인에 접근하여 학습할 수 있으므로 학습효과를 증진시키는데 도움이 될 것

---

151) 가상현실(virtual reality)이란 컴퓨터 또는 컴퓨터 네트워크와 정보통신기술로 조성된 상상 또는 실제의 환경을 말한다.

152) 여기서 온라인(online)이란 각종 컴퓨터 또는 유·무선의 컴퓨터 네트워크와 연결되어 있는 인터넷(Internet), 통신 네트워크, 또는 사이버(cyber) 공간으로 학습자가 원할 땐 컴퓨터 또는 컴퓨터 네트워크를 통해서 어느 시간 어느 곳에서든지 항상 접근이 가능한 가상현실(virtual reality)을 의미하고자 한다.

153) 여기서 오프라인(offline)이란 온라인과 분리되어 있어서 가상현실 밖에 존재하는 현실을 의미하고자 한다. 즉 컴퓨터 또는 컴퓨터 네트워크로 인터네 등 가상현실에 접근은 가능하더라도 현재는 가상현실에 접근되어 있지 않아서 컴퓨터 또는 컴퓨터 네트워크로 접근할 수 없는 현실을 의미하고자 한다.

이다.

운영기관 측에서도 온라인 공간을 사용함으로써 다양한 학습 콘텐츠를 교육생들에게 제공할 수 있을 것이며, 물리 교실 교육의 시간 수를 줄일 수 있으므로 제한된 물리 공간을 여유롭게 가상공간에서 확장하여 활용할 수도 있을 것이다. 또한 물리 교실 수업에서 부족한 학습 내용을 온라인을 통해서 학생들에게 보충해 줄 수도 있을 것이다.

결국 이러한 성과 기여들은 개인 및 조직의 성장과 발전에 공헌하게 될 것이다. 이러한 필요성과 중요성을 가지는 혼합학습이기 때문에 혼합학습의 미래 수요에 대한 전망은 매우 밝다고 할 것이다.

2. 혼합학습의 용도와 요소

1) 혼합학습의 용도

혼합학습은 학습능력 증진을 위해 다양한 용도로 사용되어질 수 있다. 예컨대 단순 스킬이나 기술 습득을 위한 학습을 위해 사용되어질 수 있고, 학습자들의 태도 변화를 유발하기 위한 학습을 위해 사용되어질 수 있고, 또한 학습자들의 업무 수행 과정에 필요한 역량을 증진하기 위한 학습을 위해 사용되어질 수 있다(Valiathan, 2002).[154]

스킬함양, 태도변화, 역량증진 등 어떠한 용도로 혼합학습이 활용되든 간에 컴퓨터와 정보통신기술을 효과적이고 능률적으로 사용해야 할 것이다. 예컨대 컴퓨터, 인터넷, 인트라넷, 전화, 이메일, 웹(Web), 전자책(e-book), CD 등을 효과적으로 사용하여, 오리엔테이션, 학습활동, 질의응답, 시연과 실습, 환류(feedback), 온라인 토론(online debate), 웹기반 회의(Web meeting), 평가 등이 원활하고 성공적으로 추진될 수 있도록 해야

---

154) Valiathan, P. (2002). *Blended Learning Models*. American Society for Training & Development.

할 것이다. 한편, 오프라인 학습 수단으로는 교실수업, 책, 논문, 현장훈련, 면대면 회의, 워크숍, 동아리 등이 활용될 수 있을 것이다.

2) 혼합학습의 요소

혼합학습이 성공하기 위해서 혼합학습과정에서 중요한 역할을 수행하는 요소들로 카맨(Carman, 2002)은 생생한 사건, 자율 조절 학습, 협동적 환경, 사전 및 사후평가, 성과산출을 지원할 수 있는 재료 등 다섯 가지를 제시하고 있다.[155]

첫째, 생생한 사건은 웹상의 가상교실처럼 학습자들이 동시다발적으로 교수가 인도하는 학습에 참여할 수 있어야 하는 것을 의미한다.

둘째, 자율 조절 학습이란 인터넷 기반의 교육훈련처럼 학습자들이 자신들이 필요한 때에, 필요한 장소에서, 자신들의 시간에, 자신들의 속도로 학습을 완주할 수 있어야 한다는 것을 의미한다.

셋째, 협동적 환경이란 학습자들이 이메일, 온라인 토론, 웹기반 회의 등을 다른 학습자들과 함께 주고받을 수 있어야 한다는 것을 의미한다.

넷째, 사전평가란 생생한 사건, 자율 조절 학습 이전에 학습자들의 지식을 평가하여 학습 받기 이전에 학습자가 가지고 있는 지식을 측정하는 것이다. 사후평가란 생생한 사건 이후나 자율 조절 학습 이후에 학습효과가 얼마나 일어났는가를 측정하는 것이다.

다섯째, 성과산출을 지원할 수 있는 재료란 현장의 작업성과를 향상시킬 수 있도록 지원해 줄 수 있는 참고서적, 요약, 작업 도우미 등을 의미한다.

---

155) Carman, J. M. (2002). *Blended Learning Design: Five Key Ingredients*. Knowledge Net.

3. 혼합학습을 위한 시스템

1) 시스템 구축 절차

혼합학습을 위한 시스템을 성공적으로 구축하여 운영하기 위해서는 일정한 절차를 밟는 것이 도움이 될 것이다. 여기서는 혼합학습의 기획, 계획의 집행, 집행에 대한 평가의 절차로 살펴보고자 한다.

(1) 혼합학습의 기획

혼합학습을 기획해야 하는데 여기에 포함될 내용은 각 조직의 활동 목적에 따라 서로 다를 것이나 다음과 같은 내용이 포함되도록 하는 것이 바람직할 것이다.

첫째, 혼합학습의 목적과 목표를 분명하게 설정하도록 한다. 왜 실시하며 필요성은 무엇이며 어떤 목표를 가지는가를 분명하게 정의하고 설정하도록 한다.

둘째, 온라인 학습시간수와 오프라인 학습시간수의 비율을 합리적으로 배분하도록 한다. 특히 교육생들이 현업에 바빠서 교실수업에 시간을 낼 수 없는 교육생 그룹을 대상으로 하는 교육에선 오라인 학습시간 수를 많이 늘려야 할 것이다.

셋째, 교육생들의 특성을 잘 파악하도록 한다. 시행하고자 하는 교육에 대한 학습정도, 종사 직위, 직무, 재직기간, 연령 등의 특성을 잘 파악하도록 한다.

넷째, 목표와 대비하여 현재 갖고 있는 능력을 비교하여 그 차이를 측정하여 교육생들의 부족한 부분을 파악하도록 한다.

다섯째, 학습시킬 내용과 학습방법을 선택한다. 학습 내용과 학습 방법이 서로 조화되도록 한다. 또한 교육생들의 토론방이나 회의방 등을 온라인상에 구축하여 운영하도록 계획을 세우도록 한다.

여섯째, 전문가의 전문적 자문을 받아 학습평가방법, 교안 등을 포함하

여 교수설계(instructional design)를 효과적으로 구상하도록 한다.

(2) 계획의 집행

설계된 계획을 성공적으로 집행해야 하는데 이를 위해 필요한 자원을 확보해서 배분하고 집행해야 한다.

특히 혼합교육 집행에 들어가기 전에 교육생들을 대상으로 사전교육을 실시해야 하다. 교실에서 집합교육의 형식으로 교육생들에게 혼합교육의 방법과 절차 등에 대해서 오리엔테이션을 실시하도록 한다. 또한 교육생들의 활동에 대한 평가를 실시하는 경우에 이 오리엔테이션 시간에 평가 방법과 기준을 미리 알려주어야 한다.

집행의 전 과정은 모니터링 되도록 하여 수집된 정보는 차후 평가를 위한 근거 자료로 활용되도록 해야 한다.

(3) 집행에 대한 평가

혼합학습이 종료시점에 이에 대한 평가가 있어야 할 것이다. 모니터링된 내용을 근거로 평가하도록 한다. 교육생들의 활동에 대한 평가는 오리엔테이션 시간에 제시한 평가기준에 따라 평가하도록 한다. 평가된 내용은 필요한 때에 필요한 사람에게 실시간으로 환류(feedback)시켜 과거의 활동을 개선하고 더 발전된 방향으로 나아가게 하는데 도움이 되도록 한다.

2) 혼합학습을 위한 시스템 사례

기업 및 정부 교육기관에서 혼합학습을 위한 시스템을 구축하여 운영하는 사례는 많다. 여기서는 중앙공무원교육원의 예를 들어보자.

중앙공무원교육원은 일부 교육과정, 예컨대 고위정책과정, 고위공무원단 후보자과정 등의 교육과정에 액션러닝과 역량교육 등을 중심으로 혼합학습을 적극적으로 진행해 왔다.

혼합학습을 위한 시스템을 각 교육과정마다 별도로 구축하여 중앙공무원교육원 메인 홈페이지와 연동시켜 놓았다. 따라서 교육생들은 중앙공무원교육원 홈페이지에 접속한 다음, 자신들의 액션러닝활동과 관련된 해당 혼합학습 홈페이지에 접속하여 학습활동을 수행할 수 있도록 했다. 이 시스템을 통해서 교육생이나 촉진인은 직무병행 교육방식에서 드러나는 어려움을 온라인을 통해 해결할 수 있었다.

이 혼합학습 위한 액션러닝 시스템은 크게 교육생메뉴와 운영자메뉴 시스템들로 구성되어 있었다. 이들 시스템들에 대해서는 앞에서 이미 구체적으로 설명했으므로 여기서는 그 설명을 생략한다.

4. 혼합학습의 사례

미국, 유럽 국가, 아시아 국가 등 세계의 많은 국가들의 기업 및 정부기관에서 다양한 형태의 혼합학습을 시행하고 있다. 앞에서 중앙공무원교육

포스코(POSCO) Blended Action Learning 사례

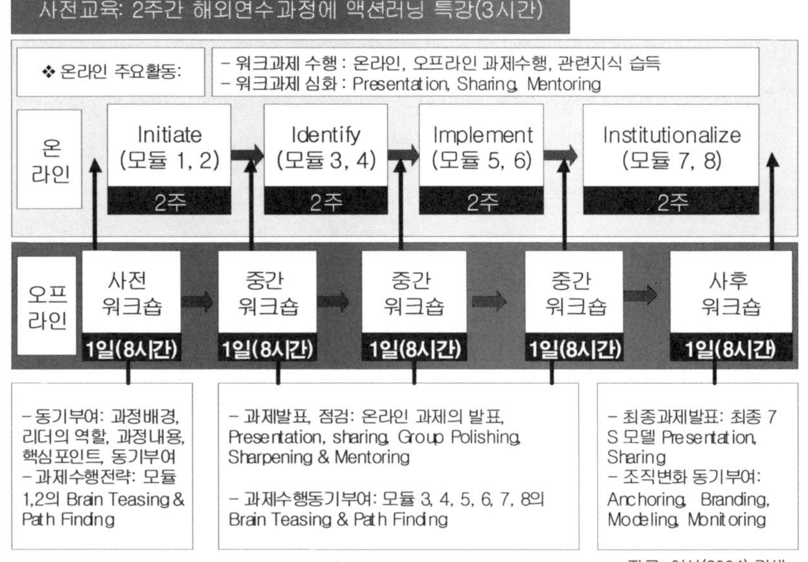

〈그림 3-4-1〉포스코(POSCO)의 온-오프라인 혼합 액션러닝

원에 실시했던 액션러닝 혼합학습의 사례를 언급하였으므로, 여기서는 포스코(POSCO)의 온라인-오프라인 혼합학습의 액션러닝 사례를 중심으로 살펴본다. 포스코는 이를 6시그마 리더십 과정개발에 온라인의 장점과 오프라인의 장점을 혼합하여 액션러닝을 추진하였다.

〈그림 3-4-1〉에서 보여주고 있듯이, POSCO 혼합학습 액션러닝은 온라인과 오프라인 학습으로 구성되어 있다. 온라인 변화관리과정을 Initiate, Identify, Implement, Institutionalize 단계로 구분하고, 각 단계마다 2개의 모듈을 배정하여, 전체 모듈을 8개로 구성하고 있으며, 각 모듈은 4개의 학습을 가지고 있다.

각 모듈은 온라인 학습을 위해서 2주 기간의 단위를 배분하고 있다. 오프라인 학습은 온라인학습을 시작하기 전에 하루(8시간) 동안의 워크숍을 가지고 온라인 학습이 끝난 후에는 사후 워크숍을 가지게 구성되었다. 따라서 사전 워크숍, 중간워크숍, 사후워크숍으로 오프라인 학습이 이루어진다.

사전워크숍(Pre-Workshop)에서는 온라인 학습이 시작하기 전에 하루 동안 실시되는 것으로 학습의 목적, 필요성, 방법 등에 관한 강의와 토론이 진행된다. 중간워크숍(Interim-Workshop)은 각각의 2주간의 온라인 학습을 통해서 수행한 과제에 대한 토론, 성찰, 개선방안 등을 공유하는 오프라인 워크숍활동이다. 사후워크숍(Post-Workshop)은 종합정리워크숍으로서 전체 모듈을 통해서 학습한 것을 조직 내에 적용하여 정착시키기 위한 대안을 도출하기 위한 리더십 포럼형식으로 하루 동안 진행된다(이성, 2004).[156]

이처럼 기업 및 정부기관에서는 변화혁신리더십을 발휘할 수 있는 리더 양성을 위해서 혼합학습을 실시하고 있다. 하지만 혼합학습은 교수, 교육생, 운영시스템, 학습재로, 평가 등이 제대로 융합되어 잘 작동될 때 그 운영의 성공을 보장할 수 있다. 카맨(Carman, 2002)이 지적했듯이 혼합학습이 성공하기 위해서 모든 학습자들이 동시다발적으로 참여할 수 있는 온라

---

156) 이성. (2004). "e-Action Blended Learning을 활용한 실천적 리더십과정의 효과 연구: POSCO 6시그마 리더십과정개발 사례를 중심으로," 「기업교육연구」, 6(2), pp. 105-125.

인 학습시스템이 구축되어져 있고, 학습자들이 자율적으로 자신의 학습능력과 업무 속도에 맞게 학습할 수 있어야 한다. 또한 학습자들이 서로 의사소통할 수 있는 이메일이나 토론방 등이 온라인 학습 시스템에 구축되어 있어야 하며, 학습자들의 학습 성과를 높일 수 있는 학습재료가 온-오프라인 상에서 학습자들에게 공급되어져야 할 것이다. 그리고 학습자들에 대한 학습 능력에 대한 평가가 학습이 이루어지기 전과 학습이 이루어진 후에 각각 평가를 실시하여 교육생들에게 각각 환류(feedback)될 수 있어야 할 것이다.

함의 및 성공요인

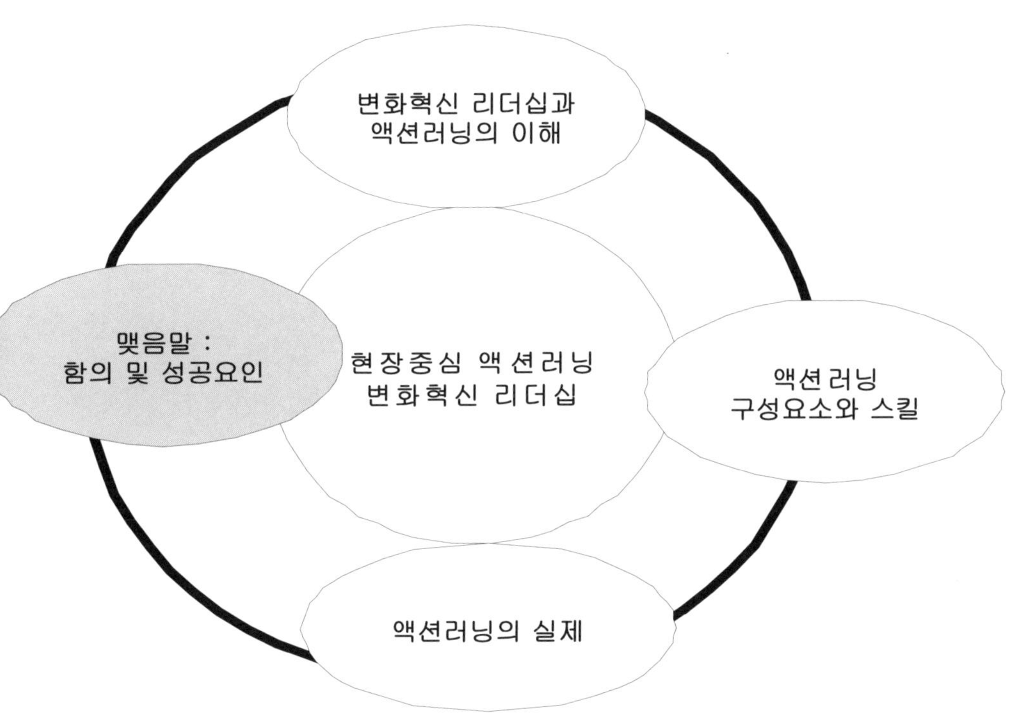

　지금까지 기업, 정부, 공공기관의 지속적인 성장과 번영을 위한 변화혁신 리더십 개발의 유용한 수단으로써 액션러닝을 이론과 실제라는 틀에서 고찰하였다. 먼저, 그 기본적 방법론을 이해하고, 다음, 구성요소들과 그 내용 및 스킬을 분석하고, 그리고 실제적으로 운영되는 절차와 방법들을 고찰하는 순서로 논의를 전개하였다.

▶ 이해하고 분석하고 실제를 보았다

　먼저, 제1부에서는 기본적 방법론의 이해차원에서, 변화혁신 리더십과 액션러닝의 기본을 이해하는데 지면을 할애했다. 변화혁신 리더십, 액션러닝, 이들의 관계, 변화혁신 리더십의 특성, 필요성, 액션러닝의 변화혁신 리더십 개발에 기여도 등을 중심으로 고찰하였다. 또한 액션러닝의 역사, 필요성, 정의, 특성, 타 연구방법들과의 차이 등도 고찰하였다. 더 나아가 액션러닝의 수준과 학파에 대해서도 고찰하였다.

　다음, 제2부에서는 구성요소와 스킬을 분석하고 학습하는 차원에서, 사업요소, 사람요소, 과정요소들로 분류하여 고찰하였다. 사업요소에는 기획, 액션러닝 시스템, 문제 등이 포함 되었고, 사람요소에는 팀, 의뢰인, 후원인, 촉진인 등이 포함 되었으며, 그리고 과정요소에는 실행, 질문, 성찰, 학습 등이 포함되었다. 이들 요소들의 구체적인 내용과 활용 스킬들을 고찰하였다.

　그리고 제3부에서는 실제적으로 운영되는 절차와 방법을 구체적으로 살펴보고 확인하는 차원에서, 액션러닝이 실제로 적용되고 운영되어지고 있는 사례, 절차와 방법, 평가, 혼합학습 등과 관련하여 지면을 할애했다. 실제로 운영되었던 액션러닝의 절차와 방법은 기획, 사전워크숍 실시, 팀 과제 선정, 팀 형성 및 실행계획 수립, 과제기술서 작성 및 과제 조인식, 현장 체험 중심의 사례조사, 자율적 팀 활동 및 성찰, 보고서 완료 및 제출, 액션러닝 컨퍼런스 개최 등의 순서로 고찰하였다. 액션러닝 활동을 평가하기 위한 평가기준과 평가 과제물에 대해서도 살펴보았다. 필요성이 점차로 증가하고 있는 혼합학습에 대해서는 혼합학습의 의의, 필요성, 사례 등을 중심으로 고찰하였다.

지금까지 살펴본 내용을 기반으로 액션러닝이 시사하고 있는 바를 되새겨 보고자 한다.

➥ 만병통치약은 아니다

액션러닝이 변화혁신리더 육성에 만병통치약은 아니다. 많은 기업 및 정부기관에서 변화혁신리더 육성을 위한 액션러닝을 운영하고 있지만 성공적인 사례도 들려오고 그렇지 못한 사례도 들려온다.

그럼에도 불구하고 액션러닝은 "교육훈련의 제 3의 물결" (김성국, 2001)[157]이라고 할 정도로 그 효용성이 높다. 기존의 교육훈련방식에 대해서 반성하고 21세기 환경에 맞는 교육훈련을 위한 새로운 지평을 연 하나의 수단임에 분명하다.

GE, Dupont, 삼성, SK 등 기업 및 정부기관의 인재양성프로그램에 액션러닝이 도입되어 성공적으로 운영되고 있다는 사실은 그러한 시대적 조류를 반영하고 있다. 액션러닝을 운영하고자 하는 교육기관에 도움이 되고자 몇 가지 제언하고자 한다.

---

157) 김성국(2001.5)은 교육훈련의 제1의 물결은 1940년대 감수성 훈련(ST)인 T-Group 훈련을 기업 교육훈련에 도입하여 조직개발(OD) 기법이 크게 활성화된 것, 제2의 물결은 1950년대부터 시작하여 1970년대 활성화된 강화와 피드백 개념을 교육훈련에 도입한 구조적 피드백 기법의 도입으로 다면평가, 360도 평가 등으로 발전된 것, 제3의 물결은 1990년대 행동, 실행을 통한 학습으로 문제해결을 위해서 학습을 학습하는 기법인 액션러닝이라고 보고 있다. 김성국. (2001. 5). 교육훈련의 '제 3의 물결' - Action Learning. 『인사관리』. pp. 48-51.

➥ 성공할 수 있다

그러나 그러한 문제점도 있기는 해도 많은 성공사례들도 있다는 것 또한 사실이다. 여기서는 액션러닝 프로그램의 성공적 운영을 위한 요인들 가운데서 특히 명심해야 할 것들을 중심으로 정리해 보고자 한다.

• 요소들이 시너지 효과를 산출해야 한다

앞에서 언급된 그러한 GE, Dupont 등이 변화혁신리더십을 배양하기 위한 관리자 개발의 액션러닝에서 성공을 거둔 이유는 어디에 있는가? 다양한 요인들이 작용했을 것이다.

지금까지 논의한 액션러닝의 기획, 시스템, 문제, 팀, 의뢰인, 후원인, 촉진인, 질문, 학습, 성찰, 실행 등 주요 구성요소들이 시너지(synergy) 효과, 즉 융합된 협동적 노력으로 상승효과를 내면서 제대로 작동할 때 액션러닝은 성공하게 될 것이다.

여기서는 그러한 액션러닝의 구성요소들이 시너지 효과를 산출할 때 액션러닝이 성공한다는 현상을 기본 전제로 받아들이면서, 기업 및 정부기관에서 액션러닝을 성공적으로 운영하기 위한 주요 요인을 몇 가지로 종합해 보고자 한다. 먼저 CEO의 관심과 지원이 절대적으로 필요하다는 것을 강조하고자 한다.

• CEO의 관심과 지원이 절대적이다

액션러닝이 성공하기 위해서는 CEO 등 최고의사결정권자의 높은 관심과 지원이 절대적으로 필요하다. 이는 GE, DuPont 등이 변화혁신리더 개발을 위한 임원진 관리자들을 대상으로 하는 액션러닝 프로그램 운영의 성공사례를 보더라도 명백하다. 액션러닝이 성공하기 위해서는 최고의사결정권자가 후원인(sponsor)인 역할을 맡아서 높은 관심과 적극적인 지원을 아끼지 않는 것이 절대적으로 중요하다. 이것이 보장되지 않는다면 액션러닝은 형식적으로 흐를 가능성이 높게 되고 결국은 사장되게 될 것이다.

만약 CEO가 관심을 가지지 않는 상황에서는 어떻게 해야 할까? 예컨대 인사부서에서 관리자 육성을 위해서 액션러닝 프로그램을 도입하여 운영하고 있는데도 CEO가 전혀 관심을 가지지 않고 있다면 액션러닝 운영부서에서는 어떻게 해야 할까? 운영을 그만두어야 하는가 아니면 계속해야만 하는가?

문제는 운영 목적에 있을 것이다. 무엇을 목적으로 왜 도입하려는가? 다른 방법은 없는가? 등의 물음에 명확한 대답이 나와야 할 것이다. 목적이 바람직하게 확실하다면 추진하는 것이 옳고 목적이 바람직하더라도 다른 방법이 있다면 그 방법을 사용하는 것이 적절할 것이며, 다른 방법이 없다면 액션러닝을 지속해야 할 것이다. 다만 무작정 지속할 것이 아니라 CEO의 관심과 지원을 끌어들이도록 해당 부서장은 액션러닝 프로그램의 필요성과 목적, 그리고 운영한 결과들을 결집한 성과결과표를 만들어 CEO을 설득하는 노력을 아끼지 말아야 할 것이다.

물론 CEO의 관심이 없어도 성공한 사례도 있다고 들여오기도 하나 이는 예외적인 사례에 해당된다고 할 것이며 오래 지속되지 못할 것이기 때문에 이 또한 앞에서 말한 방법과 같은 방법으로 CEO의 관심과 지지를 받아내도록 해야 할 것이다.

특히 정부기관에서는 기업조직과 다른 정부조직 문화의 특성상 최고의 사결정권자 또는 해당 부처의 기관장의 지지와 관심 없이는 그 운영의 성공을 보장하기 힘들 것이다.

현장학습 교육에 익숙하지 않은 일부 의사결정자들이 정책적 목적에 편향되고 편견에 잡힌 사고를 가짐으로써 교육적 목적이 간과된다는 문제가 지적될 수 있다. 액션러닝의 도입 취지와 교육목적, 지향점 등을 밀도 있게 홍보하여 의사결정자들이 관심을 가지도록 하여 액션러닝 교육 목적에 이들의 관심을 높일 수 있도록 추진하도록 해야 할 것이다.

중앙공무원교육원 사례의 경우, 2005년도, 2006년도 고위정책과정의 액션러닝이 성공적으로 유종의 미를 거두게 되었던 것은 국무총리가 액션러닝의 도입 시작 때부터 깊은 관심을 표명하고, 최종 컨퍼런스를 직접 주재하면서, 발표내용에 대한 평가와 정책방향에 대한 의견을 표명하는 등 지대한 관심을 가져 주었기 때문이다.

● 교육기관장의 의지가 필요하다

후원인의 적극적인 지원과 함께 교육기관장의 액션러닝에 대한 강력한 의지와 열정이 액션러닝의 성공에 절대적으로 필요하다. 인재양성을 책임지고 있는 교육훈련기관장의 교육혁신에 대한 의지와 열정이 필요한 것이다.

예컨대 정부부처나 지방자치단체가 주민참여나 이해관계자들의 협조를 구하고자 하는 정책을 추진하는데 있어서 공무원들에게 각종 정책 때문에 야기되는 각종 문제들을 해결하기 위한 역량을 배양시켜 주는 매우 유용한 수단으로 자리 잡을 수 있도록 해당 교육기관들의 기관장들은 열과 성으로 지원해야 할 것이다. 이는 궁극적으로 교육을 받은 공무원이 정책의 질을 높이고 시민이 만족하는 정책을 수립하고 집행하여 거래비용을 최소화하여 정책 효율성을 제고하는 길이기 때문이다. 이러한 조건과 기대효과는 기업에서도 동일하게 적용될 수 있을 것이다.

관리자교육의 한계, 문제점에 대한 위기의식을 가지고 액션러닝에 몰입할 수 있는 기관장의 의지와 열정이 중요하다. 앞의 액션러닝 사례에 있어서 중앙공무원교육원 원장은 액션러닝의 운영의 준비단계에서부터 유종의 미를 거둘 때까지 액션러닝 전 과정에서 강력한 의지와 열정을 가지고 추진했으므로 성공적인 결과를 산출할 수 있었다.

● 교육생의 열의가 중요하다

액션러닝의 활동과 학습 주체는 액션러닝의 팀이며 팀 구성원들이다. 액션러닝에 참가하는 이들의 적극적인 열의와 의지가 중요하다. 액션러닝은 교육 참가자들이 팀 활동을 통해 문제해결에 접근하는 방식이므로 교육생들의 적극적 참여의지가 액션러닝의 성공에 중요한 요인이 된다. 교육생들은 교육생 자신들이 자율적으로 참여하여 해결해야할 과제를 선정하고 토론하고 현장 방문하는 활동에 큰 흥미를 보여야 액션러닝이 성공할 수 있는 것이다.

교육생들이 흥미를 잃게 되는 요인에는 여러 가지가 있을 수 있으나 형식적으로 액션러닝이 운영되는 것은 매우 중요한 흥미소실의 요인으로 작용한다. 예컨대 액션러닝의 필요성도 느끼지 못하고 과제 해결의 필요성도 느끼지 못하는 것을 강제로 교육생들로 하여금 수행하게 하는 것은 액션러닝 실패의 원인이 된다.

● 과제가 적실성이 있어야 한다

특히 수행해야 할 과제, 즉 해결해야할 문제가 구체화되고 잘 정의되어져야 하는 것은 물론이지만 무엇보다도 교육생들의 흥미를 유발시켜 주지 못하는 것이 될 때 교육생들은 왜 자신들이 그것을 수행해야 하는지 의문을 가지게 될 수 있다.

특히 정부기관의 교육생들은 현업을 병행하면서 교육을 받는 관계로 집합교육이나 집합활동에 적극적으로 참여하기 위한 시간을 내기가 힘들고, 현장 탐방이나 성찰 회합을 위해서 함께 모이는 시간을 내기도 어렵다. 따라서 이러한 바쁜 사람들에게 의무적으로 과제부여가 강제되고 수행되어지는 것이 자신들에게 전혀 도움이 되지 않는 다는 것을 교육생들 스스로가 전제하고 액션러닝 활동을 전개하게 되면 액션러닝에 대한 불만만 높아지고 소기의 교육목적을 달성할 수 없게 될 것이다. 이러한 경우에는 과제가 형식적으로 선택되고 수행되어지거나 시간 때우기 식으로 액션러닝 활동이 전개되게 되어 교육생들의 흥미를 빼앗아 버리는 주된 원인이 된다. 그 결과 액션러닝 프로그램 운영의 목적이 제대로 달성되지 못하게 된다.

● 불안을 해소하고 만족도를 높여야 한다

또한 액션러닝에 처음으로 참여하는 교육생들은 막연한 심리적 불안감을 가질 수 있다. 예컨대 2005년도, 2006년도 고위정책과정의 액션러닝에서 경험이 전혀 없는 국장 교육생들이 현장방문을 통해 연구한 결과를 국무총리와 관계 장·차관 등 후원인 역할을 맡으신 분들에게 발표를 하고, 평가를 받아야 하는 점 등에서 상당한 심리적 부담감을 가지고 있었다.

그러나 이러한 심리적 부담감을 해소하기 위해 워크숍과 성찰회합 등을 통하여 액션러닝의 실시배경, 교육 목적 등에 대해 공감대를 충분히 형성하고, 후원인의 관심도를 유발시켜 참여자의 심리적 불안감을 최대한 해소시켜 나갔다. 그 결과, 현장방문과 계속되는 팀 성찰회합에 열정적으로 참여함으로써 액션러닝의 학습효과를 체화했고 현업에 복귀하면, 자신들의 소속부처 직원들에게도 적용하여 정책, 행정의 서비스 질을 높여 나가겠다는 강한 의지를 나타내게 되었던 것이다.

장기교육과정이건 단기교육과정이건 교육생들의 교육만족도를 높여야 한다. 그 만족도를 높이는 것 가운데 하나가 최종 컨퍼런스를 통한 성찰시간이다. 이때 모든 교육생들이 함께하는 시간이 되어야 한다. 몇 개의 팀만 선택되어 발표하고 그렇지 못한 팀은 듣기만 한다면 선택되지 못한 팀은 실망하게 될 수도 있다. 모든 팀, 모든 구성원들이 발표에 참여하여 다른 팀(분임)에서 발표한 활동 내용을 듣고 서로 토론하는 등 전체적인 성찰과 학습기회를 가져야만 한다. 그리고 개인별로 자신의 향후활동에 대한 계획인 액션플랜을 작성하도록 하는 것도 개인의 발전에 도움이 될 것이다.

● 교육운영담당자의 헌신이 필요하다

액션러닝을 행정적으로 운영하고 관리하는 교육운영담당자의 헌신적 노력과 성공의지가 중요하다. 교육운영담당자들의 치밀한 준비와 헌신적 노력이 액션러닝의 성공을 보장하는데 기여한다는 것이다.

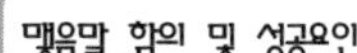

예컨대 앞에서 든 중앙공무원교육원 사례에서 액션러닝이 공무원교육에 성공적으로 정착될 수 있을 것인가에 대한 회의적 시각도 강했으나, '공무원교육이 변해야 나라가 바뀐다.'는 교육운영담당자들의 강한 의지가 치밀하고 정교한 사전 계획을 수립하고 이를 성공적으로 집행하는 교육과정이 되게 하였던 것이다.

● 촉진인의 역할이 중요하다

또한 액션러닝운영을 성공적으로 추진하기 위해서 촉진인의 역할이 중요한데 숙련된 촉진인의 역할을 수행할 전문 인력의 확보가 중요하기 때문이다.

일반적으로 액션러닝을 처음 접하는 교육생들은 자신들이 설정한 기본 규칙을 제대로 잘 지키지 못하고, 스스로 성찰하고 학습하는 데도 익숙하지 못하는데(김미정, 2001),[158] 이를 잘 추진되게 지원하고 안내하고 촉진하는 것이 촉진인의 역할이다.

조직 외부로부터 전문 촉진인 역할을 맡을 사람을 섭외하지 못할 경우 조직 내부에서 자체적으로 촉진인 역할을 수행할 사람을 양성해서 투입해야 한다. 앞에서 예를 든 사례에서 중앙공무원교육원에서는 이러한 문제를 해결하기 위해 원내 교수들을 촉진인 역할 교육을 받게 한 후 촉진자의 역할을 맡게 하였다. 따라서 자체 인력자원을 활용하여 촉진인 역할을 맡을 인력자원을 충당하였고 부족한 촉진인 수에 대해선 외부 촉진인 역할 전문가를 초빙하였던 것이다.

● 조직 특성에 맞게 적용해야한다

자신의 조직의 특성과 액션러닝 프로그램의 성격에 따라서 액션러닝 프

---

158) 김미정. (2001. 5). 워크 플레이스 혁신을 꾀하는 Action Learning 프로그램 실시. 『인사관리』. pp. 52-56.

로그램을 그에 맞게 변경하여 적용해야 할 것이다. 이는 기업조직의 특성과 정부조직의 특성간의 차이 및 장기교육과정과 단기교육과정 액션러닝의 시행상의 차이가 현실적으로 존재하기 때문에 해당과정의 특성에 따라 프로그램을 차별화하여 계획하고 운영해야 한다.

특히 현장학습은 문제해결을 위한 해결방안개발과 현장학습을 통한 학습효과가 모두 나타나도록 교실수업에서 학습한 것을 적용해 보는 시간이 되어야 할 것이다. 교육생들이 현장 사례를 통해서 교실에서 학습한 이론을 확인하고 현장을 방문하고 토론하는 활동에 대해서 매우 만족하고 적극적으로 참여할 때 액션러닝이 성공할 수 있다.

즉 현장 활동을 통해서 수업시간에 학습한 이론을 확인하여 적용해 보게 된다. 해당 문제 사례에 대해서 찬성과 반대의 이해관계집단을 만나서 의견을 청취하기도 한다. 관련 부처를 방문하고, 현장을 탐방하여 학습하는 등 교육생들이 해당 문제 사례의 중심에 서서 문제를 다각적으로 접근하여 해결방안을 모색한다. 이러한 활동 과정에서 교육생 스스로 학습하고 문제해결 역량을 증진시키고 있는 것으로 인터뷰조사결과 밝혀졌다.

현장학습은 사전에 구체적으로 계획해서 실천해야 한다. 다양한 이해관계자 해당 사업부처 등을 탐방해서 학습하는 현장학습은 그 성공을 보장하기 위해서 사전에 팀 행동계획에서 만날 시간, 만날 사람, 만날 장소 등이 전화 등을 통해서 구체적으로 사전에 협의를 거쳐서 확보되어 있어야 한다. 그렇게 되어야만 문제해결을 위한 현장조사와 대안개발 분석 등이 순조롭게 진행될 수 있기 때문이다.

➡ 변화혁신 리더십은 만들어지는 것이다

액션러닝이 만능통치약은 아니라고 하더라도 급격히 변화는 글로벌 환경 속에서 이에 적응하며 변화를 창조하고 선도하는 변화혁신 리더들을 개발하는데 필요한 인재개발 수단임엔 틀림없다. 그러나 앞에서 언급 했듯이 모든 액션러닝이 유종의 미를 거두지 못하고 있다는 것을 명심해야 할 것이다.

앞에서 언급된 주요 성공 요인들을 고려하여 액션러닝을 바람직한 방향으로 운영함으로써 개인은 물론 조직의 성장과 발전에 기여하는 실행, 성찰, 학습 과정의 액션러닝이 되어야 할 것이다. 변화혁신 리더십은 태생적인 것이 아니라 만들어지는 것이다.

참고문헌

김성국. (2001. 5). 교육훈련의 '제 3의 물결' - Action Learning.『인사관리』. pp. 48-51.

김신복. (1999. 12). "공무원교육 50년 평가와 발전방향," 「행정논총」, 37(2), pp. 119-145.

김신복. (2007).『발전 기획론』. 서울: 박영사.

김미정. (2001. 5). 워크 플레이스 혁신을 꾀하는 Action Learning 프로그램 실시.『인사관리』. pp. 52-56.

김영원. (2004). "Action Learning의 공무원교육 도입 및 활성화 방안," 중앙공무원교육원강의(2004.12.7) 내용.

김영원·봉현철. (2002. 12). "Action Learning 프로그램의 효과평가에 관한 연구," 「인적자원개발연구」, 4(2), pp. 29-60.

김영재·홍성보. (1999. 12). "우리나라에 있어서 공무원 교육훈련 개선에 관한 연구," 「군산대학교 지역개발연구」, 11, pp. 33-48.

김종인. (2003. 5). "리더양성과 Action Learning 실천사례," 「산업교육연구」, 9, pp. 3-17.

김종인·봉현철(2004), "Action Learning 방식에 의한 교육프로그램의 교육효과 평가방법에 관한 연구," 「인사관리연구」, 28(4), pp. 85-120.

김종인·장환순. (2004. 5). "Action Learning 프로그램의 운영사례 비교분석," 「상경연구」, 29(1), pp. 85-105.

박천오. (2001. 겨울). "한국 공무원 교육훈련의 실태와 문제점에 관한 실증적 조사연구: 공무원의 인식을 중심으로," 「정부행정」, 2, pp. 85-100.

봉현철. (2003, Winter). "핵심인재육성의 새로운 접근방식: Action Learning," 「인사행정」, 17, pp. 34-39.

봉현철·박승희. (2004). "기업교육에서의 Action Learning 프로그램 개발 및 운영단계별 성공요인 탐색." 「산업교육연구」, 10, pp. 1-22.

신응섭, 이재윤, 남기덕, 문양호, 김용주, 고재원. (2000). 「리더십의 이론과 실제」. 서울: 학지사.

오명진. (2001, 가을호). "LG전자의 핵심인재육성을 통한 인적자원개발," 「임금연구」, pp. 129-139.

윤경로. (2004). "Action Learning 소개," 중앙공무원교육원 강의(2004.12. 21) 내용.

이명박. (1995). "신화는 없다," 서울: 김영사.

이상운. (1984). "사례연구식 교육방법에 대한 소개," 「군사평론」, 240, pp. 92-125.

이성. (2004). "e-Action Blended Learning을 활용한 실천적 리더십과정의 효과 연구: POSCO 6시그마 리더십과정개발 사례를 중심으로," 「기업교육연구」, 6(2), pp. 105-125.

이용달. (1966). "사례연구방법의 도입," 「동아상론」, 8, pp. 9-17.

이재창. (2003. 8). "조직에서 실천학습(action learning) 프로그램의 활용: 기본구조와 구성요소를 중심으로," 「사회과학논문집」, 22(1), pp. 147-169.

임동욱·함성득. (2001. 5). "공무원 교육훈련의 개편방향: 제도·관리·유인," 「한국 사회와 행정연구」, 12(1), pp. 113-130.

정장식. (2005). "오늘도 희망의 돛을 올린다," 서울: 출판시대.

______. (1996). "뒤집어 본 세상이 더 아름답다," 서울: 고려원.

정재훈·김준성. (2002. 6). "지식경영과 인적자원개발방안: Action Learning을 중심으로," 「경상논총」, 16(1), pp. 77-109.

중앙공무원교육원. (2005, 2006, 2007). 액션러닝 학습교재들 다수.

진재구. (2000. 8). "공무원교육훈련의 새 모델과 전략," 「지방행정」, 562,

pp. 32-44.

천대윤. (1998). 「서바이벌 경영혁신」. 서울: 문원.

______. (1998). 「서바이벌 전략전술」. 서울: 밀레니엄북스.

천대윤. (1998). 「지혜정부론」. 서울: 문원.

천대윤. (2006). "정책 효율성 제고를 위한 Action Learning 모형 탐색: 효율적인 공무원 사회갈등사례교육을 제고하기 위한 PSCL모형의 설계, 적용, 분석을 중심으로," 「한국정책학회보」, 15(1), pp. 63-89.

천대윤. (2007). 「액션러닝(Action Learning) 매뉴얼」. 중앙공무원교육원.

황윤원. (2002. 8). "공무원 교육훈련의 이론적 고찰과 정책적 함의," 「지방의회연구」, 11, pp. 423-443.

Astin, Alexander W., & Astin, Helen S. (2000). What is Leadership? *Leadership Reconsidered: Engaging Higher Education in Social Change,* Battle Creek, MI: W.K. Kellogg Foundation. pp. 8-16.

Bass, Bernard M. (1990, Winter). From Transactional to Transformation Leadership: Learning to Share the Vision. *Organizational Dynamics,* 18, pp. 19-31.

Bennis, W. (1989). *Why Leaders Can't Lead : The Unconscious Conspiracy Continues.* San Francisco: Jossey-Bass Publishers.

Boshyk, Yury (2002). Why business driven action learning? In Yury Boshyk (Ed.), *Action Learning Worldwide : Experiences of Leadership and Organizational Development*(pp. 30-52). Palgrave Macmillan.

Boshyk., Yury (Ed.) (2000). *Business Driven Action Learning: Global Best Practices.* New York: St. Martin's Press.

Boshyk., Y. (2003). 이태복 역. 「비즈니스 성과 중심의 액션러닝」. 서울: 물푸레. *Business Driven Action Learning: Global Best Practices.* New York: St. Martin's Press. 2000.

Bourner, T., and Frost, P. (2000). Learning outcomes of action learning

: Open programmes and in-house programmes. *ALAR Journal*, 5(1), pp. 18-40.

Braun, Wolfgang. (2000). DaimlerChrysler: Global Leadership Development Using Action-Oriented and Distance Learning Approaches. In Boshyk., Yury (Ed.). *Business Driven Action Learning: Global Best Practices*(pp. 3-13). New York: St. Martin's Press.

Carman, J. M. (2002). *Blended Learning Design: Five Key Ingredients*. KnowledgeNet.

Cell, E. (1984). *Learning to Learn from Experience*. Albany, NY: State University of New York Press.

Daft, Richard L. (2002). *The Leadership Experience*. National College for School Leadership.

Destination Imagination Org. (2004). *Some Basics about Creativity and Creative Problem Solving*. Destination Imagination, INC.

Dilworth, R. L., and Willis, V. J. (1999). Action learning for personal development and transformative learning. In L. Yorks, J. O'Neil & V. J. Marsick (Eds.), *Action Learning: Successful Strategies for Individual, Team, and Organizational Development*(pp. 75-82). Baton Rounge, LA: AHRD.

Ferrance, E. (2000). *Action Research*. Northeast and Islands Regional Educational Laboratory At Brown University.

Gardiner, J. J. (2006, Spring). Transactionl, Transformational, and Transcendent Leadership: Metaphors Mapping the Evolution of the Theory and Practice of Governance. *Leadership Review*, 6, pp. 62-76.

Garvin, David A. (2000). Learning in Action : A Guide to Putting the Learning Organization to Work. Boston, Massachusetts: Harvard Business School Press.

Gary, Jay E. (2007, Summer). What Would Jesus Lead: Identity Theft, Leadership Evolution, and Open Systems. *Journal of Biblical Perspectives in Leadership*, 1(2), pp. 89-98.

Greenleaf, Robert K. (2002). *Servant Leadership*. New York: Paulist Press.

Haring, N. G., Lovitt, T. C., Eaton, M. D., & Hansen, C. L. (1978). The Fourth R: Research in the Classroom. Columbus, OH: Charles E. Merrill Publishing Co.

Herbold, Robert J. (2007). 진대제 역. 「성공을 경영하라」. 서울: (주)한국맥그로힐. *Seduced by Success : How the Best Companies Survive the 9 Traps of Winning*. USA: The McGraw-Hill Companies.

Herbold, Robert J. (2007). *Seduced by Success : How the Best Companies Survive the 9 Traps of Winning*. USA: The McGraw-Hill Companies.

Heron, J. (1999). *The Complete Facilitator's Handbook*. Kogan Page, London, UK.

Hersey, P., Blanchard, K. H., & Johnson, D. E. (1996). *Management of Organizational Behavior* (7th ed.). Englewood Cliffs, N. J.: Prentice Hall.

Isaksen, S. G., Dorval, K. B., & Treffinger, D. J. (1994). *Creative Approaches to Problem Solving*. Dubuque, Iowa: Kendall Hunt Publishing.

Johnson, K., and King, S. (2003, July/August). Solving Complex Issues and Challenges with Action Learning. *Sbusiness*.

Kim, W. Chan, & Mauborgne, R. (2005). *Blue Ocean Strategy: How to Create Uncontested Market Space and Make Competition Irrelevant*. Harvard Business School Publishing.

Kreitner, R. (1992). *Management* (5th ed.). Boston, Houghton Mifflin Company.

Kolb, D. A. (1974). On management and the learning process. In D. A. Kolb, I. M. Rubin, and J. M. McIntyre (Eds.). *Organizational Psychology* (2nd ed., pp. 27-42). Englewood Cliffs, New Jersey : Prentice-Hall, Inc.

Kolb, D. A. (1984). *Experiential Learning : Experience as The Source of Learning and Development.* Englewood Cliffs, New Jersey : Prentice Hall, Inc.

Kuhne, Gary W., & Quigley, B. Allan. (1997). Understanding and using action research in practice settings. In B. Allan Quigley & Gary. W. Kuhne (Eds.) *Creating Practical Knowledge Through Action Research: Posing Problems, Solving Problems, and Improving Daily Practice.* San Francisco, CA: Jossey-Bass Publishers.

Lahm, R. J. (2006). The problem with problem ownership : Insights from an action learning case within the telecommunications industry. *Proceedings of the Academy of Organizational Culture, Communications and Conflict*, 11(20, pp. 23-28.

Mainemelis, C., Boyatzis, R., & Kolb, D. A. (2002). Learning styles and adaptive flexibility: Testing experiential learning theory. *Management Learning*, 33(1), pp. 5-33.

Marquardt, M. J. (2000a). Action learning and leadership. *The Learning Organization*, 7(5), pp. 233-240.

Marquardt, M. J. (2000b). *Action Learning in Action: Transforming Problems and People for World-Class Organizational Learning.* Palo Alto, California: Davies-Black Publishing.

Marquardt, M. J. (2003). 봉현철 · 김종근 역. 「액션러닝」. 서울 : 21세기 북스. *Action Learning in Action: Transforming Problems and People for World-Class Organizational Learning.* Palo Alto, California: Davies-Black Publishing. 2000.

Marquardt, M. J. (2004). 이태복 역. 「액션러닝의 힘」. 서울 : 패러다임 컨설팅. *Optimizing the Power of Action Learning: Solving Problems and Building Leaders in Real Time.* Palo Alto, California: Davies-Black Publishing. 2004.

Marquardt, M. J. (2004). *Optimizing the Power of Action Learning: Solving Problems and Building Leaders in Real Time.* Palo Alto, California: Davies-Black Publishing.

Marquardt, M. J. (2004. 2). "Action Learning" *By George!*

Marsick, V. J. (2002). Exploring the many meanings of action learning and ARL. In *Earning while Learning in Global Leadership*(pp. 297-314). Mil Publishers.

Marsick, V., and O' Neil, J. (1999). The many faces of action learning. *Management Learning*, 30(2), pp. 159-786.

McGill, I., and Beaty, L. (2002). *Action Learning: A Guide for Professional, Management & Educational Development.* London: Kogan Page Limited.

Mercer, S. (2000). "General Electric's Executive Action Learning Programmes," In Yury Boshyk(ed.), *Business Driven Action Learning: Global Best Practices, 42-54.* New York: St. Martin's Press.

Nilson, G. E. (1999). Organizational culture change through action learning. In L. Yorks, J. O' Neil & V. J. Marsick (Eds.), *Action Learning: Successful Strategies for Individual, Team, and Organizational Development*(pp. 83-95). Baton Rounge, LA: AHRD.

O' Neil, J. (1999). Facilitating action learning : The role of the learning coach. In L. Yorks, J. O' Neil & V. J. Marsick (Eds.), *Action Learning: Successful Strategies for Individual, Team, and*

Organizational Development(pp. 39-55). Baton Rounge, LA: AHRD.

O' Neil, J. (2001). The role of the learning coach in action learning In *Academy of Human Resource Development 2001 Conference Proceedings.* Chapter 8-1.

O' Neil, J., & Dilworth, R. L. (1999). Issues in the design and implementation of an action learning initiative. In L. Yorks, J. O' Neil & V. J. Marsick (Eds.), *Action Learning: Successful Strategies for Individual, Team, and Organizational Development* (pp. 19-38). Baton Rounge, LA: AHRD.

O' Sullivan, E., and Rassel, G. R. (1989). *Research Methods for Public Administrators.* New York: Longman.

Raelin, Joseph A. & Raelin, Jonathan D. (2006, April). Developmental action learning: toward collaborative change. *Action Learning: Research and Practice*, 3(1), pp. 45-67.

Revans, R. W. (1982). *The Origins and Growth of Action Learning.* London: Chartwell Bratt.

Sanderbeck, A. (2006-2007). The Do' s and Don' ts of Facilitating Team Behaviors. www.infopeople.org.

Sato Inichi. (2007). 『문제해결의 기술』. 이봉노 (역). 서울: 새로운 제안; SHINPAN ZUKAI MONDAIKAIKETSUNYUMON. Japan: Diamond Inc. 2003.

Seregow, D. (2005). *Defining Leadership- What Matters Most?* Attaine Performance Corporation.

Shafritz, Jay. M. (1985) *Dictionary of Public Administration.* New York: Facts On File Publications.

Shapiro, J. (2008). *Action Planning Toolkit.* CIVICUS: World Alliance for Citizen Participation, Washington DC, USA.

Smith, P. A. C., and O' Neil, J. (2003a). A review of action learning literature 1994-2000: Part 1 - Bibliography and comments. *Journal of Workplace Learning.* 15(2), pp. 63-69.

Smith, P. A. C., and O' Neil, J. (2003b). A review of action learning literature 1994-2000: Part 2 - Signposts into the literature. *Journal of Workplace Learning.* 15(4), pp. 154-166.

Spence, J. (1998). Action learning for individual and organizational development. *Practice Application Brief.* Clearinghouse on Adult, Career, and Vocational Education.

Stake, R. E. (1994). Case Studies. In Norman K. Denzin & Yvonna S. Lincoln(eds.), *Handbook of Qualitative Research*(pp. 236-247). Thousand Oaks: SAGE Publications.

Sato Inichi. (2007). 「문제해결의 기술」. 이봉노 (역). 서울: 새로운 제안; SHINPAN ZUKAI MONDAIKAIKETSUNYUMON. Japan: Diamond, Inc. 2003.

Taylor, M. (2002). *Action Research in Workplace Education.* National Adult Literacy Database, CA.

LeGros, Victroia M. & Topolosky, Paula S. (2000). Dupont: Business Driven Action Learning to Shift Company In Boshyk., Yury (Ed.). *Business Driven Action Learning: Global Best Practices*(pp. 29-41). New York: St. Martin' s Press.

Tuckman, B. W. (2001, Spring). Developmental sequence in small groups. *Group Facilitation : A Research and Application Journal,* 3, pp. 66-81.

Valiathan, P. (2002). *Blended Learning Models.* American Society for Training & Development.

Wiesendanger, Betsy. (2000, September). To Grow Your Company, Leverage Your Leaders. *Fast Company,* 39, p. 68.

Yorks, L., Lamm, S., and O' Meil, J. (1999). Transfer of learning from action learning programs to the organizational setting. In L. Yorks, J. O' Neil & V. J. Marsick (Eds.), *Action Learning: Successful Strategies for Individual, Team, and Organizational Development* (pp. 56-74). Baton Rounge, LA: AHRD.

Yorks, L., Marsick, V. J., and O' Neil, J. (1999). Lessons for implementing action learning. In L. Yorks, J. O' Neil & V. J. Marsick (Eds.), *Action Learning: Successful Strategies for Individual, Team, and Organizational Development*(pp. 96-113). Baton Rounge, LA: AHRD.

Yorks, L., O' Neil, J, and Marsick, V. (2002). Action reflection learning and critical reflection approaches. In Y. Boshyk (Ed.), *Action Learning Worldwide : Experiences of Leadership and Organizational Development*(pp. 19-29). Palgrave Macmillan.

Yorks, L., O' Neil, J., and Marsick, V. J. (Eds). (1999a). *Action Learning: Successful Strategies for Individual, Team, and Organizational Development.* Baton Rounge, LA: AHRD.

Yorks, L., O' Neil, J., and Marsick, V. J. (1999b). Action learning : Theoretical bases and varieties of practice. In Lyle Yorks, Judy O' Neil & Victoria J. Marsick (Eds.), *Action Learning: Successful Strategies for Individual, Team, and Organizational Development* (pp. 1-18). Baton Rounge, LA: AHRD.

찾아보기

ㅈ

ㅊ

저자 **천 대 윤**

학력
- 서울대학교 행정대학원 졸업 (행정학 석사; 정책학 전공)
- 미국 Arizona State University 졸업 (행정학 석사)
- 미국 Arizona State University 졸업 (행정학 박사, Ph.D.)

경력
- 성균관대학교, 서울시립대학교, 숭실대학교, 국민대학교, 한국방송통신대학교,
  세종대학교, 경기대학교, 명지대학교 등 다수 대학교 강사
- 서울특별시 공무원교육원(인재개발원) 등 다수 지방자치단체,
  중앙부처 공무원교육기관 강사
- 남녀평등의식 교수요원(여성부장관 위촉)
- 한국노동교육원 초빙교수
- 중앙인사위원회 중앙공무원교육원 교수
- 행정자치부, 행정안전부 중앙공무원교육원 교수
- 한국행정학회 운영이사
- 한국정책학회 운영이사
- 통일부 갈등관리심의위원회 위원
- 현재, 경영행정전략연구원 원장

홈페이지
- 경영행정전략연구원 http://www.wizbiz.pe.kr
- 행복갈등관리클리닉센터 http://www.wizbiz.kr

경영행정전략연구원 활동분야
- 경영 행정 전략 자문 및 교육
- 리더십 및 변화관리
- 긍정심리 및 행복학
- 기획역량 등 각종 역량개발
- 교양(현대적 영어작문과 문법, 토의토론스킬, 창의창조성 등)
- 전략경영 및 윤리경영
- 갈등관리 및 협상조정
- 액션러닝 및 코칭

주요 저서
- 「현장중심 액션러닝 변화혁신 리더십」
- 「서바이벌 전략전술」
- 「갈등관리와 협상전략론」
- 「갈등관리전략론」
- 「토의 토론 회의 방법론」
- 「현대적 영어작문과 문법」(상)(중)(하)
- 「미국생활 필수 영어회화」
- 「조직혁신과 전자상거래 성공전략론」
- 「서바이벌 경영혁신」
- 「지혜정부론」
- 「정책갈등과 대응방안」(공저)
- 「액션러닝 매뉴얼」
- 「토론문화쇼크」
- 「시험에 정통한 영어단어」
- 「성희롱 정책」

현장중심 액션러닝 변화혁신 리더십

2008년 11월 11일 초판 1쇄 발행
2012년 5월 20일 초판 3쇄 발행

지은이 │ 천대윤
펴낸이 │ 이찬규
펴낸곳 │ 북코리아
등록번호 │ 제03-01240호
주소 │ 462-807 경기도 성남시 중원구 상대원동 146-8
　　　우림2차 A동 1007호
전화 │ 02) 704-7840
팩스 │ 02) 704-7848
이메일 │ sunhaksa@korea.com
홈페이지 │ www.bookorea.co.kr
ISBN │ 978-89-92521-95-6 (93320)

값 15,000원